DAS GROSSE BUCH VOM

Spinnfischen

Fotonachweis

Erwin Bauer: Seiten 78, 101, 156-157, 193, 195 (oben).
Hakan Berg: Seiten 22, 25, 26, 28-29, 32, 35 (oben), 36-37, 40 (oben), 60-61, 63, 65, 66-67, 69, 71, 72-73, 74, 77, 78-79, 80, 81, 82-83, 86-87, 88, 101, 103.
Rudolf Bischoff: Seite 119.
Bill Browning: Seiten 59, 193.
Göran Cederberg: Seiten 8-9, 12, 13, 14, 15, 41, 47, 93, 164, 165, 180, 180-181, 182, 183, 200-201, 205, 207.
Martin Falklind: Seiten 187 (oben), 209 (oben), 210-211 (unten), 226-227 (unten).
M. L. Giovannetti: Seite 104-105.
Herman J. Gruhl: Seiten 111, 179.
Jens Ploug Hansen: Titel, Seiten 20-21, 24, 27, 34, 35 (unten), 37, 50-51, 52-53,58-59, 87, 90, 92, 94-95, 96, 97, 100, 128, 129 (rechts), 130, 134-135, 136, 140-141, 143, 152-153, 158, 166-167, 168, 169, 170-171, 173, 174-175 (unten), 176, 177, 178-179, 182 (eingesetzt), 187 (unten), 188, 190, 192-193, 196-197, 198-199 (oben), 203, 204, 205, 206-207, 208-209, 209 (unten), 210-211 (oben), 212-213, 215, 219 (rechts), 226-227 (oben).
Heinz Jagusch: Seite 137.
Per Ola Johannisson: Seite 224.
Christer Johansson: Titel, Seiten 16-17, 27, 38-39 (unten), 49, 126-127, 129 (links), 131, 142, 147, 154, 155, 161, 162-163, 211, 216-217, 218, 219 (links).
Peter Kirkby: Seiten 83, 191, 195 (unten).
Steen Larsen: Seiten 19, 40 (unten), 42-43, 48, 51, 89, 132-133, 144-145, 172, 174-175 (oben), 189, 198-199 (unten), 201, 214, 220-221, 222-223.
Munir Lotia: Seite 10.
Tommy Pedersen: Seite 225.
Doug Stamm: Seiten 38-39 (oben), 70, 79, 121, 124-125, 133, 138, 139, 148-149, 149, 150-151.

Herausgeber:
Göran Cederberg

Layout, Satz und Fotoarbeiten:
Munir Lotia, Designia

Grafiken:
Ulf Söderqvist zusammen mit Peter Grahn (Seiten 41, 107)
Thommy Gustavsson (Seite 134) und Munir Lotia (116)

Übersetzung aus dem Englischen:
Frank Weissert

Originaltitel:
The Lore of Sportfishing
Spinning & Baitcasting

Herausgeber: Göran Cederberg
Layout, Satz und Fotoarbeiten: Munir Lotia, Designia
Grafiken: Ulf Söderquist zusammen mit Peter Grahn (Seiten 41, 107)
Thommy Gustavsson (Seite 184) und Munir Lotia (116)

Aus dem Französischen übersetzt von Frank Weissert

Einbandgestaltung: Andreas Pflaum

ISBN 3-275-01311-4

Satz: Vaihinger Satz und Druck, D-71665 Vaihingen an der Enz

Printed in Portugal

DAS GROSSE BUCH VOM

Spinnfischen

GESCHICHTE • AUSRÜSTUNG • WURFTECHNIK -
KÜNSTLICHE UND NATÜRLICHE KÖDER •
DER LEBENSRAUM DER FISCHE • ANGELN IN SÜSS- UND SALZWASSER

Müller Rüschlikon

Göran Cederberg leitete dieses Buchprojekt. Er plante und arbeitete es aus, koordinierte das Bildmaterial und machte so den Inhalt einem weltweiten Publikum zugänglich. Mit seiner langen Erfahrung und Begeisterung als Angler war er ebenfalls der Herausgeber vieler internationaler Produktionen wie *Das große Buch vom Sportfischen* und *Das große Buch vom Fliegenfischen*. Genauso arbeitete Cederberg als Chefredakteur der schwedischen Anglerzeitschrift »Esox« und lieferte zahlreiche Artikel und Fotos für Angler-Medien in Schweden und anderen Ländern.

Jens Ploug Hansen war ein international bekannter dänischer Angel-Journalist und Fotograf. Mit außergewöhnlichem Fleiß widmete er einen Großteil seines Lebens seinen Angelreisen sowie der Fotografie und schrieb unzählige Artikel sowie eine ganze Reihe von Büchern zum Thema Freizeitfischen. Bereits in den 70er Jahren machte er sich einen Namen als einer der besten Angel-Fotografen in Europa, außerdem produzierte er in den vergangenen zehn Jahren viele Videos – selbstverständlich über das Angeln. Jens Ploug Hansen schrieb den Großteil des vorliegenden Buchs, leider endeten sein ereignisreiches Leben und seine beachtliche Karriere wenige Monate vor der Veröffentlichung der Originalausgabe. Und man kann nur wünschen, daß er diese Seiten trotzdem gesehen hat.

Inhalt

Tag für Tag zieht es Millionen von Anglern zum Spinnfischen ans Wasser. Die Ursache für die enorme Popularität dieser Angeltechnik ist in ihrer Vielseitigkeit sowie der Möglichkeit zu suchen, einen Großteil der beliebtesten Fischarten damit zu überlisten. Darüber hinaus erweist sich das Spinnfischen mit Kunst- und Naturködern gleichermaßen als einfach und erfolgreich. Das ist möglicherweise ein Grund dafür, warum sowohl Einsteiger wie erfahrene Angler gerne zur Spinnrute greifen und damit eine Vielzahl von Fischarten in Süß- und Salzwasser fangen.

Eine Charakteristik des Spinnfischens besteht darin, daß der Angler seinen Köder auswirft. Dabei spielt es keine Rolle, ob er mit Blinkern, großen Wobblern, kleinen Spinnern oder Weichplastikködern – oder sogar mit aktiv geführten Naturködern – angelt, die in Verbindung mit zusätzlichen Bleien, Schwimmern und anderen Wurfgewichten den Fischen vorgesetzt werden. Noch eine Besonderheit des Spinnfischens liegt im fast ausschließlichen Fang von Raubfischen. Das sind die Arten, die hauptsächlich verschiedenste Kleinfische jagen. Die Köder imitieren durch Form, Bewegung, Farbe, Geruch, Geräusch, Konsistenz oder sogar Geschmack mehr oder weniger gut die Beutetiere und verleiten so die Räuber zum Biß.

Zudem wächst das Angebot an Ködern immer weiter, die durch ihre auffällige Erscheinung selbst satte Fische noch zum Zupacken reizen können. Schon heute existiert eine kaum noch überschaubare Vielzahl der unterschiedlichsten Kunstköder. Ausrüstung, Angeltechniken und Köder werden ständig weiterentwickelt, perfektioniert oder auf neue Gewässer, Fischarten oder Angeltechniken abgestimmt. Insgesamt gibt es ein großes Feld für Experimente auf der Suche nach dem optimalen Fisch-Verführer, der unwiderstehlich auf den Fisch wirken und nicht nur dem Urteil unserer Augen standhalten soll. Dabei tauchen immer wieder völlig neue Erfindungen auf – tatsächlich erweisen sich einige als Volltreffer. Und wirklich fängige Köder erhalten bald den Ruf eines »Killers«.

Allerdings sind die Fische nicht immer von unseren Innovationen beeindruckt, was uns vielleicht immer wieder herausfordert. Und nach wie vor erzielen alte, abgenutzte Blinker, Wobbler und Spinner schöne Fänge. Das zeigt wiederum, daß gute Fänge ganz wesentlich vom Wissen und von der Erfahrung des Anglers abhängen. Zudem ist es eine Tatsache, daß natürliche Köder in vielen Situationen mehr fangen als die am sorgfältigsten gefertigte Imitation. Ein betagter und gut informierter Praktiker mit Gerät, das im Vergleich mit der Ausrüstung von vielen von uns alles andere als modern aussieht, landet oft viel mehr Fische als der bis an die Zähne »bewaffnete« Novize. Denn die richtige Präsentation des Köders ist der Schlüssel zum Erfolg des erfahrenen Fischers.

Anders als die Ausrüstung läßt sich Erfahrung nicht kaufen – sie muß durch praktisches Fischen erarbeitet werden. In bezug auf die Art und Weise, wie er oder sie den Köder einholt, gilt, daß der Köder lebendig geführt und an der richtigen Stelle oder Tiefe am Standplatz des Fischs präsentiert werden muß.

In der Folge lohnt sich das Erlernen der richtigen Angeltaktik auf die verschiedenen Arten mehr, als das dickste Hobby-Budget. Anders gesagt zeigt sich die wahre Meisterschaft in ihren Beschränkungen.

Dieses Buch hilft seinen Lesern hoffentlich nicht nur bei der Auswahl von Gerät und Köder, sondern genauso bei ihrem Einsatz am rechten Platz mit der richtigen Einstellung im Kopf!

Göran Cederberg

Spinnfischen – damals und heute

Die Geschichte des Spinnfischens hängt aus mehreren Gründen eng mit der Entwicklung des Angelns und Fliegenfischens zusammen. Natürlich hat das Spinnfischen seine eigene Geschichte – wenn auch eine viel kürzere, was an verschiedenen Faktoren liegt. Seine technische Entwicklung begann vor etwa 150 Jahren und erst in der zweiten Hälfte des 20. Jahrhunderts nahm die Entwicklung neuer Ruten, Rollen, Schnüre und Kunstköder an Dynamik zu.

■

Heute sehen wir uns einem ständigen Strom von Entwicklungen in Technik und bei der Verfeinerung der Ausrüstung gegenüber. Jedoch stellen viele »Verbesserungen« die Vorstellungen der Fischer von haltbarem und funktionellem Gerät zufrieden. Ein großer Teil der Entwicklungen zielte nicht nur darauf ab, das Angeln einfacher und genußvoller zu gestalten. Vielmehr stehen häufig die besseren Chancen auf einen Fang im Vordergrund – trotz des Rückgangs des Angelns in vielen Teilen der Welt, was mit der Zerstörung unserer Umwelt und der übermäßigen Ausbeutung des Wassers zusammenhängt.

Fische spielten schon immer eine wichtige Rolle in der Ernährung der Menschen. Bereits vor tausenden von Jahren fertigten unsere Vorfahren ihre Haken und Harpunen aus Holz und Knochen. Die mit Widerhaken ausgestatteten Haken auf dem Foto sind etwa 10 000 Jahre alt, Ihr Prinzip blieb jedoch bis heute erhalten. Obwohl sie deutlich größer und plumper als die heutigen, feineren Modelle waren, erfüllten sie jedoch ohne Zweifel ihren Zweck.

Von der Notwendigkeit zum Hobby

Bevor ich zur technischen Entwicklung der Ausrüstung übergehe, werfen wir einen Blick weit zurück in die Vergangenheit. Die Menschen fischten, jagten und sammelten über mehrere tausend Jahre. Heute haben wir das Privileg, nur aus reinem Vergnügen und nicht zum Beschaffen von lebensnotwendiger Nahrung zu fischen. Dabei war es ein langer, ereignisreicher Weg vom Fischfang mit bloßen Händen, mit Speeren und Harpunen bis zu den modernen Kohlefaserruten und den hochentwickelten Multirollen.

Wie wir wissen, gab es mit Widerhaken ausgestattete Haken aus Knochen und Holz bereits etwa 30 000 v.Chr.. Die Fischer banden sie an »Schnüre«, die hauptsächlich aus Tiersehnen bestanden, jedoch setzten sie genauso dünne Wurzeln und Reben wie auch besondere Grassorten ein. Archäologische Funde beweisen, daß es aus Rinde geschnittene Schwimmer schon vor gut 7000 Jahren gab. Gegen 2000 v. Chr. entstanden Bilder in Ägypten, die das Fischen mit Haken und Ruten mit an der Spitze angeknoteten Schnüren zeigen. Wahrscheinlich angelten die Ägypter mit Naturködern wie kleinen Fischen.

Die erste erhaltene Beschreibung des Fischens mit Rute und Rolle geht auf das Jahr 300 v. Chr. zurück. In Griechenland schrieb Theocritus, daß »hinterlistig mit von der Rute hängenden Ködern« gefischt wird. Man kann davon ausgehen, daß er von Menschen spricht, die hauptsächlich aus Spaß angelten. Und das ist der früheste Hinweis darauf, daß die Menschen das Fischen zur Unterhaltung entdeckten.

Etwa 500 Jahre später, also gegen das Jahr 200, fischten die Chinesen mit Ruten, seidenen Schnüren und Metallhaken. Zu dieser Zeit angelten die Mazedonier mit jigähnlichen Kunstködern aus Federn und Haaren. Zum Vergleich: In Europa entwickelte sich die Herstellung von Eisenhaken erst nach weiteren 300 Jahren.

Das Angeln und seine Autoren

Im Jahr 1425 schrieb wahrscheinlich die englische Äbtissin Juliana Berners das berühmte Buch »Treatyse of Fysshynge wyth an Angle« (Abhandlung über das Fischen mit einer Angel). Es wurde Teil des »Book of St. Albans« (1496), das sich mit Jagen und Fischen als Unterhaltung für den Adel befaßt. Die »Treatyse« behandelt sowohl die Einstellung des Anglers gegenüber der Natur als auch die praktischen Einzelheiten. Der Angler sollte neben seiner Geschicklichkeit beim Fischfang gleichzeitig ein Idealist mit »philosophischen« Neigungen sein, der sein eigenes Gerät herstellt und den Köder richtig präsentiert. Egal ob Kunst- oder Naturköder – er sollte sich so eng wie nur möglich an der Natur orientieren. Der Anspruch der Beschäftigung war dabei proportional zu der Schwierigkeit, die es zum Fang eines Fischs zu überwinden galt.

Ein ähnlicher Geist geht von Izaak Waltons »The Compleat Angler« (Der vollkommene Angler) aus, das 1653 in England erschien. Sein Untertitel »The Contemplative Man´s Recreation« (Eines nachdenklichen Mannes Erholung) verrät einiges davon, wie die Angler dieser Tage ihr Hobby betrachteten (oder dazu genötigt wurden, es so zu sehen). Insgesamt wurde das Hobbyangeln jetzt zu einer normalen Sache, wobei das Erleben der Natur den gleichen Stellenwert wie das Fischen selbst besaß.

Das etwa 4000 Jahre alte ägyptische Bild enthält Abbildungen unterschiedlicher Fischarten. Die untere Reihe zeigt unter anderem Angeltechniken mit Rute und Handleine. Ältere Abbildungen über das Fischen mit Rute, Schnur und Haken sind bisher nicht bekannt.

Waltons gründete mit seinem Buch tatsächlich die noch heute übliche Form des Freizeitangelns: mit Rute, Schnur und Haken einfach nur zum Vergnügen sowie als Quelle der Entspannung und Erholung. Dabei muß man bedenken, daß sich lediglich die Oberklasse der Gesellschaft so einen Luxus leisten konnte. Denn die große Mehrheit der Europäer war noch immer ziemlich arm, weshalb sie das Fischen und die Fische sinnvoller nutzen mußten.

Die Entwicklung der frühen Rollen

Bis zum Beginn des 19. Jahrhunderts änderte sich nur sehr wenig an der Ausrüstung. Immerhin begannen Dorfschmiede Mitte des 17. Jahrhunderts die Haken zu härten, wodurch sie eine größere Stabilität erhielten. Bald übernahmen die Nadelhersteller diese Arbeit, woduch die Haken dünner und leichter wurden. Gleichzeitig wuchs der Umfang der Fertigung vom Handwerk zur Industrie. Trotz dieses Fortschritts banden die Angler ihre Schnur aus Pferdehaar noch immer an lange, schwere Ruten aus zusammengesetzten Holzstangen. Gelegentlich setzten die Hobbyfischer einfache Rollen ein, die allerdings nur die Leine speicherten und vielleicht noch die Flucht eines abziehenden Fischs parierten. Normalerweise wurden Naturköder – natürlich auch Fliegen – am Haken ins Wasser geworfen, wobei von einem Wurf von der Rolle keinerlei Rede sein konnte.

Nachdem etwa um 1770 mit Ringen ausgerüstete Ruten bereits einige Jahre existierten, wurden in London die ersten Multirollen gebaut. Für unsere Begriffe waren sie sehr plump und schwerfällig, zudem erlaubten sie nur kurze Würfe. Durch ihre rotierende Spule und die Übersetzung kann man sie trotzdem als Multis bezeichnen. Jedoch können sie nicht als ideal zum Werfen gelten und dienten eher zum Aufspulen der damals noch dicken, geflochtenen Angelschnur. Dann kamen die ersten Rollen mit Schnurverteiler auf den Markt, der die Leine gleichmäßig auf die Spule legte. Damit avancierte die Rolle zu einem brauchbaren Wurfinstrument. Die Schnüre bestanden jetzt in aller Regel aus Leinen oder Baumwolle, begrenzten mit ihrem trägen Verhalten und dem starken Durchmesser allerdings nach wie vor die Wurfdistanzen. Ungeachtet dessen müssen diese ersten wirklichen Multirollen als Revolution für die wachsende Zahl der Freizeitangler gelten, die vor allem in den USA im Meer auf Fischarten wie den Streifenbarsch fischten.

Das Buch »Treatyse of Fysshynge wyth an Angle« wurde bereits 1425 geschrieben, allerdings verzögerte sich seine Veröffentlichung bis 1496. Die Illustration zeigt das Titelbild der Originalausgabe.

Der Durchbruch mit gespließtem Bambus

Im Vergleich zu unseren heutigen High Tech-Werkzeugen waren die Ruten früher alles andere als funktionell. Viele Versuche liefen Anfang des 19. Jahrhunderts, das Material und die Konstruktion zu verbessern. Zu den Materialien zählten Hickory, Speerholz und besonders Greenheart, ein schweres, hartes und haltbares Holz aus Südamerika.

Die Form der damals entwickelten Ruten hing natürlich von den Wünschen der Angler ab. Und sie verwendeten Modelle bis zu einer Länge von 18 Fuß (5,5 Meter), mit der sie den Köder in der althergebrachten Weise zum Fisch bugsierten.

Erst 1846 war die scheinbar optimale Kombination von Material und Konstruktion gefunden. Ein amerikanischer Geigenbauer fertigte die erste Rute aus gesplißtem Bambus. Diese vergleichsweise leichte, gut werfende Rute besaß enorme Vorteile gegenüber ihren unhandlichen Vorgängern. Zwar dauerte es bis zur industriellen Fertigung noch etwa 25 Jahre, jedoch wurde zumindest das Spalten des Bambus in im Querschnitt dreieckige Leisten und das Verleimen von sechs gehobelten Teilen letztendlich entwickelt. Das ergab wiederum ein sehr gutes Wurfinstrument.

Ebenfalls in den 1870ern kamen Schnüre aus ölimprägnierter Seide auf den Markt. Sie vergrößerten die Wurfweiten auf etwa das Dreifache und eröffneten zusammen mit den neuen Gesplißten und einer Multirolle den Anglern völlig neue Möglichkeiten. Jedoch waren Schnurperücken durch übel verhedderte Leinen in den Kindertagen des Spinnfischens mehr an der Tagesordnung als die Ausnahme.

Das Hauptproblem lag jedoch noch immer an den plumpen Rollen. Wollte man größere Wurfentfernungen erzielen, so ging kein Weg an hohen Wurfgewichten vorbei. So gesehen hatten die Pioniere des Spinnangelns mit ziemlichen Schwierigkeiten zu kämpfen. Es war tatsächlich ein »schweres Fischen« sowohl in bezug auf die Ausrüstung als auch auf die körperliche Anstrengung.

Die sogenannte Malloch-Rolle wurde 1884 im englischen Perth entwickelt. Und erst 1905 erschien die erste »moderne« Stationärrolle, wie wir sie noch heute kennen. Dieser große Fortschritt stammte aus der englischen Stadt Bradford und ermöglichte ein leichteres, komfortableres und damit genußreicheres Wurffischen. Die Stationärrollen ermöglichten weitere Würfe, außerdem gab es kaum noch Verwicklungen. Damit lagen die beträchtlichen Vorteile der Stationärrolle auf der Hand, weshalb die weitere Entwicklung der Konstruktion bald einsetzte.

Kunstköder: eine Kurzgeschichte

Während Naturköder schon solange wie der Haken verwendet werden, sind Kunstköder (abgesehen von Fliegen) eine ziemlich neue Sache. Der traditionellste Spinnköder ist sicherlich der Blinker, den es in Löffelform, oval, länglich oder rund gibt.

Die beiden Fotos zeigen das Achsenrollen-Modell »Allcock Aerial« des Herstellers S. Allcock & Co. Ltd. Die Rolle besitzt eine rotierende Spule sowie einen einfachen Bremsmechanismus. Der auch als Centre-pin bezeichnete Rollentyp erinnert zwar an eine Fliegenrolle, wurde jedoch bei der Naturköderangelei und zum Spinnfischen eingesetzt.

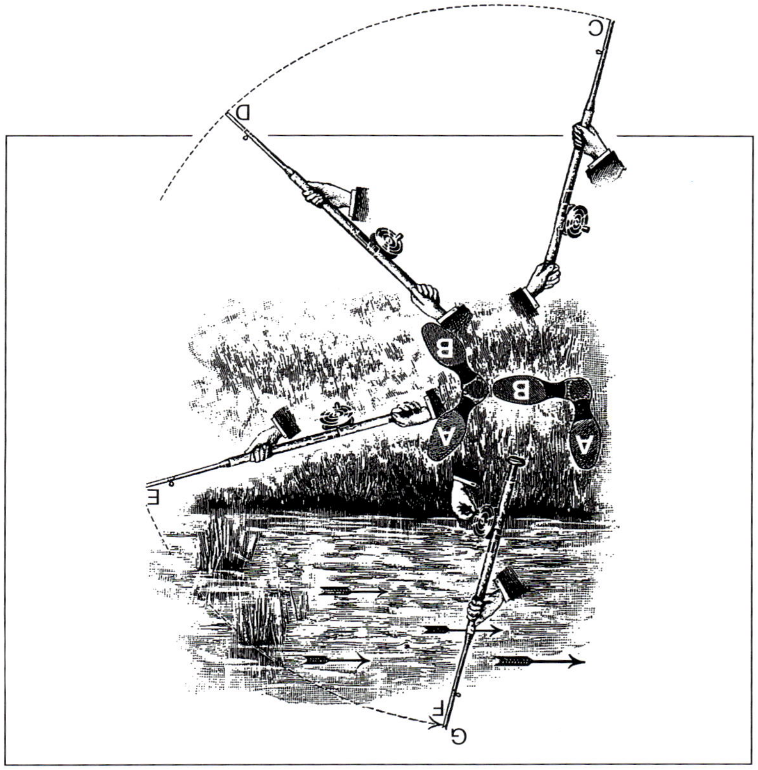

Die Illustration stammt aus einem Hardy-Katalog von Anfang des 20. Jahrhunderts und zeigt die Wurfpositionen beim Angeln mit Ködern wie Garnele oder Spinner. Als Rolle dient eine Ausführung mit beim Wurf rotierender Spule.

Alfred Holden Illingworth ließ 1905 seine erste Stationärrolle patentieren. Das Foto zeigt die Illingworth No. 3 von 1913, die den modernen Modellen schon sehr ähnlich sieht. Seit dieser Zeit hat sich der grundsätzliche Aufbau der Stationärrollen kaum geändert.

Tatsächlich existieren Blinker erst seit weniger als 200 Jahren und werden noch immer gerne benutzt – eigentlich kein Wunder, da sich ein Blinker einfach werfen läßt und gut fängt. Die ersten Blinker entstanden zum Treibleinen-Fischen, der einfachsten Form des Schleppangelns.

Ebenfalls aus Nordamerika stammen die Wobbler, wobei die Finnen erheblich zur Entwicklung von neuen, fängigen Modellen beitrugen – nicht zuletzt Lauri Rapala, der Gründer der späteren weltbekannten Firma. Die ersten Wobbler entstanden aus Rinde und Balsaholz. Sie sollten kleine Fische imitieren und waren nur für das Schleppen mit dem Ruderboot gedacht. Viele der modernen Wobbler, die vielfach aus Kunststoff bestehen, eignen sich jedoch auch bestens zum Werfen. Sie bewegen sich immer mehr wie ihre natürlichen Vorbilder und sehen auch so aus. Und offensichtlich wächst die Anziehungskraft auf Angler und Fische weiter.

Seit den 1930er Jahren sind Spinner kaum noch aus der Köderschachtel wegzudenken. Sie bestehen aus einem Metallblatt, das um eine Achse rotiert. Zwar fangen sie sehr gut, verdrallen durch die Drehung jedoch rasch die Schnur. Trotzdem ziehen Fischer sie in vielen Situationen anderen Ködern vor. Im Laufe der Jahre wurde viel mit den Blättern der Spinner experimentiert, so daß sie lockende Töne verbreiten oder auffällige Reflexe werfen.

Die drei genannten Basis-Köder, Blinker, Wobbler und Spinner, werden sicherlich ihren Status noch lange Zeit behaupten. Trotzdem bietet der Markt mit schöner Regelmäßigkeit neue Köder an – einige unwiderstehlicher als andere. Gummi und Kunststoffe ermöglichen die Herstellung von unglaublich lebensechten Imitationen unter anderem von Kleinfischen und Würmern, wobei einige davon in Verbindung mit speziellen Haken und besonderer Ausrüstung mittlerweile jede Menge Fische zum Biß verleiteten. In vielen Teilen der Welt gelten Weichplastikköder heute als hervorragende Ergänzung zu den übrigen Kunstködern.

Angesichts der ständig neuen Kreationen unter den Spinnködern muß man sich allerdings fragen, wen sie mehr faszinieren – den Angler oder den Fisch. Denn viele brandneue »Superköder« zeigten in der Praxis erhebliche Mängel und gerieten rasch in Vergessenheit, während sich andere tatsächlich als Killer erwiesen. Darüber hinaus sollte jeder Angler beachten, daß auch die alten Klassiker durchaus wirksame Köder darstellen. Das beweist wiederum, daß die Fische weniger wählerisch sind, als häufig angenommen. Letztendlich kommt es weit mehr auf die Präsentation als auf die Wahl des Köders an.

Lauri Rapala versorgte sich während dem Großteil seines Lebens durch das Fischen. Um seine Fänge zu verbessern, begann er Wobbler zu schnitzen. Sie sollten verletzte Kleinfische vortäuschen und nach vielen Anläufen entwarf er einen fischähnlichen Wobbler mit haltbarer Oberfläche. Seinen ersten Köder verkaufte er 1938, jedoch wurde der Name Rapala schon nach zehn Jahren unter Anglern berühmt. Unter seinem Foto sind einige seiner frühen Wobbler zu sehen – genaugenommen das Modell, das heute unter der Bezeichnung »Rapala Original« verkauft wird.

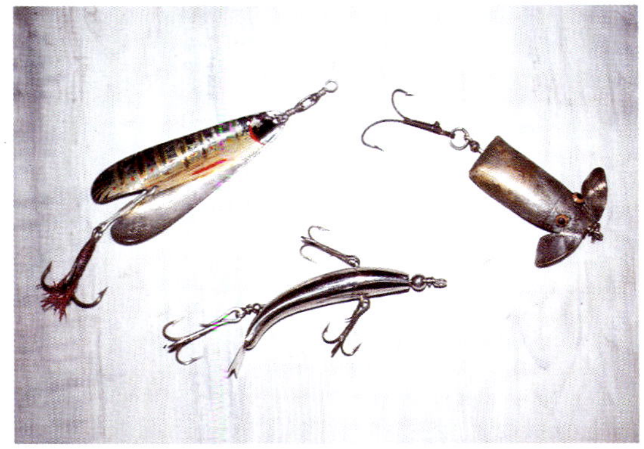

Hier sind verschiedene Kunstköder zum Spinnfischen abgebildet, die den Fantasiereichtum der Angler belegen.

Das Aufkommen synthetischer Materialien

Während der ersten Hälfte des 20. Jahrhunderts blieb das Spinngerät recht unpraktisch. Ruten aus gespließtem Bambus und später aus Stahl mit Seidenschnüren und an Kaffeemühlen erinnernde Rollen waren unvermeidlich. Bis zum 2. Weltkrieg änderte sich nichts wesentliches an der Situation. Dann revolutionierten zwei Erfindungen nicht nur das Spinnfischen: die Glasfaser-Ruten und die synthetischen Schnüre.

Das war genau das, worauf unzählige Angler so lange gewartet hatten. Haltbare und stabile Ruten, die gleichzeitig billig waren und dünne Schnüre von hoher Tragkraft, die unvergleichlich weite und problemlose Würfe ermöglichten. Shakespeare, ein amerikanisches Unternehmen, führte die Vollglasruten 1947 ein. Bald darauf folgten die ersten Hohlglas-Modelle. Erst durch diese Entwicklungen konnte das Freizeitfischen seine heutige Popularität erreichen.

Das ständig wachsende Interesse am Spinnfischen zeigte sich auf mehrfache Weise. So gewann die Entwicklung neuer Köder an Dynamik und es wurden verstärkt Fischarten beangelt, die zuvor an Beliebtheit eingebüßt hatten. Die Massenproduktion von Ruten, Rollen und Schnüren führte außerdem zu niedrigeren Preisen, wodurch sich die Zahl der Angler multiplizierte. Der damit vergrößerte Markt ermöglichte wiederum den Herstellern umfangreichere Investitionen in Entwicklung und Verbesserung des Geräts.

Als Kohlefaser ihren Einzug in den Rutenbau Mitte der 70er Jahre hielt, wurde dem »Weltraum-Material« höchstens eine Rolle neben der Glasfaser vorausgesagt. Wie so oft lagen die Propheten jedoch daneben. Minimales Gewicht und die unschlagbaren Wurfeigenschaften führten zusammen mit den ständig sinkenden Preisen dazu, daß Kohlefaser die Glasruten weitgehend verdrängte. Tatsächlich übertrifft Kohlefaser das ältere Material in fast allen Punkten. In den 1990er Jahren nahm die Entwicklung verschiedener Kohlerfaser-Matten einen nie dagewesenen Umfang an,

zudem setzen die Hersteller unter anderem Kevlar und Boron ein.

Unsere technologischen Aussichten

Die Tage von Weidenruten, Seidenschnüren und handgefertigten Haken sind längst vorbei. Im Laufe einiger Jahrzehnte im Raumfahrt-Zeitalter konnten wir einige aufregende Entwicklungen der Angelausrüstung beobachten. Zukünftige Ruten sollten also noch besser, leichter und billiger sein. Dasselbe gilt für die Rollen, die immer problemloseres Werfen ermöglichen und im Detail verbesserte Funktionen aufweisen. Neue Produktionsverfahren verbessern die Eigenschaften der Schnüre, die immer dünner und flexibler werden – bei höherer Tragkraft. Zudem wuchs die Zahl der verschiedenen Kunstköder beträchtlich an und die Zubehörteile wurden enger für spezielle Zwecke angepaßt.

Weiter wächst das Interesse der Spinnangler am Bootsfischen. Denn vom Boot aus kann der Angler viele Stellen befischen, wie Unterwasser-Riffe oder Abbruchkanten, die vom Ufer aus unerreichbar wären.

Genauso wächst die Bedeutung von Echoloten, die einen genaueren Einblick in den Lebensraum der Fische ermöglichen. Je mehr wir über Bodenstrukturen, Bewegungen von Kleinfisch-Schwärmen, die Lage der Sprungschicht und nicht zuletzt die Ruheplätze der Futterfische wissen, desto mehr Vergnügen bereitet das Angeln. Dabei stimmt es wirklich nicht, daß ein Echolot dem Angler einen unfairen Vorteil gegenüber dem Fisch liefert. Schließlich garantiert ein entdeckter Standplatz längst nicht, daß der Fisch auch den Köder nimmt.

Der Fisch ist noch immer dasselbe Lebewesen, auf das unsere Vorfahren fischten. Es reagiert auf die gleichen Reize, kämpft mit gleichem Elan und läßt sich nach wie vor vielleicht genauso schwierig überlisten. Fische wissen nicht, was sich oberhalb der Wasseroberfläche abspielt, ahnen weder etwas von der Technik noch lassen sie sich von technischen Entwicklungen beeindrucken.

Noch immer beißt ein hungriger Räuber am besten, das ist eine von uns nicht zu beeinflussende Tatsache. Natürlich können wir unsere Fertigkeiten auf vielerlei Weise verbessern, jedoch haben wir keinerlei Einfluß auf die natürlichen und häufig nicht kalkulierbaren Gegebenheiten. Und gerade das trägt doch ganz wesentlich zum Reiz des Angelns bei. Unabhängig der von neuen Techniken eröffneten Möglichkeiten, bestimmt noch immer der Fisch die Regeln des Spiels – genau die Regeln, die schon Generationen von Fischern vor uns beachten mußten.

Diese über 50 Jahre alte Multirolle zeigt, daß sich das grundlegende Konzept der Rollenart bis heute nicht änderte. Neuerungen gibt es in erster Linie im Inneren, wie leichtere Spulen und weicher ansprechende Bremsen. Außerdem treten Schnurperücken dank spezieller Wurfbremsen heute eher selten auf.

Die Ausrüstung

Ein Angler benötigt keine hochentwickelte Ausrüstung, möchte er aufregende Stunden beim Spinnfischen erleben. Trotzdem sollten die einzelnen Teile dem Zweck entsprechen und einwandfrei funktionieren. Dann bereitet das Fischen mehr Freude und bringt schönere Fänge, da weitere Würfe gelingen und das Einholen mit größerem Fingerspitzengefühl möglich ist. Darüber hinaus verliert der Angler weniger Fische bei Fluchten und Sprüngen.

■

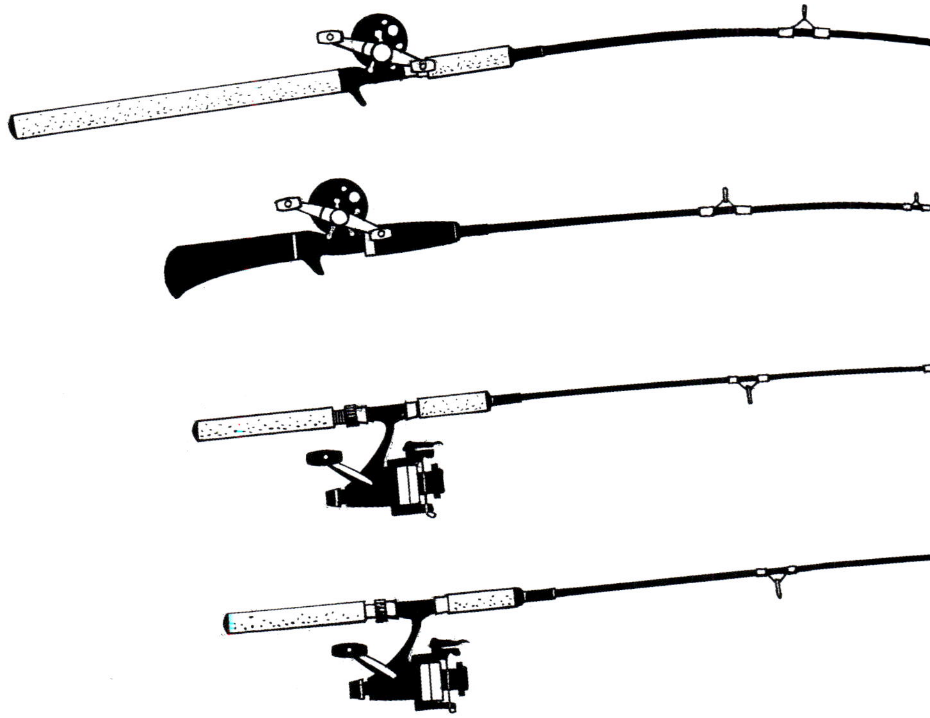

Über welchen Bereich sich die Rute unter Belastung zuerst biegt wird als »Aktion« bezeichnet. Von oben: Rute mit durchgehender und damit langsamer Aktion, eine Rute mit schnellerer Mittelteilaktion, ein schnelles Modell mit Spitzenaktion sowie eine Ausführung mit extremer Spitzenaktion.

Keine Ausrüstung kann so universell sein, daß sie sich für das Angeln auf sämtliche Fischarten von Forelle und Barsch bis zu Lachs und Hecht gleichermaßen gut eignet. Das selbe gilt für große und kleine Gewässer. Natürlich kann ein bestimmtes Gerät möglichst viele Bereiche des Spinnfischens ordentlich abdecken. Soll das Gerät für mehrere Angelarten passen, sind vor dem Kauf einige Überlegungen nötig: So stellt sich die Frage nach einer leichten Einhandrute für kleine Gewässer, einem leichten Zweihänder für größere Fische und Gewässer oder einer kräftigen Zweihändigen zum schweren Spinnfischen.

Fehlt die richtige Rute samt passender Rolle und Schnur, so sind weite und genaue Würfe unmöglich. Zudem müssen Rute und Rolle den Köder beim Einholen sauber führen und den feinsten Biß registrieren.

Es vergeht kaum ein Jahr, in dem die Hersteller nicht eine laut der Werbung unverzichtbare Verbesserung in ihre Produkte einbauen. Tatsächlich muß der Fischer nicht ständig mit der neuesten Ausrüstung am Wasser auftauchen. Vielmehr erkennt man den erfahrenen Fischer daran, daß er mit einer begrenzten Ausrüstung optimal zurechtkommt.

Ruten

Die Entwicklung der Ruten schritt weitaus schneller voran, als die der Rollen. Glasfaser-Modelle dominierten die 60er Jahre, in den frühen 70ern tauchten die Kohlefaserruten auf. Letztere wurden zunächst als zu teuer für eine größere Verbreitung betrachtet, jedoch tauchten nach einigen Jahren die Komposit-Ruten auf. Ihre Rohlinge (engl. Blanks) werden preisgünstig aus einem Gemisch von Kohle- und Glasfaser gefertigt und sind deshalb heute am weitesten verbreitet.

Kohlefaser- und Komposit-Ruten besitzen gegenüber den früheren Fiberglasruten viele Vorteile. Sie sind leichter, federn im Wurf weniger nach, ermöglichen gefühlvolleres Einholen und registrieren die Bewegungen des Köders genauso sensibel wie einen Biß. Nach einigen Jahren hatten sich diese Ruten ihre Marktposition gesichert und die ersten Boron-Modelle tauchten auf. Ihre Rohlinge bestehen im wesentlichen aus einer Mischung von Kohlefaser und Boron, einem Metall in Faserform. Die Ruten erwiesen sich gegenüber den Kohlefaser-Ausführungen als noch etwas leichter, besaßen jedoch noch mehr Schnellkraft und Rückgrat.

Jedoch erreichten Boronruten nie eine breite Popularität. Zukünftig dürften die Komposit-Ruten weiter den Markt beherrschen, wobei der Kohlefaseranteil zwischen wenigen Prozent und etwa 80 Prozent liegen kann. Diese Ruten sind billiger und etwas schwerer als »reine« Kohlerfaser-Modelle, deren oft sehr hoher Preis jedoch häufig außerhalb der finanziellen Möglichkeiten vieler Angler liegt. Weiter gibt es Kohlefaserruten, die durch einen Kevlar-Anteil ein stärkeres Rückgrat aufweisen und etwas weniger nachfedern.

Rutenaktion

Unter dem Begriff »Rutenaktion« ist der Bereich zu verstehen, über den sich die Rute bei Wurf und Drill zuerst biegt. Früher waren Ruten mit durchgehender Aktion (»Parabolic«) weit verbreitet. Dabei biegt sich der Blank in einer gleichmäßigen Kurve durch, von der Spitze bis in den Griff. Bei einer Rute mit Mittelteilaktion legt sich nur die obere Hälfte in die Kurve. Bei einer Spitzenaktion wird zunächst nur das obere Viertel oder Fünftel aktiv. Vielfach ist heute von einer »progressiven« Rute zu hören. Allerdings ist dies nur ein wohlklingendes Verkaufsargument, das jedoch in keiner Weise die Eigenschaft einer Rute beschreibt – denn diese Bezeichnung tragen sowohl Modelle mit durchgehender Biegung als auch mit Spitzenaktion.

Zum Spinnfischen eignet sich am besten die Mittelteilaktion. Damit lassen sich die meisten Köder gut werfen und die Rute ermüdet

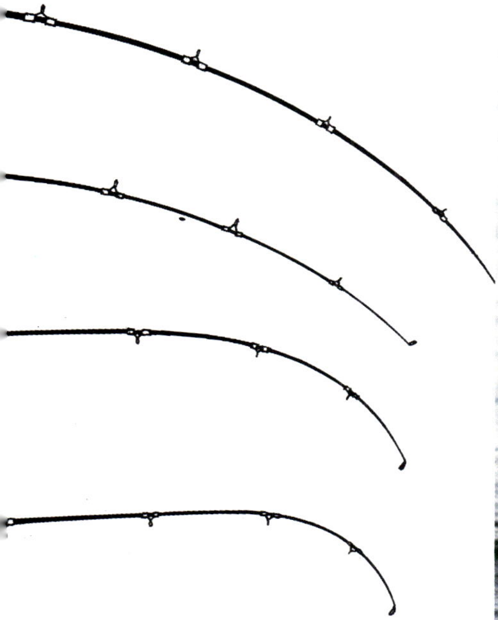

Für das Allround-Spinnfischen sind Ruten mit Mittelteil- oder 3/4-Aktion die beste Wahl. Sie werfen Kunst- und Naturköder gleichermaßen gut und ermüden den Fisch sehr schnell.

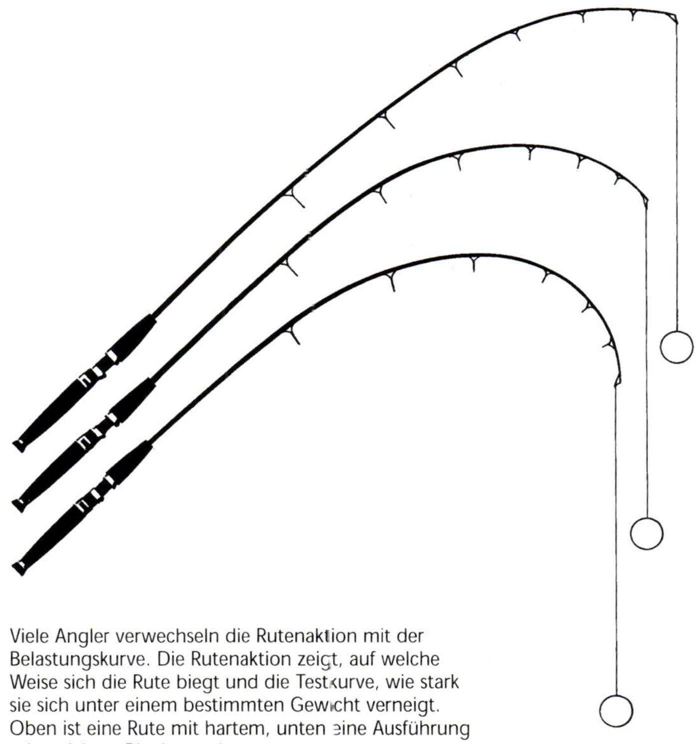

Viele Angler verwechseln die Rutenaktion mit der Belastungskurve. Die Rutenaktion zeigt, auf welche Weise sich die Rute biegt und die Testkurve, wie stark sie sich unter einem bestimmten Gewicht verneigt. Oben ist eine Rute mit hartem, unten eine Ausführung mit weichem Blank zu sehen.

den Fisch im Drill rasch. Diese Wahl von Aktion und Rute ist gleichzeitig die beste Wahl für ein universell einzusetzendes Werkzeug.

Ruten mit Spitzenaktion eignen sich bestens zum Werfen, sind jedoch zum Ermüden des Fischs etwas zu steif. Die rasche Beschleunigung im Wurf führt allerdings gelegentlich dazu, daß sich Blinker oder Wobbler überschlagen, andererseits lassen sich kompakte Blinker und Pilker damit ziemlich weit werfen. Zum Spinnfischen mit Naturködern ist die Spitzenaktion ebenfalls wenig geeignet.

Die durchgehende Aktion ermüdet den Fisch am schnellsten, jedoch beschleunigt sie beim Werfen etwas langsamer und erfordert für optimale Wurfweiten eine besondere Wurftechnik. Nach wie vor ist dieser Rutentyp die beste Wahl zum Fischen mit Naturködern, die sich unter sanfter Beschleunigung ohne Beschädigung werfen lassen.

Rutenlänge

Ruten lassen sich in 6 bis 7 Fuß (180 bis 215 cm) lange Einhandmodelle und 8 bis 11 Fuß (245 bis 330 cm) messende Zweihänder unterteilen. Seit der raschen Entwicklung der leichten Kohlefaser, wurden beide Typen gewissermaßen im Laufe der Jahrzehnte länger. Zuvor führten größere Längen bei den Glasfaserruten zu einem beträchtlichen Mehrgewicht. Durch die neuen Materialien lassen sich die heutigen Ruten jedoch anders beurteilen und in weitere Klassen einteilen.

So trifft unter den 7 bis 8 Fuß langen Modellen auf viele der Begriff »Anderthalbhänder« zu. Sie lassen sich sowohl als längere Einhandruten fischen, werden normalerweise jedoch als Zweihändige genutzt. Der lange Griff bietet eine ausreichende Länge für den Wurf mit beiden Händen und liefert mehr Kraft zum Ermüden des Fischs. Dieser Rutentyp ist in dem Bereich weit verbreitet, den wir als leichtes Spinnfischen, ultraleichtes (UL) Angeln oder Light-Tackle-Fishing bezeichnen.

In früheren Jahren war unter leichtem Spinnfischen gleichzeitig eine kurze Rute zu verstehen, heute weist die Tendenz hier jedoch auf immer leichtere und längere Ruten hin. So bauen leichte Spinnruten immer wieder auf 9 bis 10,5 Fuß langen, ursprünglich für Fliegenruten gedachten Rohlingen auf, die oft eine durchgehende Aktion besitzen. Einige Blanks werden dabei an Spitze oder hinterem Ende gekürzt, je nach Einsatzzweck. Einige entsprechende Ruten gibt es sogar aus industrieller Fertigung, da sie weite, genaue Würfe mit ultraleichten Wobblern zwischen fünf und 15 Gramm

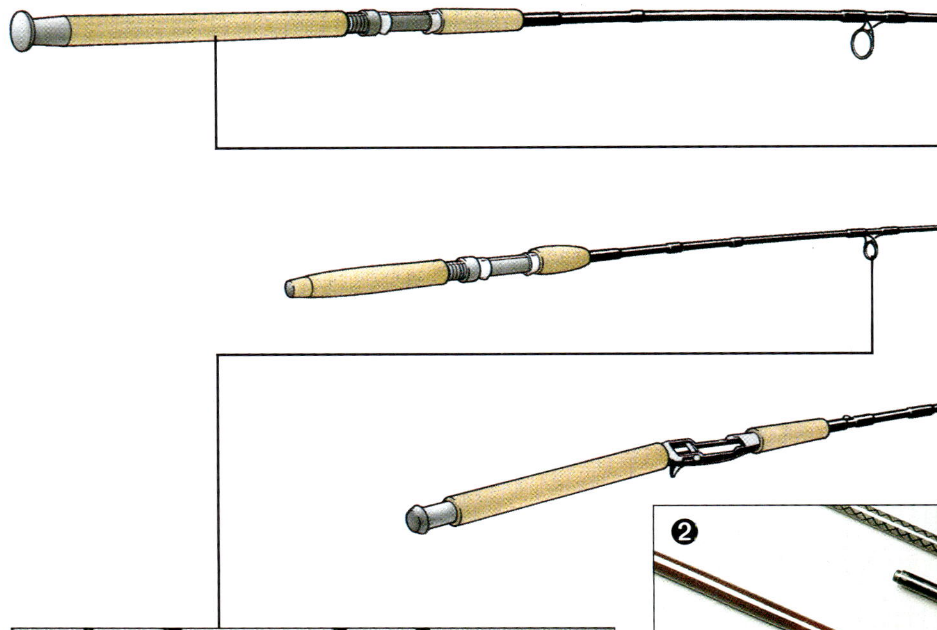

ermöglichen. Eine andere Variante sind die Kombi-Modelle, die sich gleichermaßen für das Fliegen- und Spinnfischen eignen.

Wurfgewicht

Bei allen Ruten gibt es einen Bereich, in dem sie Köder optimal werfen. Er hängt wiederum von der Aktion und dem Rückgrat der Rute ab. Verkaufsfördernd fällt der für ein Modell empfohlene Bereich sehr groß aus. Allerdings wirft unter anderem die eine mit 10 bis 40 Gramm angegebene 9-Fuß-Rute am besten 15 bis 25 Gramm schwere Köder.

Natürlich kommt sie tatsächlich mit 10 bis 40 Gramm schweren Ködern zurecht, jedoch in den Extremen nicht mit einem zufriedenstellenden Wurf- und Führungs-Verhalten. Möchte der Angler zehn oder 35 bis 40 Gramm schwere Köder werfen, sollte er zwei Ruten mit 5 bis 20 und 30 bis 80 Gramm Wurfgewicht besitzen.

Steckverbindungen

Die meisten Ruten bestehen aus zwei Teilen, jedoch gibt es unter anderem dreiteilige 11-Fuß-Modelle sowie in noch mehr Teile getrennte Reisemodelle. Die für die Verbindung der einzelnen Teile benötigten Steckverbindungen gibt es in mehreren Ausführungen. Bei einer Hülsenverbindung rutscht das im Durchmesser über ein kurzes Stück dickere obere Teil über das darunter liegende. Die Zapfenverbindung bildet einen der stabilsten Übergänge. Dabei wird beispielsweise ein einteiliger Blank in der Mitte geteilt und in das Handteil ein Zapfen aus Kohlefaser eingeklebt, auf dem das Spitzenteil seinen Halt findet. Bei vielen spottbilligen Ruten wird das Spitzenteil einfach ein Stück weiter abgesägt, damit es in die etwas ausgeschliffene Öffnung des Handteils paßt.

Rutenringe

Ringe mit einer Einlage aus Aluminium-Oxid sind heute der Standard an fast allen Ruten. Noch vor einigen Jahren gab es dabei ausschließlich Qualitätsprodukte von Herstellern wie Fuji oder Seymo, heute gibt es jedoch auch minderwertige Billigausführungen. Rute Ringe bürgen für eine sehr geringe Reibung und damit für weite Würfe, außerdem sind sie sehr stabil. »No-Name-Produkte« fragwürdiger Herkunft sind dagegen weicher und brechen schnell, außerdem fallen die Einlagen gelegentlich aus ihrer Fassung.

Leichte Ruten tragen meist einbeinige Ringe, starke Modelle stabilere Ausführungen mit zwei Beinen. Größere Durchmesser eignen sich zudem besser für das Werfen mit Stationärrollen, kleinere sind für den Einsatz mit Multirollen gedacht. Denken Sie daran, daß durch die großen, im Wurf von der Stationärrolle springenden Schnurklänge am untersten Ring ein sehr großer Widerstand entsteht, wenn Sie diesen Rollentyp auf einer für Multirollen gedachte und mit entsprechend kleinen Ringen versehenen Rute montieren. An Spinnruten von 7 bis 9 Fuß sollte der unterste Ring-Innendurchmesser beim Angeln mit der Stationärrolle etwa drei Zentimeter betragen.

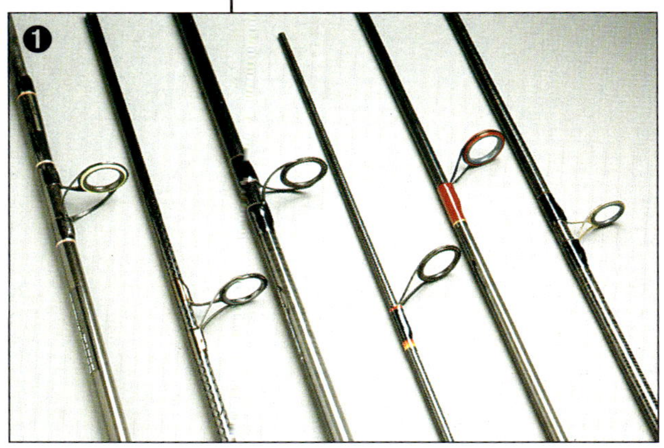

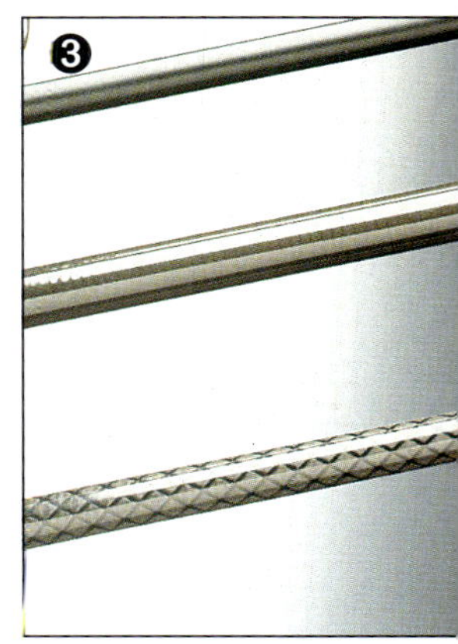

❶ Die meisten Rutenringe besitzen Einlagen aus Aluminium-Oxid. Von links: Fuji Standard, Fuji SIC, Seymo Supaglide, einbeiniger Ring, Ring von fragwürdiger Qualität sowie ein goldfarbener Hardloy-Ring.

❷ Oben ist eine Überschubverbindung zu sehen, die gebräuchlichste Verbindung zwischen zwei Rutenteilen. Das Bild in der Mitte zeigt die Verbindung an einer billigen Rute, bei der das Spitzenteil in das Handteil gesteckt wird. Ganz unten ist eine Zapfenverbindung abgebildet, die als die stabilste und sicherste Ausführung gilt.

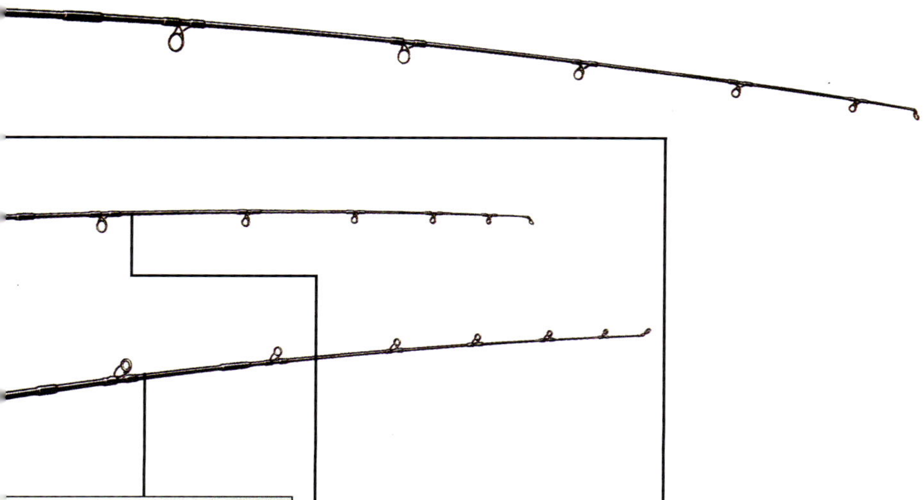

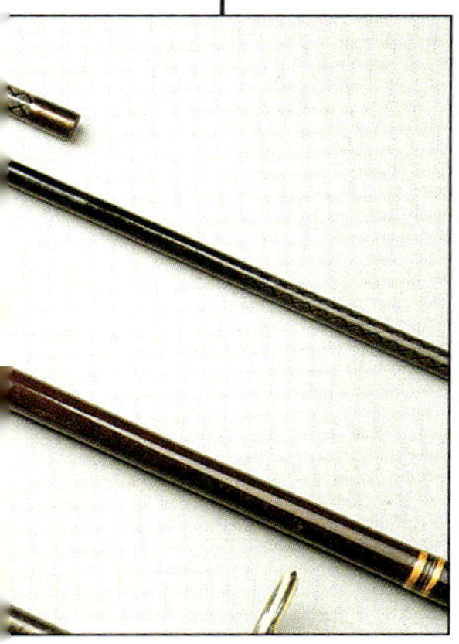

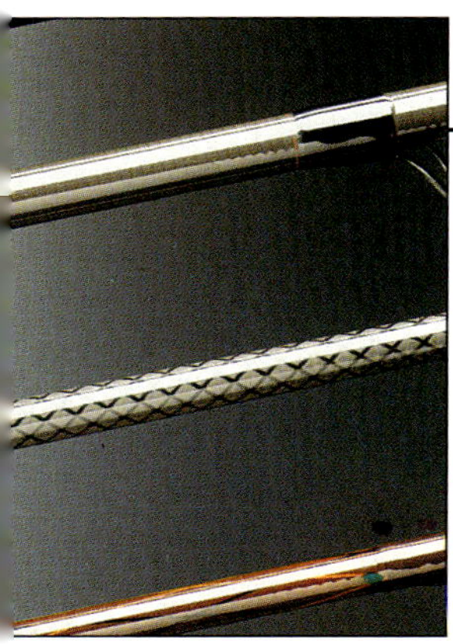

❸ Die meisten Ruten werden mit Kohlefaserblanks hergestellt, allerdings unterscheiden sie sich durch ihr Aussehen. Von oben: Geschliffener, matt lackierter High-Modulus-Blank, Rute mit ungeschliffenem Rohling und ein Whisker-High-Modulus-Blank. Ganz unten ist ein kevlarverstärkter IM 6-Rohling zu sehen.

❹ Rutengriffe bestehen fast ausschließlich aus Kork und Schaumstoff (EVA), die Rollenhalter aus Kunststoff oder Metall sowie einer Kombination daraus. Auf dem Foto sind sieben Zweihandruten mit unterschiedlichen Griffen und Rollenhaltern zu sehen. Abgesehen vom speziell für Multirollen konzipierten Pistolengriff lassen sich alle Rollenhalter mit Stationärrollen und Multis kombinieren.

Rutengriffe und Rollenhalter

Der Griff einer Rute besteht entweder aus Kork oder einem Schaumstoff (EVA oder Evaporin). Beide sind sehr griffig. Die meisten älteren Angler ziehen Kork als natürliches Material vor, das mindestens so gut wie EVA isoliert. Nachdem viele Ruten fast schon standardisiert sind, findet sich unter anderem an einem 8-Fuß-Modell vielleicht die gleiche Grifflänge wie an einer 9 Fuß langen Rute. An Qualitätsruten sind die Rutengriffe besser proportioniert.

An Ruten für Multirollen sieht der Rollenhalter etwas anders aus, obwohl sich Multis problemlos auch auf für Stationärrollen gedachten Rollenhaltern einsetzen lassen. Viele Multi-Ruten besitzen einen tiefergelegten Rollenhalter mit unten liegendem Fingerhaken, wobei diese Modelle allgemein als Pistolengriff bezeichnet werden. Leider machen sie die Rute schwerer und der Rutenrohling endet im vorderen Ende des Griffs, was die Aktion etwas verschlechtert. Die meisten Ruten für Multirollen tragen deshalb einen normalen Stationärrollen-Halter, der jedoch mit einem Fingerhaken ausgestattet ist.

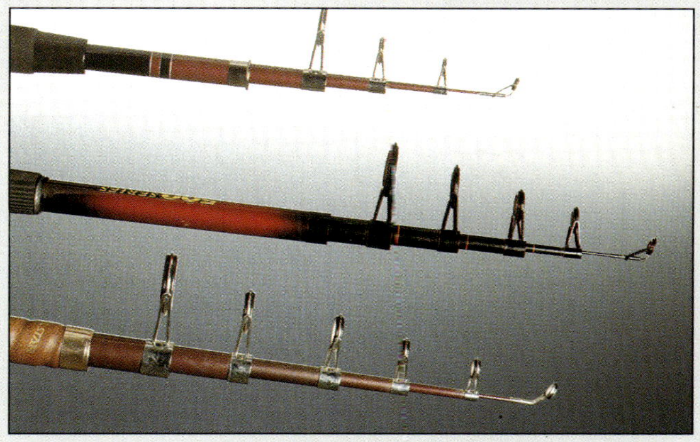

Teleskopruten

Zum Spinnfischen erwiesen sich Teleskopruten nie als Verkaufsschlager, sieht man einmal von wenigen Ländern wie Deutschland ab. Einer der Nachteile ihrer Konstruktion ist die unbefriedigende Aktion. Durch die einzelnen Rutenteile stehen die Ringe häufig zu weit auseinander und verursachen damit eine sehr große Reibung – besonders beim Drill von großen Fischen. Weiter sind die Ruten vergleichsweise schwer. Nur für die Reise ist eine Telerute wirklich ideal, wobei die Ringe in einer Schutzkappe liegen sollten.

Rollen

Stationär- und Multirollen besitzen in bestimmten Einsatzbereichen jeweils ihre Vorteile. So eignet sich die einfach zu bedienende Stationärrolle besonders für den Einsteiger und ist unübertrefflich beim Werfen von ultraleichten und leichten Ködern von zwei bis zehn Gramm. Eine Multirolle wirft sich dagegen am besten mit Gewichten von zehn Gramm an aufwärts. Der Aufbau der Rolle verleiht dem Fischer im Drill einen direkteren Kontakt zum Geschehen an der Schnur, da die Leine vor der Spule nicht umgelenkt wird. Darüber hinaus dient die Multi mit einer sehr guten Kraftübertragung, was den Drill eines schweren Fischs mit einer kleinen Rolle erleichtert.

Andererseits kann ein Problem auftreten, bläst der Wind beim Wurf von vorn: Denn er bremst die Geschwindigkeit des Köders manchmal erheblich, was wiederum zum Überdrehen der Spule und damit zu einer Schnurperücke führt – sofern der Angler die Spule nicht rechtzeitig mit dem Daumen bremst. Beim Einholen besteht jedoch eine bessere Verbindung zum Köder. Sogar bei Nacht läßt sich die Multi fischen, allerdings führt jetzt die Stationärrolle zu weniger Problemen.

Das Schnurlaufröllchen muß tief genug sein und frei rotieren. Zudem sollte es so genau eingepaßt sein, daß die Schnur nicht in einen freien Spalt geraten kann. Damit das Röllchen leichter läuft, rotiert es bei vielen Rollenmodellen auf einem Kugellager.

Der Knopf zum Einstellen des Bremswiderstands sitzt entweder vorn auf der Spule oder – wie hier – am hinteren Ende des Gehäuses. Diese Rolle verfügt außerdem über eine Kampfbremse, die eine Feineinstellung des Widerstands während des Drills erleichtert.

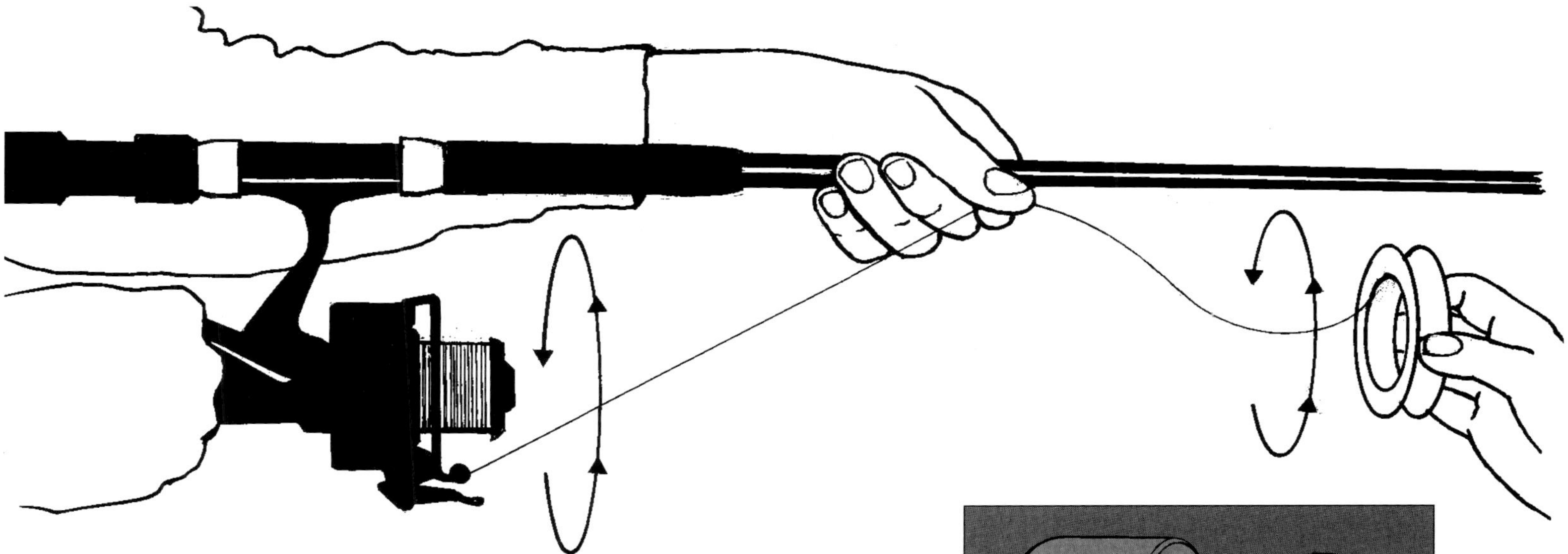

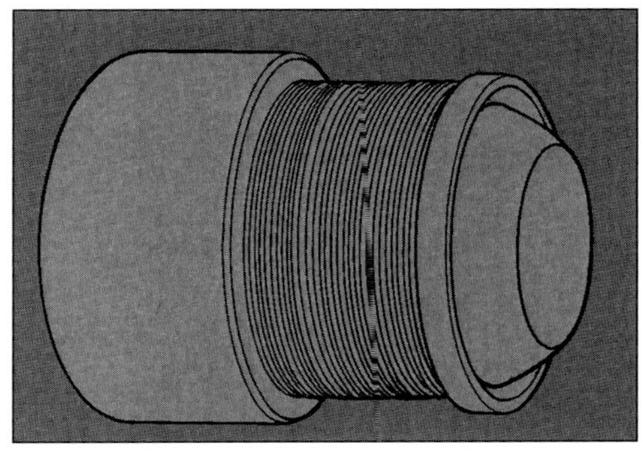

Das richtige Aufspulen der Schnur ist wichtig – sonst verdrallt und verfängt sich die Leine während dem Fischen. Auf der Abbildung ist der korrekte Weg für eine Stationärrolle zu sehen. Die Spule mit der neuen Schnur wird so zur Rollenspule gehalten, daß die Leine an beiden Spulen in der gleichen Richtung ab- und aufgespult wird.

Rechts: Die Schnur sollte in der richtigen Menge und gleichmäßig auf der Spule liegen. Das ist der Fall, wenn die Schnur etwa zwei Millimeter unter der Spulenkante beginnt. Bei zuviel Leine springen im Wurf vielleicht zu viele Klänge auf einmal von der Spule, während zu wenig Schnur die Reibung an der Kante im Wurf erhöht und so die Wurfweite reduziert.

Stationärrollen

Jeder kann das Werfen mit der Stationärrolle innerhalb weniger Stunden erlernen. Die Baugrößen reichen von der winzigen UL-Rolle bis zu sehr großen Modellen zum Angeln auf große Räuber wie Lachs und Meeresfische.

Fast alle Stationärrollen funktionieren nach dem gleichen Prinzip, wobei der Knopf für die Bremsverstellung unterschiedlich plaziert sein und die Bremse aus verschiedenen Materialien bestehen kann. Genauso können die Formen von Spulen und Griffen abweichen.

Bei den meisten Stationärrollen läßt sich die Kurbel von der rechten auf die linke Seite oder umgekehrt versetzen. Außerdem besitzt die Rolle einige oder sogar viele Kugellager. Dabei ist ihre Anzahl häufig ein Verkaufsargument, jedoch halten die Modelle mit nur drei bis vier Lagern länger, als andere mit fünf, sechs oder mehr.

Das Material der Rollengehäuse veränderte sich im Laufe der Jahrzehnte. Früher bestanden die meisten aus Aluminium, später aus weniger haltbarem Kunststoff. Heute geht der Trend wieder zurück zu Alu, Kunststoff wird sich jedoch bei den billigen Modellen halten.

Getriebe

Überwiegend kommen die Rollen heute mit Tellerrad-Getriebe, jedoch besitzen einige – vor allem deutsche Modelle – noch immer Schnecken-Getriebe. Dieses kann sich beim Kurbeln an einer neuen Rolle zunächst ein wenig zäher als die andere Ausführung anfühlen, es läuft sich jedoch bald ein. Schnecken-Getriebe sind sehr stabil, einige leisteten problemlos über 30 Jahre gute Dienste.

In früheren Zeiten galt eine Übersetzung von 4:1 schon als schnell, heute besitzen viele Rollen ein Verhältnis von 6:1 oder 7:1. Das Ideal liegt allerdings zwischen 4:1 und 5,2:1, wobei sich 5:1 generell am besten für kleine und 4:1 für größere Rollen eignet. Zwar ermöglicht ein schnelles Getriebe das sehr zügige Einholen der Leine, was jedoch beim Drill eines großen Fisches in fehlende Kraft umschlägt.

Immer häufiger sind Kurbeln mit zwei Griffen zu sehen, da die Rolle dann besser in der Wucht und damit gleichmäßiger laufen soll. Beim direkten Vergleich mit Einzelkurbeln zeigt sich jedoch höchstens ein minimaler Unterschied.

Stationärrollen können zwei verschiedene Getriebe besitzen: Tellerrad- (oben) und Schnecken-Getriebe (unten). Das Tellerrad- oder Winkelgetriebe ist heute die verbreitetste Form. Verglichen mit dem Schneckengetriebe läuft es zwar nicht so weich und besitzt eine kürzere Lebensdauer, jedoch vermittelt es einen direkteren Kontakt zu Köder und Fisch. Das Schneckengetriebe ist außerdem teurer und benötigt eine gewisse Einlaufzeit, bis es seine samtweiche Charakteristik erreicht.

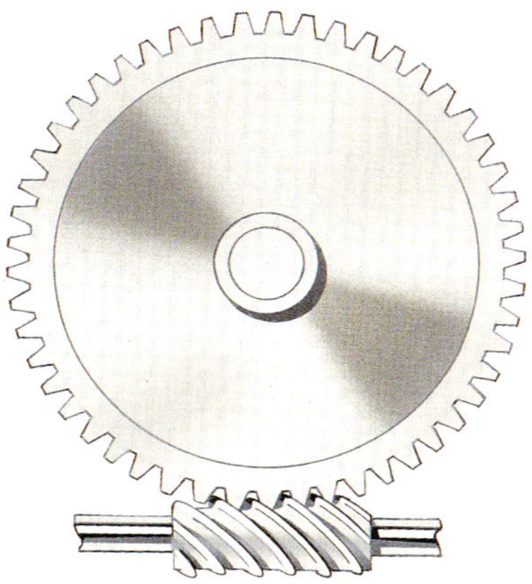

Spule und Bremse

Beinahe alle Stationärrollen besitzen heute eine überlappende Spule. Diese 1975 von Daiwa eingeführte Technik verhindert weitgehend, daß die Schnur unter die Spule gerät und sich um die Achse wickelt. Noch immer ist die Spule die schwächste Stelle an einer Spinnrolle, da eine schlecht konstruierte Ausführung zu kurzen Würfen und zum Abspringen der Schnur mit mehreren Klängen gleichzeitig führen kann. Die Spulenkante sollte glatt aber doch scharf abbrechen, so daß die Schnur im Wurf ohne zu verhängen abläuft.

Die Weitwurfspule wurde zu einem Merkmal vieler Rollen. Auf ihnen legt sich die Schnur besser ab und der Werfer kann etwas größere Distanzen erreichen. Als Faustregel sollte die Schnurfüllung dabei bis etwa zwei oder drei Millimeter unter den Rand reichen. Zu wenig Leine verursacht kurze Würfe, da sich durch den steilen Winkel an der Kante eine hohe Reibung ergibt. Mit zuviel Schnur springen unter Umständen mehrere Klänge gleichzeitig ab.

Zu den wichtigsten Details einer Rolle gehört die Kombination von Spulenarm, Schnurfangbügel und Schnurlaufröllchen. Jedes Jahr werden Anstrengungen unternommen, sie weiter zu verbessern. Die Lager einiger Röllchen sind übrigens selbstschmierend, während andere für einen optimalen Lauf gelegentlich einen Tropfen Öl benötigen.

Die Bremse liegt entweder vorn an der Spule oder hinten im Gehäuse der Rolle. Die Bremsscheiben an der Spule einer Frontbremse besitzen einen größeren Durchmesser als die einer Heckbremse, jedoch kann eine höhere Zahl von Bremsscheiben die kleinere Fläche wieder ausgleichen. Damit arbeiten beide Systeme in der Praxis gleichermaßen gut. Einige Rollen mit Heckbremse besitzen zudem eine Kampfbremse, die im Drill eine Feineinstellung des vom Angler voreingestellten Widerstands erlauben. Der Bedienhebel sitzt dabei über dem üblichen Bremsrad und ist dadurch blitzschnell zu erreichen. Freilaufrollen (engl. Baitrunner) verfügen über eine zweite Bremse, die bei ausgekuppelter Spule arbeitet. Sie ist allerdings nur für Naturköderangler interessant.

Die Stationärrolle ist der am weitesten verbreitete Rollentyp. Sie ist selbst von Anfängern einfach zu bedienen und ermöglicht weitere, sichere Würfe. Sie wirft sogar sehr leichte Köder ab zwei Gramm. Unabhängig davon, ob sie über eine Front- oder Heckbremse verfügt, ermüdet ihr Bremssystem selbst große Fische.

Einfache, wie eine Multi oben auf der Rute montierte Kapselrollen eignen sich gut für Anfänger, sind jedoch bei uns absolut unüblich.

Kapselrollen

Stationärrollen mit einem geschlossenen Spulen»käfig« waren im deutschsprachigen Raum nie übermäßig verbreitet (vor allem nicht die stehend montierten Modelle) und verschwinden immer mehr. Die Mechanik dieser Kapselrollen ist sehr einfach und ihre Wurfeigenschaften nur mittelmäßig. Die Rollen lassen sich sehr einfach bedienen und wurden über Jahre vor allem Anfängern als billige Einsteigermodelle empfohlen. Einige Angler schwören jedoch darauf, besonders beim Fischen mit feinen Schnüren.

Einige Kapselrollen fanden Freunde unter erfahrenen Anglern, die sie hauptsächlich unter schwierigen Bedingungen einsetzen, in denen kurze Würfe ausreichen.

Multirollen

Anders als bei den Stationärrollen liegt die rotierende Spule der Multi(plikator)rollen quer zur Wurfrichtung. Die Kubel treibt die Spule über ein Getriebe an, dessen Übersetzung von der beabsichtigten Angelart abhängt. Normalerweise liegt sie bei 5:1.

Obwohl man moderne Multis durchaus als kleine technische Wunder bezeichnen kann, ist ihr Aufbau im Grunde einfach. Allerdings erfordern saubere Würfe einige Übung. Trotz der bei einigen Multis hervorragenden Wurfbremse, haben Anfänger beim Werfen mit der überdrehenden Spule und dadurch mit Schnurperücken zu kämpfen.

Häufig kosten Multis viel mehr als eine Stationärrolle. Wie bei ihnen wurde in den 80er Jahren mit Kunststoffgehäusen experimentiert. Jedoch zeigte sich inzwischen, daß Aluminium die bessere Wahl ist. Rein vom Äußerlichen betrachtet, existieren zwei unterschiedliche Formen: die klassische zylindrische mit ihren runden Seitendeckeln und die flachere, von der Seite betrachtet etwa tropfenförmige Ausführung. Beide Typen besitzen in den höheren Preisklassen eine hervorragende Mechanik und decken alle Bereiche des Spinnfischens ab.

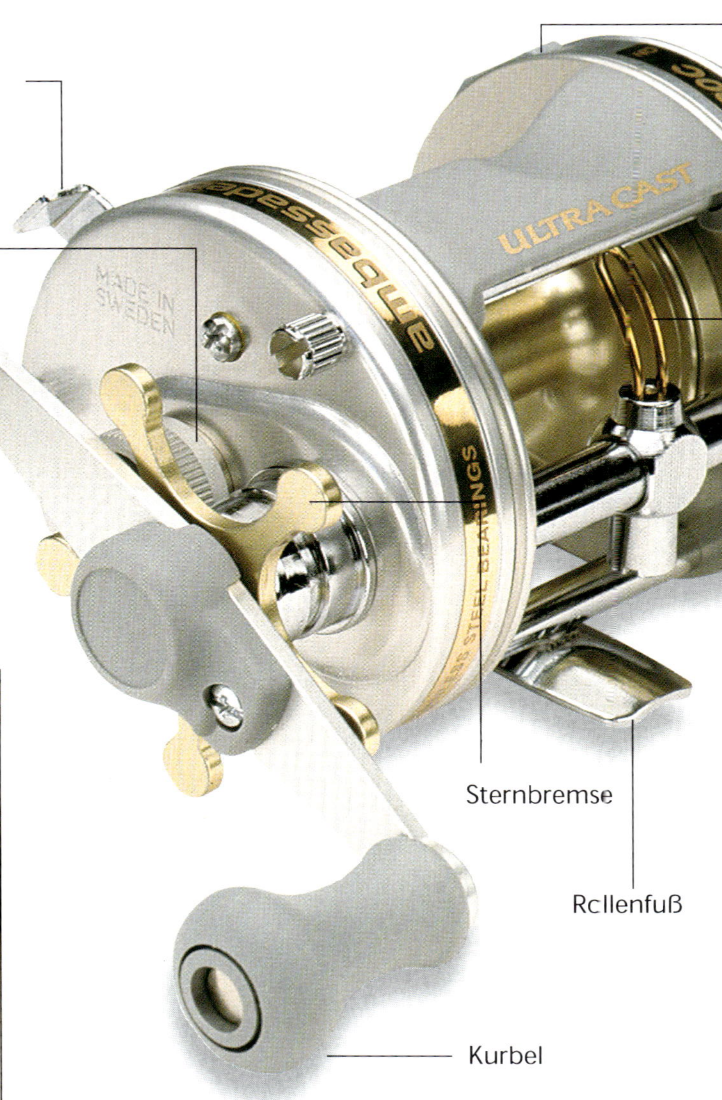

Die Schnurführung ist ein wichtiger Teil der Multirolle. Sie verlegt eingeholte Schnur gleichmäßig auf der Spule und ermöglich damit weite Würfe ohne verwickelte Schlingen.

Statt einem Freilaufknopf besitzen einige kleinere Modelle eine entsprechende Taste. Sie erlaubt schnelleres Werfen mit der Einhandrute.

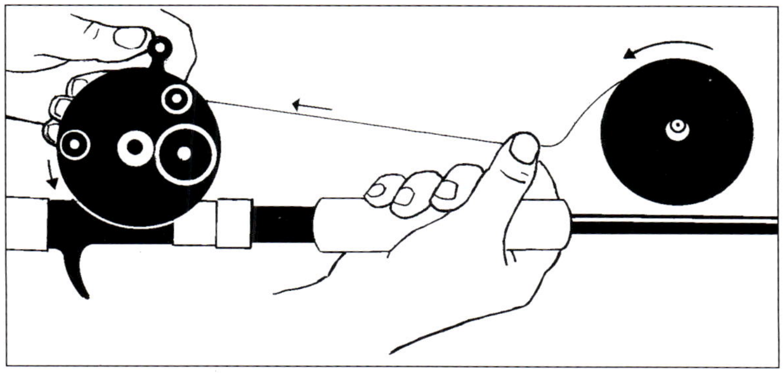

Während dem Aufspulen neuer Leine sollte die Spule mit der neuen Schnur in der gleichen Richtung wie die Rollenspule rotieren. An der Schnurspule ermöglicht ein durchgesteckter Bleistift das freie Drehen, wobei die zwei Finger die Leine unter Spannung halten. Die Schnurfüllung stimmt, wenn sie etwa ein bis zwei Millimeter unter den Spulenrand reicht.

Unten links: Die meisten modernen Multirollen verfügen über wirksame Wurfbremsen, die mechanisch, magnetisch oder mit Zentrifugalgewichten funktionieren. Sie vermindern das Risiko, daß die Spule im Wurf überdreht.

Pflege und Wartung

Durch Salzwasser oder schmutziges Süßwasser können Beschädigungen an Rollen auftreten. Nach dem Fischen sollten sie deshalb mit klarem Wasser abgespült, getrocknet und mit Silikon eingesprüht werden. Auf jeden Fall sollte der Angler nach dem Fischen die Bremse lockern, da sich sonst beim Lagern die Bremsscheiben vielleicht verziehen und sich dadurch eine holprige Charakteristik ergibt. Einige Tropfen Öl sollten der Kurbelachse, der Feder des Schnurfangbügels sowie dem Lager des Schnurlaufröllchens vergönnt sein. Bei einer Multi sollten zumindest die Lager der Spulenachse etwas Öl erhalten. Bei ständigem Gebrauch sollte jede Rolle einmal jährlich gründlich durchgesehen werden.

Schnüre

Als Ausgangsmaterial für Monofilschnüre dient Nylongranulat, das nach dem Erhitzen durch Werkzeuge mit unterschiedlich großen Bohrungen gepreßt wird. Die Stränge kühlen über Rollen, die sie gleichzeitig strecken, wodurch die Leinen weich und elastisch werden. Hochwertige und damit teure Schnüre erhalten eine Imprägnierung, die sich zwischen die Nylon-Moleküle setzt und die Schnur somit vor dem Eindringen von Wasser schützt. Eingedrungenes Wasser mach die Leine porös und setzt die Tragkraft herab, wobei der Anteil in schlechten Leinen nach einiger Angelzeit bis zu zehn Prozent betragen kann. Weiter können Schnüre eine Oberflächen-Veredlung erhalten, unter anderem mit Teflon. Genau betrachtet ist Monofil also kein so einfaches Produkt wie häufig angenommen.

Die Eckwerte einer Nylonschnur werden im wesentlichen mit dem Durchmesser sowie der Reißfestigkeit und der Knotenfestigkeit festgelegt. Abriebfestigkeit, Elastizität, Steifheit und Sichtbarkeit sind weitere Kriterien. Anders als bei Billigleinen liegen die Moleküle hochwertiger Ausführungen gestreckt und längs der Schnur, außerdem verwenden die Hersteller bessere Rohmaterialien. Allerdings gibt es tatsächlich auch preisgünstige Schnüre, die sich so gut wie ihre teureren Konkurrenten fischen lassen.

Knotenfestigkeit und Elastizität

Häufig garantieren Hersteller für einige Schnüre eine bestimmte Tragkraft. Jedoch setzt das den Preis herauf. Die besten Knoten erhalten dabei vom Wert der ungeknoteten Leine 90 bis 100 Prozent, während ungeeignete oder schlecht gebundene Knoten die Tragkraft auf 50 bis 60 Prozent herabsetzen. Große Unterschiede gibt es auch in Sachen Abriebfestigkeit: Während sich die eine Schnur schon nach einem einzelnen Hänger am Grund wie ein Mohnbrötchen anfühlt, übersteht die andere vielleicht viele harte Angeltage ohne Beschädigung.

Wenn Sie einen Fisch an kurzer Leine haken, ist die Elastizität ein wesentliches Kriterium. Anders herum ist bei einem Biß in großer Entfernung eine dehnungsarme Schnur die bessere Wahl. Einige Schnüre strecken sich in nassem Zustand wenigstens um 15 bis 30 Prozent. Grundsätzlich sind weichere Schüre elastischer als steife.

Gefärbte und transparente Schnüre

Tatsächlich gibt es im Hinblick auf die Farbe drei Arten von Schnüren: Durchsichtige, gefärbte und fluoreszierende. Dabei sind die meisten Schnüre klar oder bläulich oder grün gefärbt. Eine fluoreszierende Leine ist leicht zu sehen und ist unter anderem beim Schleppfischen mit eng nebeneinander liegenden Ruten ein Vorteil, da sich die Schnüre im Wasser genau verfolgen lassen. Zum Spinnfischen lehnen einige Angler Fluoschnüre ab. Sie fürchten, daß die Farbe die Fische erschreckt. Andere halten die Schnüre für problemlos – allerdings binden einige unter ihnen ein längeres transparentes Schnurstück zwischen die fluoreszierende Schnur und den Köder. Insgesamt ergaben diese Schnüre allerdings nur bei bestimmten Angelarten gegenüber hellblau oder hellgrün gefärbten Leinen schlechtere Fänge.

Es fällt meist schwer, unter dem großen Angebot genau die richtige Schnur herauszufinden und zu empfehlen. Grundsätzlich läßt sich jedoch sagen, daß eine weiche Leine besser zu einem kleinen

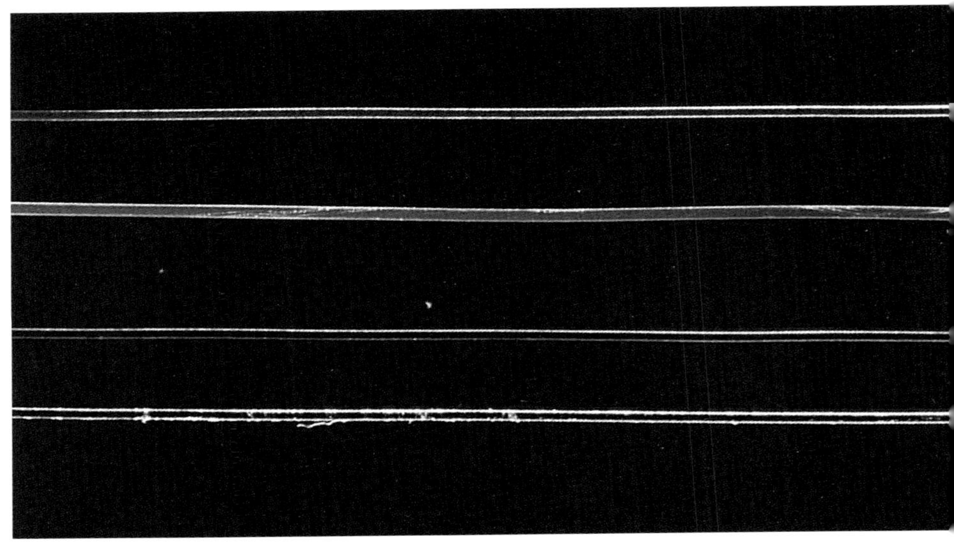

Oben: Das Foto zeigt 0,20 Millimeter starke Monofilschnüre in starker Vergrößerung. Ganz oben liegt eine durchsichtige Schnur, die über Wasser leicht zu sehen, unter Wasser jedoch nahezu unsichtbar ist. Darunter: eine fluoreszierende Leine, eine gefärbte, durchsichtige Schnur sowie eine einfache, klare Leine.

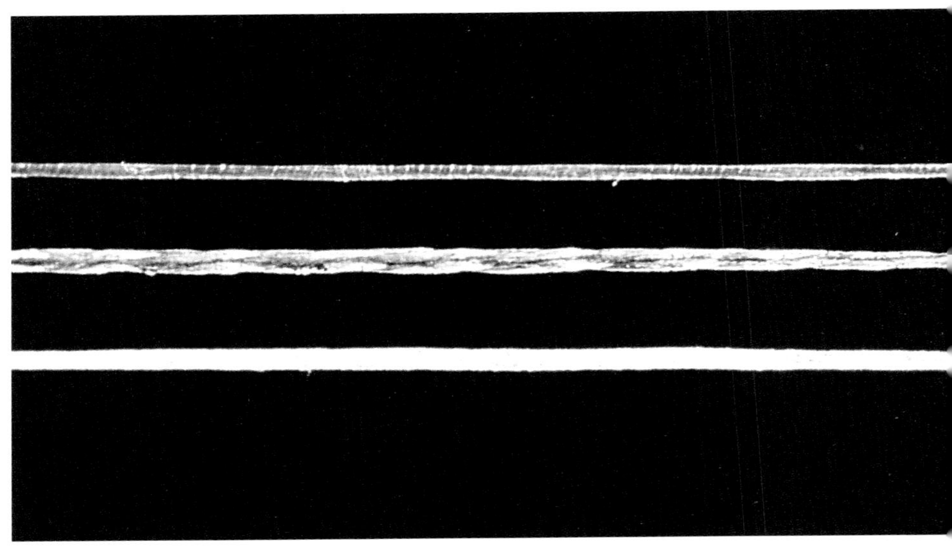

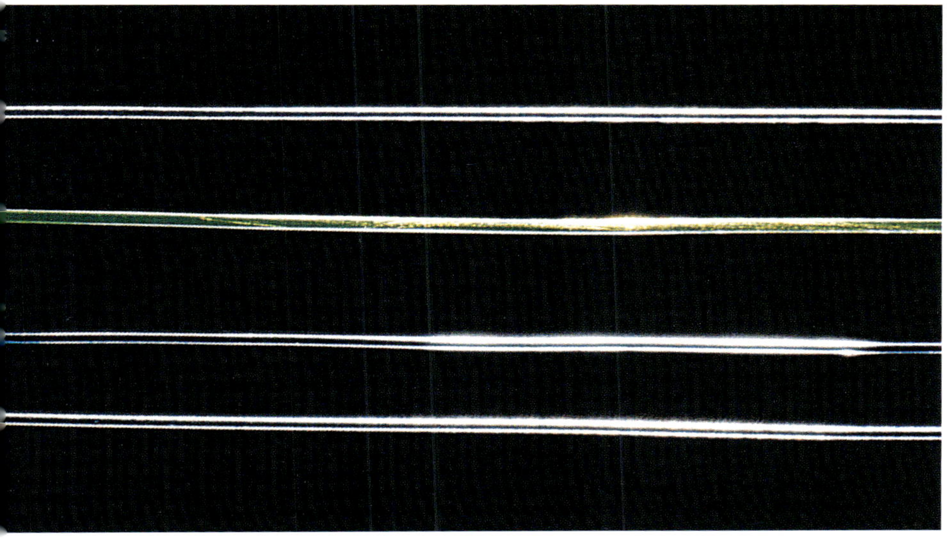

Unten: Schnüre aus mehreren Fasern werden immer beliebter, da sie eine sehr hohe Tragkraft mit einem kleinen Durchmesser verbinden. Hier sind drei verschiedene, 0,20 Millimeter dünne Schnüre vergrößert zu sehen: FireLine, Corastrong und Spiderwire Fusion (von oben).

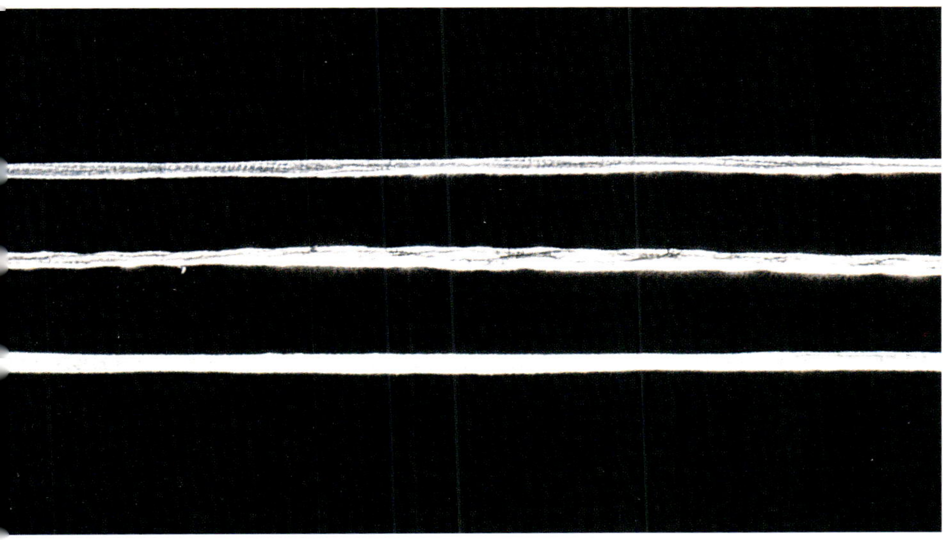

Spulendurchmesser paßt. Harte Schnüre liegen hier nicht so gut und beim Wurf können leicht mehrere Schnurklänge auf einmal abspringen, was zu einer Perücke führen kann. Genauso eignen sich weiche Schnüre gut für das Fischen bei Kälte und Frost, da sie nicht übermäßig hart werden.

Schnüre altern mit unterschiedlicher Geschwindigkeit. Sonnenlicht, ständige Feuchtigkeit und Chemikalien können eine Leine zerstören. Nie sollte sie mit Öl, Mückenschutzmitteln, Benzin und ähnlichem in Berührung kommen. Bewahren Sie eine Schnur möglichst dunkel auf und überprüfen sie regelmäßig während dem Fischen. Speziell die vordersten Meter werden durch Würfe und Hänger stark beansprucht, weshalb Sie sie vor dem nächsten Angelausflug abgeschneiden sollten.

Geflochtene Schnüre

Die recht neuen geflochtenen Schnüre zeichnen sich durch einen geringen Durchmesser bei sehr hoher Tragkraft aus. Sie bestehen aus vielen verflochtenen HPPE-Fasern (High Performance Polyethylen, Handelsname »Dyneema« oder »Spectra«), andere werden »Coramid« genannt und enthalten möglicherweise Kevlar. Beide Fasern sind recht teuer und werden häufig zusammen mit anderen Fasern verarbeitet, die Knotenfestigkeit und Geschmeidigkeit erhöhen sollen.

Die neuen Leinen wurden rasch populär und verbreiten sich ohne Zweifel noch weiter, sobald die Preise sinken. Geld läßt sich übrigens sparen, wenn Sie vielleicht die halbe Rollenspule zuerst mit Monofilschnur füllen und erst dann die angeknotete Geflochtene aufspulen.

Der Schwachpunkt der Geflechtschnüre sind die Knoten. Einige Hersteller empfehlen den doppelten Clinch-Knoten, für die Verbindung zur monofilen Füllschnur empfiehlt sich der Uni-Knoten. Probleme können die Schnüre in gewissem Maß auch bei Eis mit sich bringen, besonders an Eiskanten.

Besonders empfehlen sich Flechtschnüre für Stationärrollen, da die starke Beschleunigung zusammen mit der fast dehnungsfreien Schnur beim Werfen mit der Multirolle zu wüsten Verwicklungen führen kann. Für geflochtene Leinen fertigen einige Hersteller inzwischen spezielle Stationärrollen-Spulen, die von mehr und mehr Anglern eingesetzt werden. Da die Schnur fast keine Dehnung besitzt, muß der Angler den Fisch im Drill unter gleichmäßigem Druck halten und die Bremse recht locker einstellen.

Zum Lösen eines Hängers sollten Sie die geflochtene Schnur nie um die Hand wickeln – sonst schneiden Sie sich im wahrsten Sinne des Wortes ins eigene Fleisch. Jedoch lassen sich Hänger mit diesen Schnüren vergleichsweise leicht lösen. Andererseits erfordert das Entwirren von verwickelten Flechtschnüren häufig wiederum viel Geduld. Zwar läßt der im Verhältnis zur Tragkraft dünnere Durchmesser der Flechtleinen erheblich weitere Würfe erwarten, was sich durch die deutlich rauhere Oberfläche jedoch in Grenzen hält. Immerhin verringert sich der Strömungsdruck auf die Schnur.

Weiter verbreiten sich ebenfalls die noch neueren »Fused«-Schnüre wie FireLine oder Spiderwire Fusion. Bei ihnen liegen die Fasern parallel zueinander in einer gefärbten Ummantelung. Beide Leinen weisen eine etwas niedrigere Tragkraft als die geflochtenen Schnüre auf, besitzen aufgrund der fehlenden Flechtung noch weniger Dehnung als die oben genannten Schnüre. Unter dem Strich betrachtet dürfte die Zukunft den Flechtschnüren gehören, zumindest bei bestimmten Angeltechniken.

Knoten

Die Ausrüstung des Spinnfischers ist nur so stark wie das schwächste Glied darin – der Knoten. Falsch oder schlampig gebundene Knoten schwächen die Tragkraft der Schnur bis auf die Hälfte. Trotzdem konnten sich viele Knoten über Jahrzehnte in der Angelwelt halten, ungeachtet ihrer Schwächen. Am besten lernt der Angler perfekt drei oder vier haltbare Knoten, die er dann auch wirklich sicher beherrscht.

Der Spulenknoten dient zum Befestigen der Leine am Spulenkern aller Rollenarten. Er ist nichts anderes als der Clinch-Knoten mit drei Windungen. Der traditionelle Clinch-Knoten läßt sich verbessern, indem der Angler das Schnurende zweimal durch das Öhr führt. Die Verbindung mit einer Tragkraft von 95 bis 100 Prozent wird dann als Doppelter Clinch- oder Trilene-Knoten bezeichnet.

Der Rapala-, Duncan- uder Uni-Knoten wird in erster Linie zusammen mit Wobblern und kleinen Naturködern eingesetzt. Er zieht sich nicht zu, vielmehr kann der Köder in der Schlaufe sehr natürlich und lebendig spielen.

Der Bloodknoten verbindet zwei Schnüre, selbst mit unterschiedlichem Durchmesser. Allerdings sollten sie nicht mehr als 0,10 Millimeter voneinander abweichen. Falls doch, können Sie die dünnere Leine doppelt nehmen. Generell kann nach dem Binden des Blood-Knotens ein Ende stehenbleiben, falls Sie einen Seitenarm nutzen möchten. Genauso verbindet der doppelte Uni-Knoten zuverlässig zwei Schnüre. Zwei Enden vernüpft auch der Chirurgen-Knoten, der einfach aus einem doppelten Überhandknoten besteht. Allerdings muß eine Schnur sehr kurz oder notfalls auf einer möglichst kleinen Spule liegen, da der Angler ein Ende durchschlaufen muß.

Für einen Seitenarm eignet sich der gleitende Uni-Knoten. Sein Vorteil liegt darin, daß der Fisch bei Biß oder Drill die Schnur nicht erreicht, da der Knoten auf der Leine rutscht.

Der Dropper-Knoten ist einer der einfachsten Knoten für Seitenarme. Allerdings eignet er sich nur zum Angeln auf kleinere Fische, da seine Tragkraft nicht die Stabilität von Blood- oder doppeltem Uni-Knoten erreicht.

Unabhängig von der Art des Knotens sollte er vor dem gleichmäßigen Zuziehen immer mit etwas Spucke angefeuchtet werden. Fast alle Knoten werden mit mehreren Windungen gebunden, die sauber eng aneinander liegen sollten. Liegen dagegen einige Windungen über den anderen, schneidet sich der Knoten möglicherweise selbst durch. Als Faustregel gilt, daß ein Knoten wenigstens über fünf Windungen verfügen sollte, bei 0,70er oder noch stärkerer Leine genügen drei.

Spulenknoten

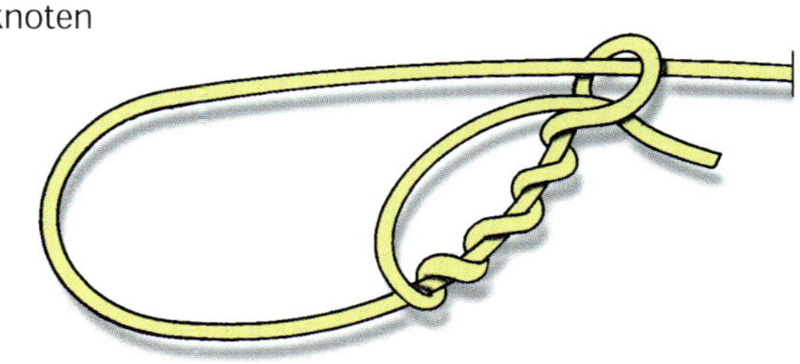

Clinch-Knoten

Double-Clinch- oder Trilene-Knoten

Rapala-, Duncan- oder Uni-Knoten

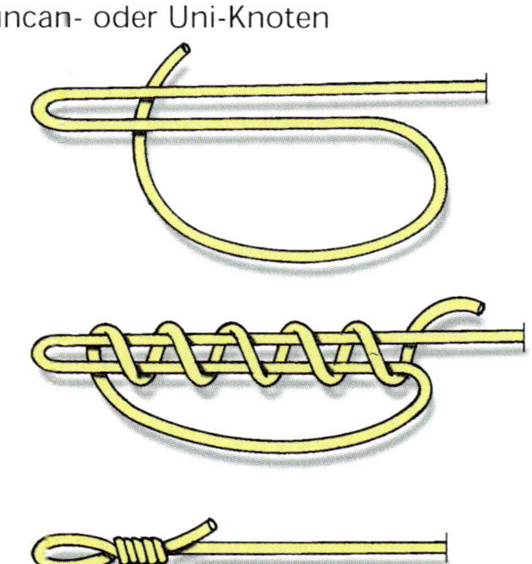

Doppelter Uni-Knoten

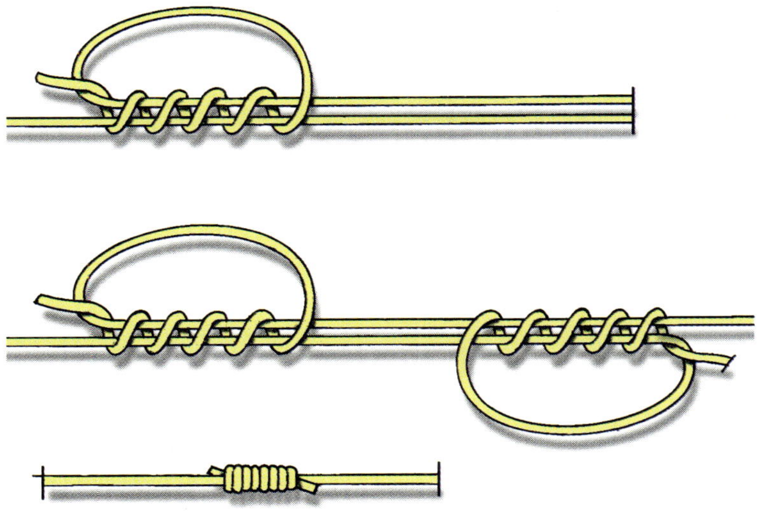

Gleitender Uni-Knoten

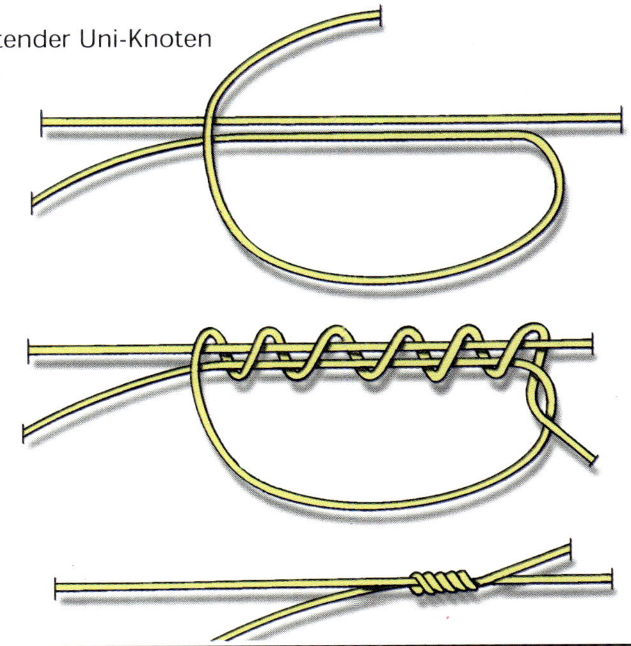

Blood-Knoten

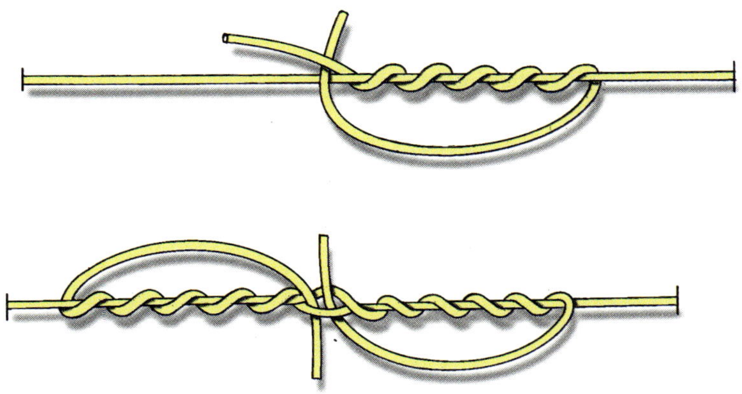

Dropper-Knoten

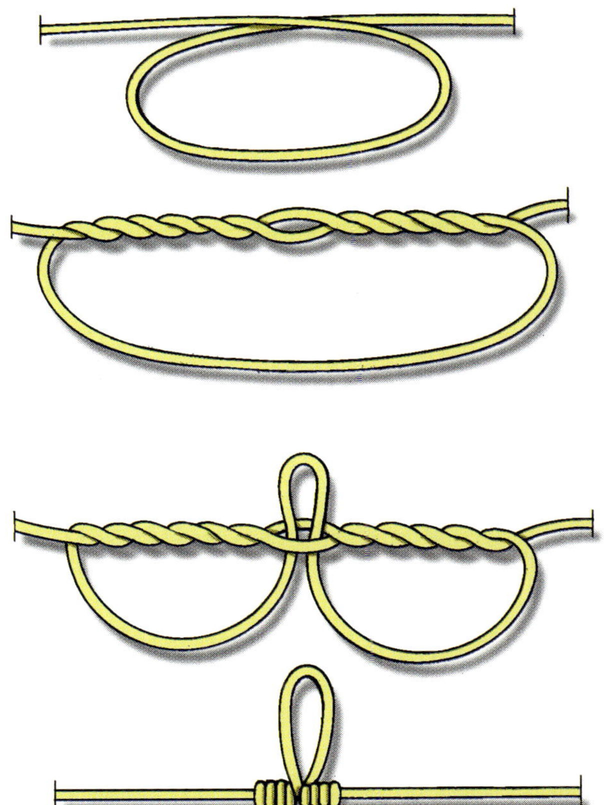

Chirurgen-Knoten

Haken

Haken für das Spinnfischen eignen sich nicht unbedingt gleichzeitig für das Angeln mit Naturködern. Das liegt daran, wie der Fisch den Köder nimmt. So faßt der Haken des Kunstköders beim Anhieb in aller Regel vorn in der harten Maulpartie, während Naturköder häufig tiefer geschluckt werden und der Haken dann in weicherem Gewebe sitzt. Außerdem muß ein Naturköder-Haken aus stärkerem Draht bestehen, da er sonst aus dem oft weichen Material im Wurf schnell ausschlitzt.

Die meisten Kunstköder sind mit Drillingen ausgerüstet. Einige verfügen trotzdem über Einzelhaken, normalerweise aufgrund örtlicher Gegebenheiten – möglicherweise sind Drillinge an einem Gewässer verboten, um die Verletzungsgefahr für die Fische herabzusetzen. Einzelhaken kommen darüber hinaus bei speziellen Blinkern und Pilkern zum Küsten- oder Meeresfischen auf Dorsche oder Meerforellen vor. Die Größe eines Drillings hängt von der des Köders ab. Ein guter Grundsatz lautet, daß der Durchmesser des Hakens etwa dem des Köders entspricht, was bei einigen sehr schlanken Ködern allerdings keinen Sinn macht.

In seltenen Fällen fassen alle drei Hakenspitzen eines Drillings. Jetzt besteht die Gefahr, den Fisch zu verlieren, denn beim Anhieb kann der Angler auf eine Hakenspitze mehr Kraft wirken lassen als auf drei und das einzelne Eisen faßt dadurch viel sicherer. Deshalb ersetzen einige Angler beim Spinnangeln die Drillinge durch Einzelhaken. Letztere ermöglichen nebenbei ein lebendigeres Spiel des Köders, zudem lassen sie sich leichter von Wasserpflanzen und Seegras befreien.

Dicke und dünne Haken

Drillinge können wie Einzelhaken aus unterschiedlich starkem Draht bestehen. Die dickeren dienen dabei zum Fang großer Raubfische, die sehr feinen sind entsprechend für kleinere Exemplare gedacht. Der Schenkel kann kurz oder lang ausgeführt sein und die Öffnung weiter oder enger. Haken mit langem Schenkel und enger Öffnung dringen leichter ins Gewebe ein, während kurzschenklige Modelle mit großer Öffnung sich am besten zum Fischen mit Naturködern eignen.

Je kleiner der Widerhaken ausfällt, desto einfacher rutscht er ins Gewebe, weshalb Ausführungen mit größerem Widerhaken nicht unbedingt sicherer halten. Widerhakenlose Modelle gehören beim Fliegenfischen längst zum Standard und Spinnfischer setzen sie ebenfalls immer häufiger ein oder drücken den »Bart« mit einer Zange flach. Die Hakenspitze sollte immer so scharf sein, daß sie leicht im Fingernagel hängen bleibt. Haken mit kurzen Spitzen sind am besten für Fische mit hartem Maul geeignet, während lange Spitze eher für Fische mit weichem Maul in Frage kommen.

Beim Kauf eines Kunstköders müssen Sie immer damit rechnen, den oder die Haken zu wechseln. Denn einige Modelle tragen starkdrähtige Eisen zum Fang von Meeresfischen, Muskies oder großen Hechten, die unter anderem beim Zanderangeln oder auf Fische mit weichem Maul viel zu dick sind. Jetzt ist ein Tausch zu feineren Modellen gefragt. Nach dem Wechsel und vor dem Fischen sollten Sie stets überprüfen, wie der Köder mit den neuen Haken läuft.

Drillinge werden beim Spinnfischen am häufigsten eingesetzt und sind fast schon ein Erkennungs-Merkmal von Kunstködern. Der Angler kann zwischen verschiedenen Ausführungen mit Details wie dünnem oder dickem Draht, weiter oder enger Öffnung, kurzem oder langem Schenkel sowie brünierter oder galvanisierter Oberfläche wählen.

Drillinge

Ein Drilling muß zur jeweiligen Angelsituation passen. Oft hilft es weiter, die werkseitig gelieferten Eisen durch vielleicht dünndrähtigere oder kleinere Ausführungen zu ersetzen. Der hier gezeigte Universalhaken ist jeweils in Originalgröße abgebildet.

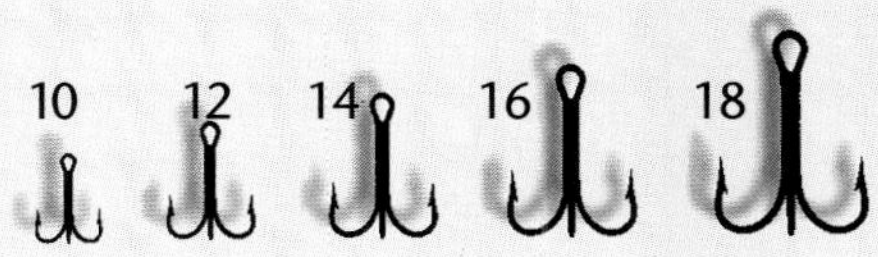

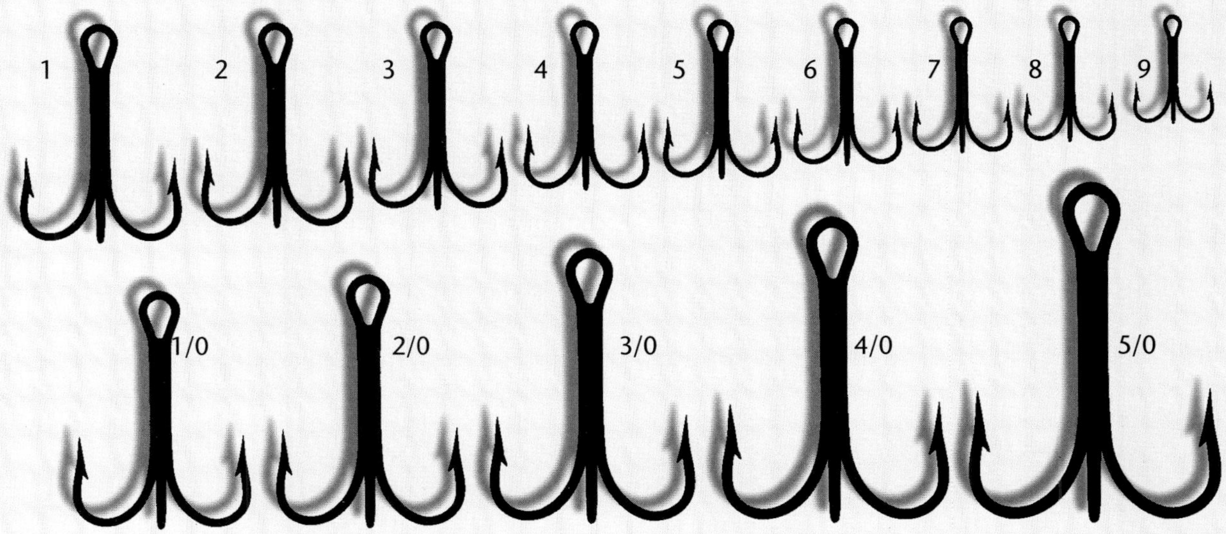

Einzelhaken

Hauptsächlich eignen sich Einzelhaken für das Spinnfischen mit Naturködern. Sie erleichtern außerdem das Kunstköderangeln in Bereichen mit vielen Wasserpflanzen und verleihen dem Köder eine lebendigere Bewegung. Die Haken sind im Größenverhältnis 1:1 abgebildet.

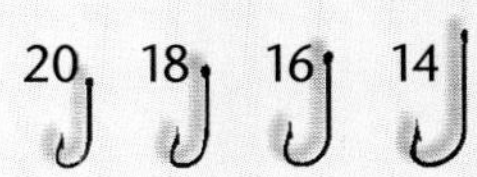

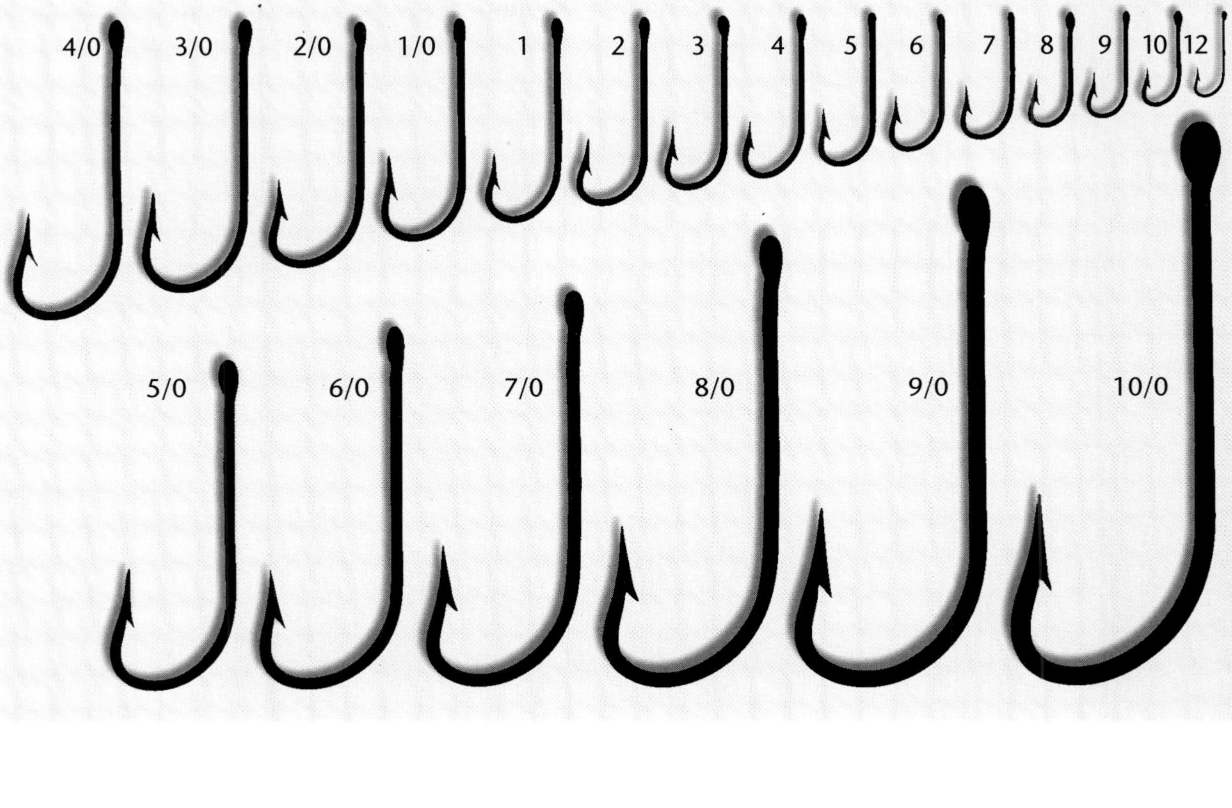

Teile des Hakens

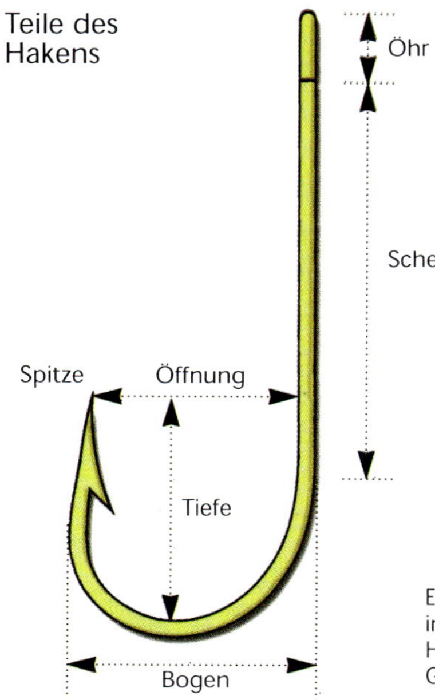

Eine kurze Hakenspitze dringt in aller Regel leichter in das harte Maul von Fischarten wie Zander oder Hecht ein, während eine lange Spitze in weicherem Gewebe besser hält.

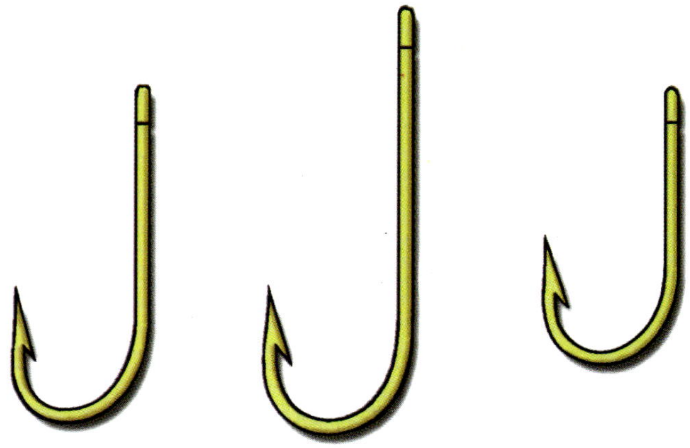

Hersteller bieten den gleichen Hakentyp bei einer Größe häufig mit unterschiedlich langen Schenkeln an. So besitzt der linke Haken einen normal langen Schenkel, das Modell daneben einen langen und das rechte Modell einen kurzen Schenkel.

Die Oberfläche

An Haken finden sich unterschiedliche Oberflächen, die in erster Linie den Stahl vor Rost schützen sollen. Die Brünierung ist dabei am häufigsten anzutreffen, außerdem lassen sich die Spitzen solcher Haken sehr leicht mit einem Schleifstein schärfen. Vernickelte oder mit anderen Metallen galvanisierte Ausführungen schützen noch besser vor Korrosion, allerdings sind sie nicht so leicht zu schärfen. Viele Angler greifen jetzt zu einer Diamant- oder Metallfeile. Über rostfreie Haken gehen die Meinungen auseinander, da ein verlorengegangenes Stück noch lange Zeit »fischt«.

Einige Haken gibt es außerdem in besonderen Farben. Dabei finden sich vergoldete Haken normalerweise an kleinen Spinnern und Blinkern, wobei das zusätzliche Glitzern die Fängigkeit auf Forellen, Barsche und Schwarzbarsche verbessern soll. Weiter lassen sich Drillinge mit (meist gefärbten) Hennenfedern oder anderen auffälligen Materialien aufreizend dekorieren.

Drillinge für Naturköder besitzen eine verhältnismäßig weite Öffnung und einen kurzen Schenkel. Einige Angler bevorzugen dabei kleine, starkdrähtige mit nach innen gebogenen Spitzen. Andere sind wiederum der Ansicht, daß etwas nach außen weisende Spitzen schneller fassen und somit die Fängigkeit erhöhen.

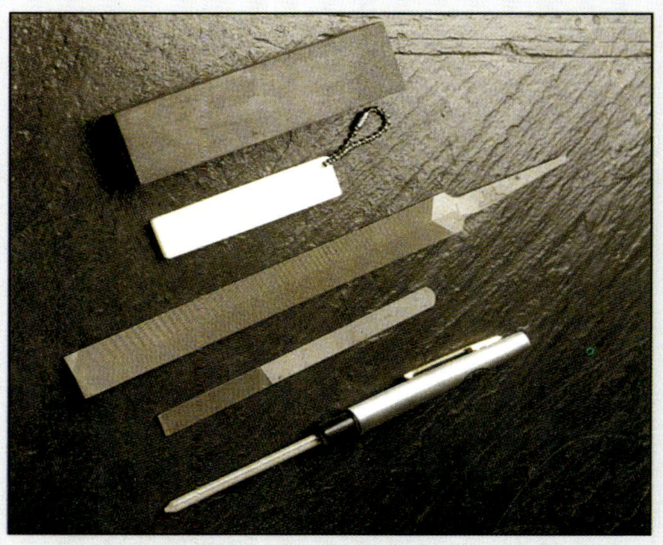

Scharfe Haken

Unabhängig vom ausgewählten Hakentyp, muß die Spitze immer absolut scharf sein. Zum Schärfen gibt es zwei Möglichkeiten: Entweder wird die Spitze gleichmäßig rundherum geschliffen oder das Schärfen erfolgt in zwei Winkeln, wodurch eine Kante entsteht. Sie schneidet sich beim Biß in das Gewebe.

Wirbel, Karabiner, Sprengringe

Auf einen Wirbel kann der Spinnfischer eigentlich problemlos verzichten. Denn obwohl er die Schnur vor Drall schützen soll, ergaben Versuche etwas ganz anderes: Sie erfüllten einfach nicht ihre Aufgabe. Immerhin läßt sich die Leine bestens daran anbinden. Neben dem versagenden Wirbel gibt es weitere Gründe für eine verdrallte Schnur: falsch aufgespulte, neue Schnur und eine zu locker eingestellte Bremse, wobei der Angler im Drill an der Kurbel der Stationärrolle dreht, ohne den Fische näher heran zu bringen.

Selbst die kleinsten Wirbel sind sehr stabil und lassen sich für alle Arten des leichten Spinnfischens auf kleinere Fische einsetzen. Größere Arten wie Hecht oder Lachs verlangen schon nach stärkeren, geprüften Ausführungen. Dabei arbeitet ein kugelgelagertes Modell wie es eigentlich soll und ist sehr stabil – sollten Sie überhaupt einen Wirbel benötigen. Zu große Wirbel verderben übrigens leicht den ausgeklügelten Lauf eines kleinen Kunstköders. Es bereitet außerdem keine Probleme, die Schnur direkt an die Öse oder an den Sprengring des Köders zu knüpfen. Allerdings darf der Knoten nicht an den Einschlaufpunkten des Rings liegen, da die Schnur dort möglicherweise zwischen die Spirale gerät und abgeschnitten wird.

Karabiner ermöglichen einen schnellen Köderwechsel und eignen sich unter anderem für Wobbler und Spinner. Wie bereits gesagt, erzielen Sie die beste Aktion des Köders jedoch durch das direkte Anbinden. Karabiner gibt es in verschiedenen Ausführungen. Zu den bekannten Namen zählen Berkley CrossLok, Sampo und Rosco, die allesamt für kampfstarke Fische ausgelegt sind. Namenlose Produkte sollten sich besser auf das leichte Spinnfischen beschränken, jedoch beeinträchtigen Wirbel besonders die Laufeigenschaften kleiner Köder.

Einfluß auf die Köderbewegung

Sprengringe sind entweder brüniert oder galvanisiert, wie die ovalen Ringe von Mustad, oder bestehen aus rostfreiem Stahl. Die meisten Sprengringe sind stabil und weisen nicht die Bruchgefahr auf, die bei Wirbeln und Karabinern vorkommt. Die feinen Bewegungen von kleinen Wobblern lassen sich durch das Einsetzen eines kleinen Sprengrings unterstützen, an den der Angler die Schnur bindet. Zu große Ausführungen behindern wiederum die Aktion.

Der »Knotenlose Verbinder« wurde von Berkley erfunden und heute von anderen kopiert – nicht zuletzt von Anglern, die sich das Teil einfach aus einem Abschnitt rostfreien Drahts zurechtbiegen können. Der Fischer windet die Schnur um den Verbinder, der die maximale Reißfestigkeit der Leine erhält. Es gibt den Verbinder in verschiedenen Größen, wodurch er alle Bereiche vom leichten bis zum schweren Spinnfischen abdeckt.

Karabiner und Wirbel. Von links oben: Standard-Wirbel, Rosco-Wirbel und Berkley CrossLok. Von rechts oben: Standard-Wirbel, Sampo-Kugellagerwirbel und Dreiwege-Wirbel. Unten ein »Knotenloser Verbinder«.

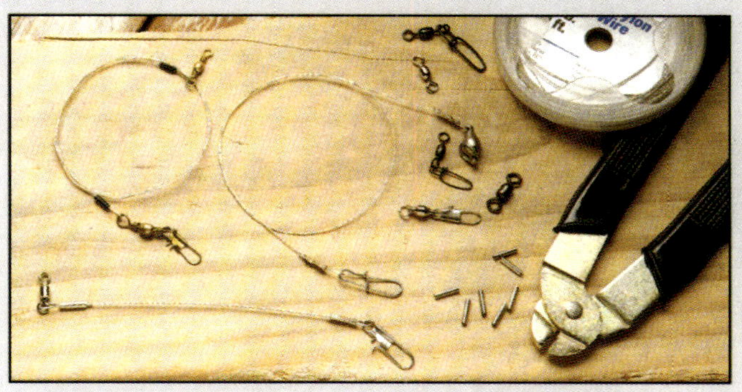

Stahlvorfächer

Zum Fang von Fischen mit scharfen Zähnen wie Hecht oder Musky geht kein Weg an mehrfädigen Stahlvorfächern vorbei. Zwar verhindert ein Nylonmantel weitgehend das Verkringeln des Vorfachs, jedoch ist er nach der Begegnung mit einigen Fischen zerstört. Deshalb sind blanke Ausführungen die bessere Wahl. Mit einer Zange und Klemmhülsen können Sie problemlos Ihre eigenen Vorfächer aus geflochtenem Stahldraht sowie mit Wirbeln und Karabinern als Zubehör herstellen. Hervorragende, haltbare Vorfächer lassen sich außerdem aus 0,60 bis 0,70 Millimeter starkem Nylon knoten.

Landungs-Ausrüstung

Die Rücklaufsperre der Rolle bleibt auch beim Landen des Fischs eingeschaltet. Dafür lockert der Angler die Bremse und die Finger übernehmen feinfühlig ihre Aufgabe. Denn genau in dieser Phase setzt der Fisch noch einmal zu einer heftigen Flucht an oder unternimmt ein anderes überraschendes Manöver. In einigen Situationen ist kein Landungsgerät nötig, wie an flachen Stränden. Hier läuft der Angler nur rückwärts und zieht Fische wie Lachs und Meerforelle einfach aufs Ufer. Darüber hinaus findet die Hand beim Lachs einen guten Halt an der schmalen Stelle der Schwanzwurzel. Das scheint den Fisch fast zu betäuben und er hält still. Kleinere Arten wie Barsche lassen sich beim Bootsangeln einfach an der Schnur oder an der ausreichend starken Rute an Bord hieven.

Kescher

Für die meisten Fischarten ist ein Kescher gut geeignet. Dabei gibt es sowohl Netze für kleine Forellen, als auch für 20 oder 25 Kilo schwere Tiere. Kleine Kescher mit kurzem Griff eignen sich gut für das Waten in kleineren Gewässern mit entsprechend großen Fischen. Diese Landenetze besitzen einen Holz- oder Metallrahmen, wobei erstere in jedem Fall und die anderen abhängig vom Modell schwimmen. Weit verbreitet sind die in allen Größen erhältlichen Kescher mit Teleskopstiel und anklappbarem Netz. Sie lassen sich auf engem Raum gut verstauen, ihr Nachteil liegt jedoch im meist labilen Arretier-Mechanismus und das Netz kann sich leicht verfangen. Große Bootskescher eignen sich bestens zum Landen großer Fische wie Lachs, Hecht und Muskie. Jedoch sind sie etwas schwer zu bedienen, ist man alleine.

Gaff

Am häufigsten findet sich ein Landehaken in der Ausrüstung von Lachs- und Meerforellenanglern, schwedische Fischer führen es auch auf der Hechtpirsch mit. Das Gaff ist kein besonders humanes Instrument zur Landung eines Fischs – besonders nicht in ungeübten Händen. Allerdings ist es in einigen Situationen das einzig brauchbare Werkzeug, wie vielleicht am steilen Ufer eines Lachsflusses, wenn Sie alleine fischen. Landehaken gibt es mit festem und telekopierbarem Stiel, darunter einige Taschen-Varianten. Letztere schaffen es tatsächlich, zehn bis 15 Kilo schwere Fische problemlos zu landen. Lachse werden normalerweise im Genick gegafft, so daß der Haken dabei gleichzeitig eine der Hauptarterien trifft. Die Technik funktioniert genauso bei Hechten, jedoch setzen viele von uns den Haken lieber im Unterkiefer. Übrigens sind Gaffs an verschiedenen Gewässern verboten.

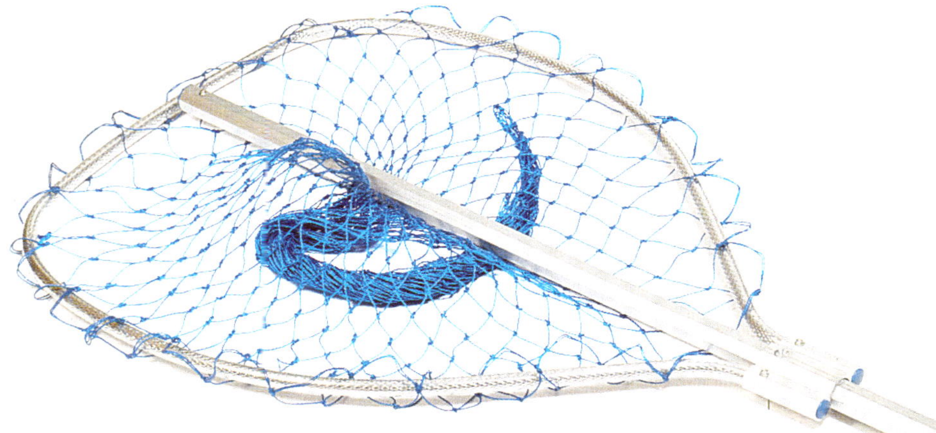

Große Netze mit einschiebbarem Stiel werden häufig zum Landen großer Fische wie Hecht und Lachs eingesetzt. Leider sind die häufig als Bootskescher bezeichneten Netze für den Transport etwas sperrig. Einen schweren Fisch dürfen Sie nie an dem Stiel aus dem Wasser heben, da sich sonst wahrscheinlich der Stiel verbiegt. Besser ist es, den Fisch am Netz über die Reling zu ziehen.

Teleskopkescher sind hilfreich, wird ein längerer Stiel benötigt. Das kann an steilen oder bewachsenen Ufern sein, wo das Wasser mit einem kurzen Netz nicht zu erreichen ist. Nicht abklappbare Modelle eignen sich am besten für das Bootsfischen.

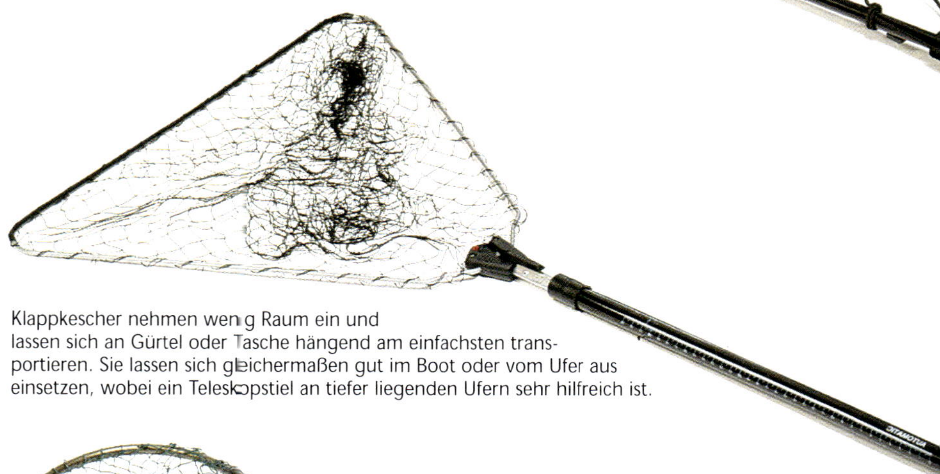

Klappkescher nehmen wenig Raum ein und lassen sich an Gürtel oder Tasche hängend am einfachsten transportieren. Sie lassen sich gleichermaßen gut im Boot oder vom Ufer aus einsetzen, wobei ein Teleskopstiel an tiefer liegenden Ufern sehr hilfreich ist.

Kescher mit kurzem Stiel eignen sich bestens für Situationen, in denen kein langer Stiel benötigt wird. Das gilt vor allem beim Waten sowie von Boot oder Belly-Boat aus.

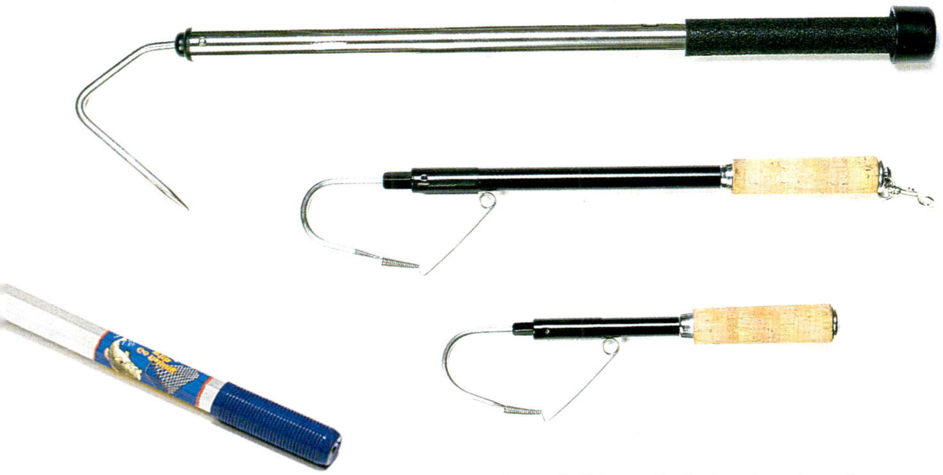

Von oben: Festes Gaff für große Fische, ein universelles Teleskopgaff und ein sehr kurzes Taschengaff.

Das Keschernetz sollte rechtzeitig vor der Landung im Wasser bereit liegen. Führen Sie es nicht hinter dem Fisch her, der dann erschrickt und sich dann vielleicht im letzten Moment noch freikämpft.

Tailer

Die allgemein als Tailer bezeichnete Schwanzschlinge ist verglichen mit dem Gaff ein humaneres Landungsgerät, das von Lachsanglern entworfen wurde. Sie erfordert für den einwandfreien Einsatz schon etwas Übung, ist jedoch für Fische über drei oder vier Kilo eine hervorragende Lösung. Der Tailer basiert auf einem Stiel mit einem dicken, steifen Drahtseil, das in einer Klinke eingehängt wird. Es bildet jetzt eine Schlinge, die über den Körper zwischen Schwanz und Rückenflosse gezogen wird. Dann zieht der Angler den Tailer etwas nach oben und vorwärts, wodurch der Mechanismus auslöst und sich die Schlingen um die Schwanzwurzel des Fischs zuzieht. Gelegentlich löst die Klinke zu früh aus und die Schlinge muß noch einmal gespannt werden. Am besten landen zwei Leute den Fisch per Tailer – einer führt den Fisch, der andere bedient die Schwanzschlinge.

In den richtigen Händen ist das Gaff ein humanes und zuverlässiges Instrument. Hechte lassen sich gut vorn durch die dünne Haut direkt hinter dem Unterkiefer gaffen und aus dem Wasser heben.

Boots-Ausrüstung

Für viele Angler sind Geräte und Techniken die Schlüssel zu erfolgreicherem Angeln und mehr Fischen. In der Praxis erweisen sich jedoch die Kenntnisse über Bodenstruktur, Wassertiefe und das Revier der Fische als weitaus wichtiger. Somit erweitert das Bootsfischen Ihren Horizont.

Eine Tiefenkarte, die Untiefen, Riffe, Kanten und Tiefen zeigt, verringert die an wenig fängigen Punkten verbrachte Zeit und ist damit eine wesentliche Hilfe. Als ideal erwies sich allerdings die Kombination von Karte und Echolot. Innerhalb weniger Jahre verbreiteten sich die Geräte mit LCD-Bildschirm bei vielen Bootsanglern in aller Welt. Echolote stellen nicht nur die Grundstruktur und -konsistenz, Tiefe und Sprungschicht fest, sondern registrieren gleichzeitig Algen, Schwärme von Kleinfischen und selbst einzelne, große Räuber. Billige Modelle besitzen begrenzte Möglichkeiten, während die besseren Ausführungen viele wertvolle Informationen liefern.

Steht kein Echolot zur Verfügung, müssen Sie sich mit einem Lot zum Messen der Tiefe und zum Feststellen der Bodenbeschaffenheit behelfen. Es besteht aus einer etwa 20 Meter langen geflochtenen Schnur mit Markierungsperlen auf jedem Meter. Wahlweise können auch eingebundene Knoten den Zweck erfüllen. An das Ende der Leine wird ein 200 bis 250 Gramm schweres Blei gebunden. Beim Messen der Tiefe – vielleicht mit zusätzlicher Hilfe der Tiefenkarte – können Sie rasch viele gute Angelstellen ausmachen, wie Kanten oder Untiefen. Das schwere Lot kann zudem ertasten, ob der Grund aus Sand, Steinen, Ton oder Schlamm besteht.

Konnten Sie einen guten Platz finden, können sie die Stelle mit ein oder zwei Markierungsbojen kennzeichnen. Dazu gibt es verschiedene einfache, schwimmende Modelle in H-Form. Einige davon sollten immer im Boot bereitliegen.

Rutenhalter sind sowohl beim Schleppfischen als auch beim Fang von Köderfischen sehr nützlich. Zudem halten sie die Ruten während der Kaffeepause.

Kleine, leichte Schlauch- und Aluminium-Boote lassen sich leicht steuern und eignen sich damit sehr gut zum Angeln in verschiedenen Gewässern. Ihr Nachteil liegt in der Enge, sobald mehr als zwei Fischer an Bord sind. Aber mit sorgfältig ausgewähltem und verstautem Gerät verwandelt sich das Boot in eine »Angel-Maschine« für kleinere Gewässer, die sich sogar auf dem Autodach transportieren läßt.

Mit dem Boot eröffnen sich völlig neue Angel-Möglichkeiten. Das gilt besonders für größere Gewässer, an denen selbst ein guter Werfer viele Stellen kaum vom Ufer aus erreicht. Wie bei allen anderen Techniken, muß der Bootsangler über Standplätze, Tiefe, Grund und Temperatur Bescheid wissen.

Ein Elektromotor eignet sich wunderbar zum geräuschlosen Befahren kleiner Gewässer. Er ist einfach anzubringen und zu bedienen, zudem verfügt er über ausreichend Kraft zum Steuern und Fahren über kurze Strecken sowie zum Drehen des Boots in die richtige Position zu Fisch und Angelstelle. Seine Grenzen erreicht der E-Motor bei windigem Wetter und auf längeren Ausfahrten.

Elektromotoren sind umweltfreundlich und lassen sich von Hand oder mit Pedalen steuern. Allerdings ersetzen sie nicht den Benzinmotor, der für sichere Fahrten auf offenen Gewässern unverzichtbar ist.

Die Acht

Beim Spinnfischen vom Boot aus folgen vor allem die richtigen Räuber wie Hecht und Muskie häufig dem Köder bis zum Boot, jedoch ohne zuzupacken. Lassen Sie den Köder jetzt im Wasser und führen ihn mit der Rutenspitze in Form einer gedachten Acht. Damit können Sie den Biß provozieren. Zuvor sollte jedoch die Rollenbremse gelockert werden, damit der nach dem Biß höchstwahrscheinlich erschrocken davonstürmende Fisch nicht die kurze Schnur sprengt oder den Haken aus dem Maul hebelt.

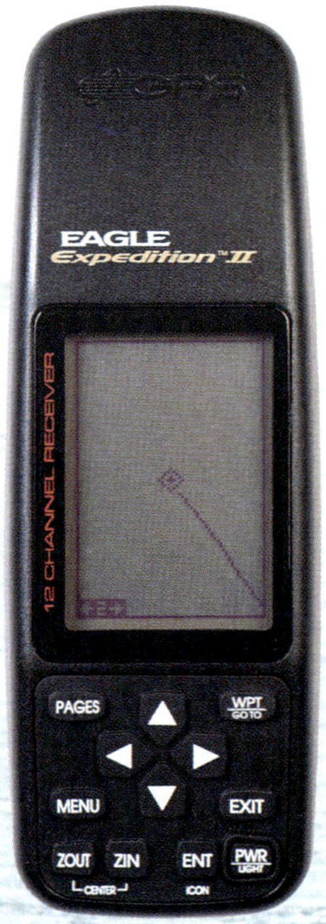

Einige Ausrüstungsteile liefern hervorragende Informationen über die aktuellen Bedingungen und führen somit zu besseren Fängen.

Links: Ein GPS-Navigationsgerät erlaubt das einfache Feststellen und Speichern der erreichter Position. Damit läßt sich unter anderem eine Untiefe oder ein anderer guter Angelplatz problemlos und genau wiederfinden.

Mitte: Ein Tiefen- und Temperatur-Messer zeigt die Bedingungen in unterschiedlichen Wassertiefen, sowohl beim Fischen von Land wie vom Boot aus.

Rechts: Ein Topo-Marker zum Markieren von tiefen oder flachen Stellen. Das Bleigewicht zieht automatisch die Schnur zum Grund und der H-förmige Schwimmer treibt über dem Platz.

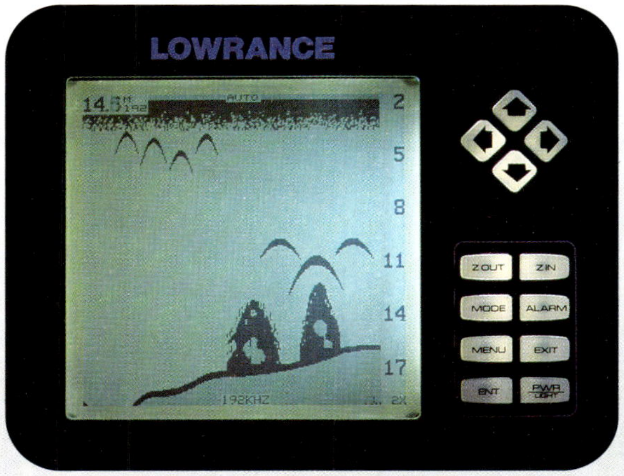

Das Echolot zählt zum wichtigsten Zubehör für den Bootsangler. Einige bezeichnen es als Fisch-Fernseher, da es uns das beste Bild vom Lebensraum der Fische liefert. Allerdings gehört schon etwas Erfahrung zum richtigen Interpretieren der Anzeige. Auf dieser Seite sind drei verschiedene Bilder mit dem entsprechenden Echo zu sehen.

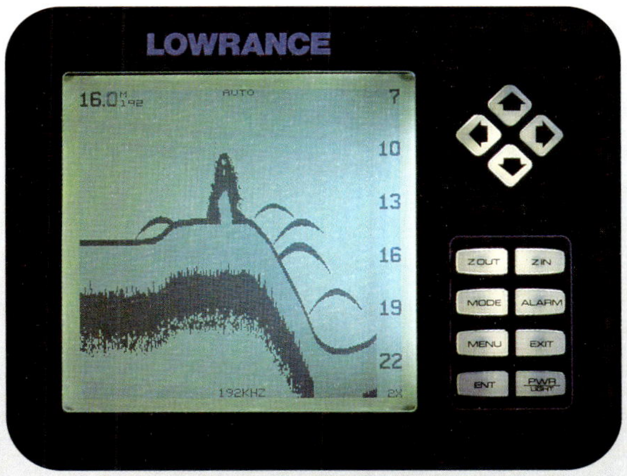

Ein wesentlicher Zweck des Echolots ist das Aufspüren der Fisch-Standplätze. Außerdem erhält der Angler Informationen über Tiefe, Struktur und Konsistenz des Bodens. Das LCD-Bild zeigt deutlich eine tiefe Kante. Mit Rücksicht auf Gewässertyp, Jahreszeit, Tiefe und die Fischarten in diesem Gebiet, wurden diese Fische als Hechte interpretiert. Das Objekt über der Kante ist wahrscheinlich der umgekippte Rest eines Baums.

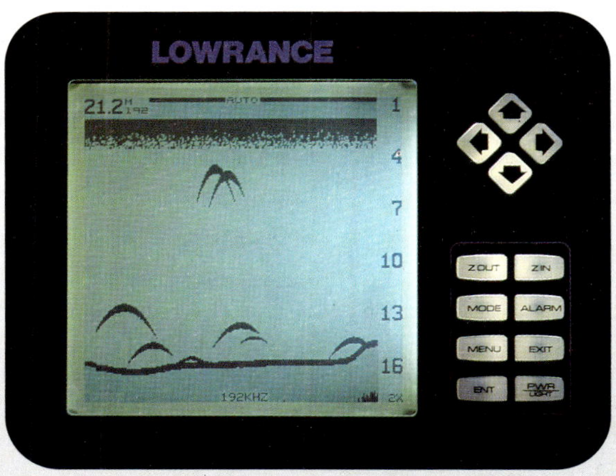

Der Bildschirm zeigt nicht den Grund direkt unter dem Boot, sondern den gerade passierten Bereich. Nur die Information an der äußersten rechten Bildkante ist wirklich aktuell. Außerdem muß man beachten, daß das ausgesendete Signal zur Seite abgestrahlt wird, normalerweise in einem Kegel von 18 bis 22 Grad. Deshalb sehen Fische nahe der Oberfläche größer aus, als die Tiere im tiefen Wasser.

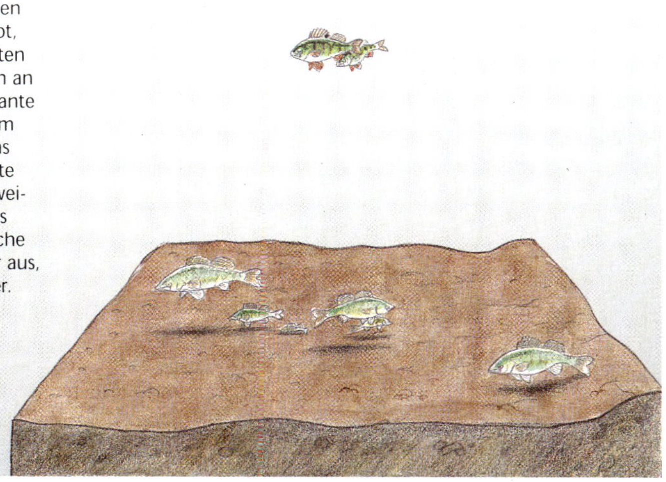

Wurf-techniken

Weite und genaue Würfe bringen meist enorme Vorteile beim Spinnfischen. Eine hohe Treffsicherheit ermöglicht das Anbieten des Köders genau an der gewünschten Stelle und erhöht zusammen mit der richtigen Führungstechnik erheblich die Chancen auf einen Biß. Das gilt nicht zuletzt für Würfe in hindernisreichem Umfeld und für das Angeln auf aus irgendeinem Grund scheue oder nur schwer an den Haken zu lokkende Fische.

■

Zum Werfen gibt es eine Vielzahl von Möglichkeiten. Dabei hat jeder von uns irgendwie seinen eigenen Stil, was von Körperbau und Ausrüstung abhängt. Jedoch hängt die Wurftechnik auch ganz wesentlich von Rutenlänge und -aktion ab. Und die Werfer im Casting-Sport verfügen wiederum über ganz spezielle Methoden.

Der Wurf enthält immer eine rasche Beschleunigung der Rute – unabhängig davon, ob Sie eine Ein- oder Zweihandrute verwenden, einen Seiten- oder Überkopfwurf ausführen. Das Werfen läßt sich in der Theorie nicht vermitteln, vielmehr muß es durch Übung erlernt werden. Ein schlechter Wurf resultiert in aller Regel aus einer unrhythmischen oder ruckartigen Wurfbewegung. Weiter ist ein bequemer Stand vor dem Wurf eine wichtige Voraussetzung, einige andere gesellen sich dazu. Die wichtigsten Wurftechniken sind der Überkopf- und der Seitenwurf.

Der Überkopfwurf

Diese genaue Technik beginnt damit, daß die Rutenspitze auf das anvisierte Ziel deutet. Der Köder hängt etwa 20 bis 50 Zentimeter unter der Spitze. Führen Sie die Rute nach hinten, normalerweise über die rechte Schulter. Einige Angler bevorzugen die linke Seite. Dann wird die Rute über die gleiche Schulter nach vorn gezogen, bis sie wieder auf das Ziel weist. Eine Rute mit Spitzenaktion benötigt im Wurf einen etwas größeren »Kick«, während ein Modell mit durchgehender Aktion kaum mehr als nur zügig nach vorn gezogen wird.

Der Finger gibt die Schnur frei, sobald die Rute ihre stärkste Biegung erreicht hat und in etwa auf das Ziel zeigt. Steht die Rute im Wurf unter ausreichender Spannung, haben Sie genau gezielt und lassen die Leine im richtigen Augenblick los, wird der Köder auf den Punkt treffen. Lassen Sie jedoch zu früh los, fliegt der Köder steil nach oben und platscht kurz vor Ihren Füßen ins Wasser. Lösen Sie den Finger dagegen zu spät, schlägt der Köder wie ein Geschoß vor Ihnen in die Oberfläche.

Ein Anfänger wird den Überkopfwurf in aller Regel nicht allzu schnell erlernen, da er die Schnur entweder zu früh oder zu spät freigibt. Auch ist die Technik nicht für das Boot zu empfehlen, solange Sie den hinter Ihnen hängenden Köder nicht sicher kontrollieren können. Außerdem erreicht der Überkopfwurf nicht die Weiten des Seitenwurfs, der die Rute stärker biegt und damit mehr beschleunigt.

Ein Überkopfwurf eignet sich für Ein- und Zweihandruten gleichermaßen gut. Im zweiten Fall wird die größte Energie weitergeleitet, wenn die rechte Hand die Rute nach vorn führt und gleichzeitig die Schnur freigibt. Je länger und kräftiger die Rute ist, desto mehr Druck übt die linke Hand aus. Beim Werfen mit wirklich starken Brandungsruten übernimmt die Linke sogar den größten Teil der Beschleunigung, während die rechte Hand die Rute hauptsächlich führt.

Überkopfwurf mit der Einhand-Rute

Schritt 1: Zunächst zeigt die Rute nach vorn, wobei der Köder 20 bis 50 Zentimeter unter der Rutenspitze hängt. Dann wird sie sachte über die Schulter hinter den Rücken geführt. Sobald Rute und Köder hinter dem Angler angelangt sind, peilt er sein Ziel an.

Schritt 2: Die Rute beschleunigt mit einem ununterbrochenen Schwung. Der Finger muß die Schnur freigeben, sobald die Rute ihre größte Spannung erreicht hat und der Köder in etwa über den gewünschten Punkt zeigt. Sobald er fliegt, weist der Angler mit der Rute in die Wurfrichtung und verringert so die Reibung der ablaufenden Schnur in den Ringen.

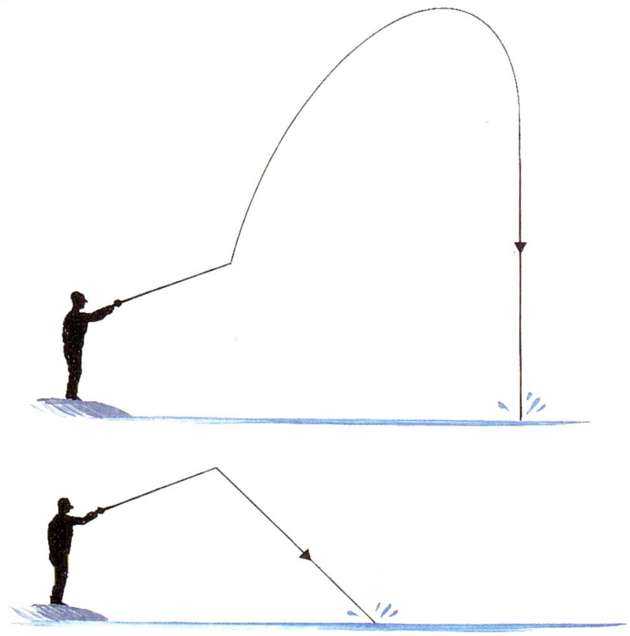

Bei sämtlichen Würfen ist das Freigeben der Schnur zum richtigen Zeitpunkt ausschlaggebend. Lassen Sie die Leine beim Überkopfwurf zu früh los, steigt der Köder steil nach oben und fliegt nur wenige Meter weit. Und erhält der Köder zu spät seine Freiheit, schlägt er kräftig in das Wasser. In beiden Fällen gerät der Wurf zu kurz.

Während dem Wurf muß die Schnur so reibungsarm wie nur möglich von der Rolle ablaufen können. An einer Multirolle drückt ein Finger den Freilauf, wobei der Daumen auf der Spule liegt und sie festhält. Eine Hand öffnet bei der Stationärrolle den Schnurfangbügel, während der Zeige- oder Mittelfinger der anderen die Schnur stoppt.

Überkopfwurf mit der Zweihandrute

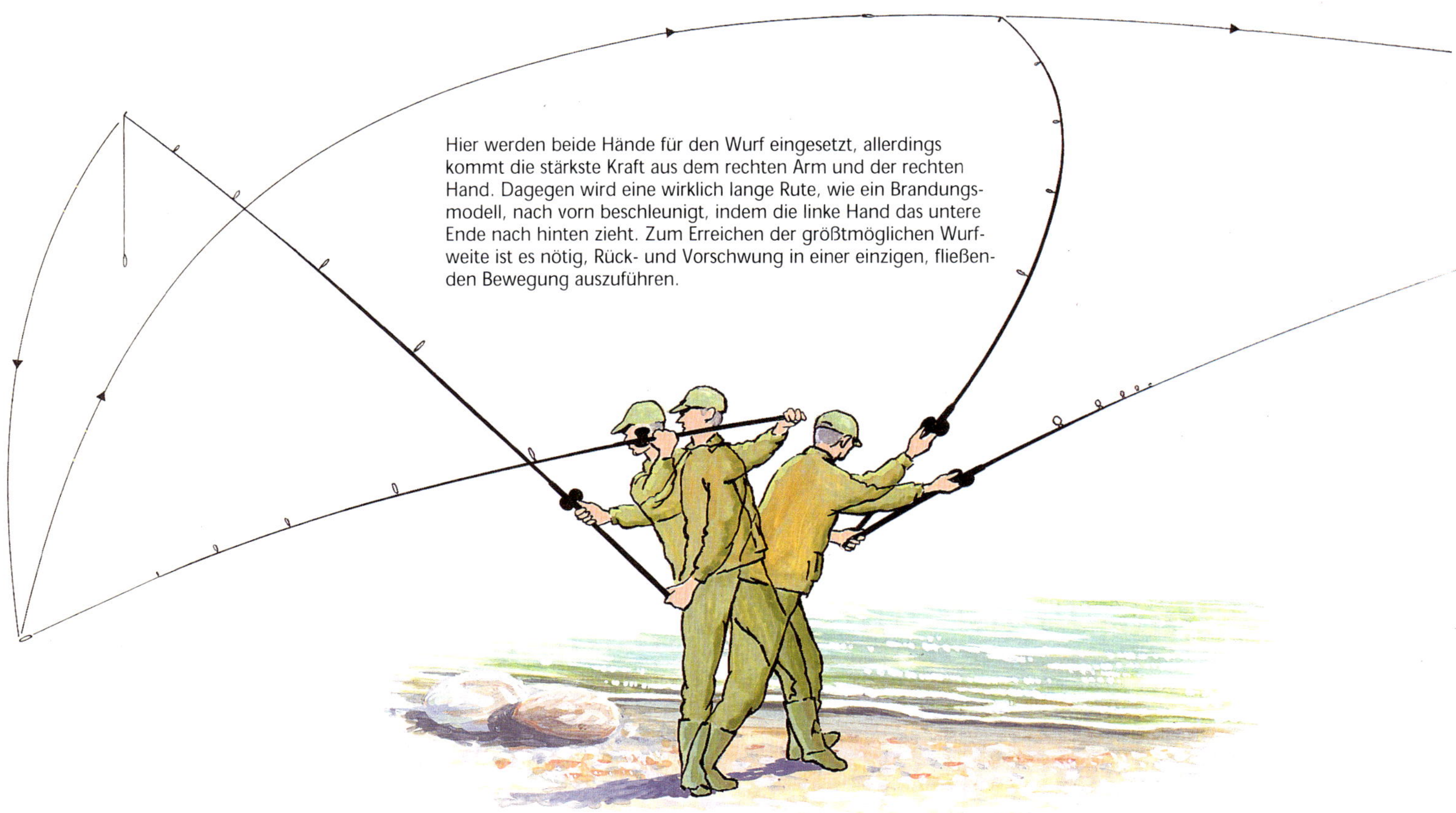

Hier werden beide Hände für den Wurf eingesetzt, allerdings kommt die stärkste Kraft aus dem rechten Arm und der rechten Hand. Dagegen wird eine wirklich lange Rute, wie ein Brandungsmodell, nach vorn beschleunigt, indem die linke Hand das untere Ende nach hinten zieht. Zum Erreichen der größtmöglichen Wurfweite ist es nötig, Rück- und Vorschwung in einer einzigen, fließenden Bewegung auszuführen.

Der Seitenwurf

Der Seitenwurf beginnt, indem der Angler die Rute horizontal nach hinten führt. Abhängig von der Rutenaktion setzt dann die Vorwärtsbeschleunigung – noch immer waagerecht – ein, worauf die Rute leicht nach oben gezogen wird. Jetzt gibt der Finger die Schnur frei. Zu frühes oder spätes Auslösen läßt den Köder nach links oder rechts ins Gelände fliegen. Mit dem eher instinktiven Seitenwurf können Sie nicht zielen, weshalb es ihm etwas an Präzision mangelt. Allerdings lädt er die Rute stärker auf, was zu weiteren Wurfdistanzen führt. Dazu führt unter anderem der weitere Bogen in der Wurfbewegung, durch den sich die Rute stärker biegt. Weiter kann der Angler die Wurfweite durch etwas mehr Schnur zwischen Rutenspitze und Köder steigern.

Seitliche Würfe sind ideal für das leichte Spinnfischen, falls keine übermäßig genauen Würfe erforderlich sind. Außerdem ist die Technik häufig beim Bootsfischen zu sehen, wo der Angler von Bug oder Heck aus ohne Gefahr für die Mitangler im Boot werfen kann. Übrigens eignet sich der Seitenwurf bestens für Gegenwind und läßt sich mit Ein- und Zweihand-Ruten ausführen.

Die Flugbahn des Köders verläuft beim Seitenwurf fast parallel zur Wasseroberfläche. Dadurch erhalten Sie nach dem Auftreffen rasch Kontakt zum Köder – ein Vorteil beim Angeln in flachem Wasser.

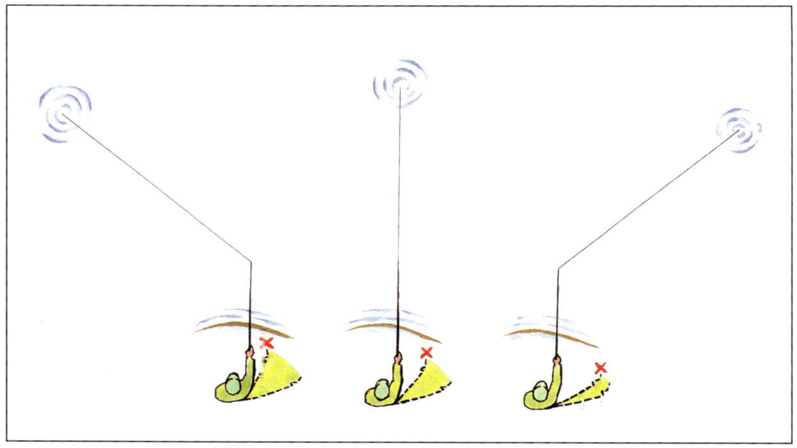

Rechts: Beim Seitenwurf spielt das Timing eine große Rolle. Lassen Sie die Schnur zu früh los, landet der Köder zu weit rechts, und zu spät freigegebene Leine führt zu einem Wurf nach links. Nur wenn das Timing stimmt, fliegt der Köder geradeaus.

Seitenwurf

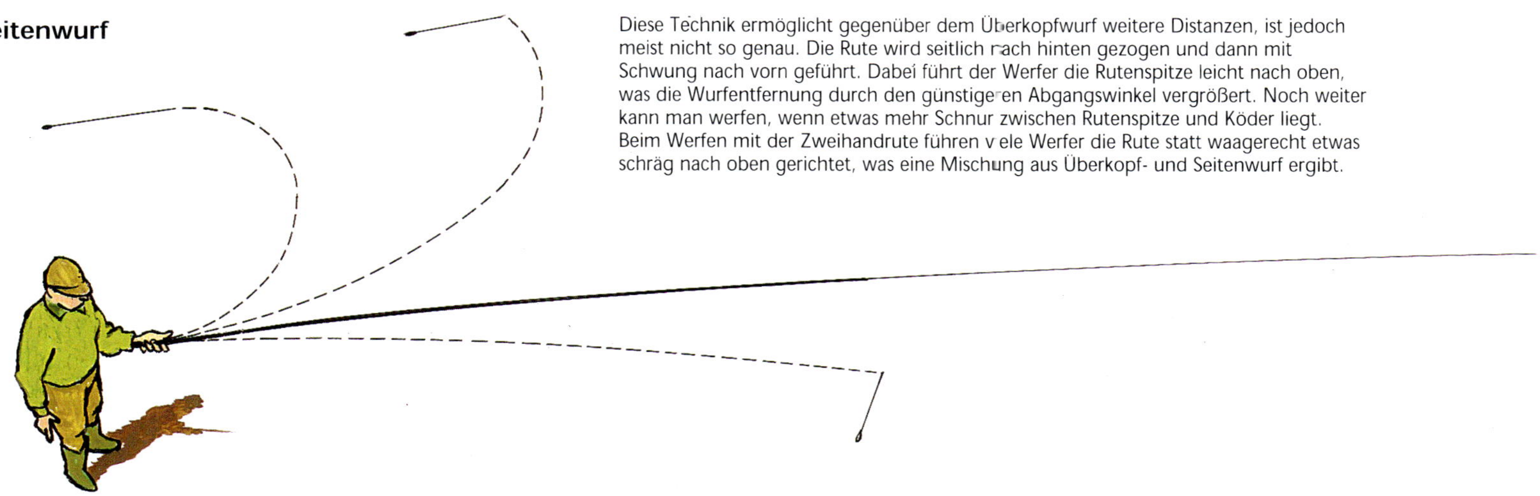

Diese Technik ermöglicht gegenüber dem Überkopfwurf weitere Distanzen, ist jedoch meist nicht so genau. Die Rute wird seitlich nach hinten gezogen und dann mit Schwung nach vorn geführt. Dabei führt der Werfer die Rutenspitze leicht nach oben, was die Wurfentfernung durch den günstigeren Abgangswinkel vergrößert. Noch weiter kann man werfen, wenn etwas mehr Schnur zwischen Rutenspitze und Köder liegt. Beim Werfen mit der Zweihandrute führen viele Werfer die Rute statt waagerecht etwas schräg nach oben gerichtet, was eine Mischung aus Überkopf- und Seitenwurf ergibt.

Der Pendelwurf

Er ist für kurze Präzisionswürfe gedacht und läßt sich am besten mit der Stationärrolle ausführen. Etwa 30 bis 50 Zentimeter unter der leicht schräg nach oben gehaltenen Rutenspitze beginnt der Köder mit einer Pendelbewegung in Wurfrichtung. Sobald eine gute Geschwindigkeit anliegt, visieren Sie das Ziel an und geben unter deutlich mehr Druck auf die Rute die Schnur frei. Der Wurf ist in kleinen, mit Büschen oder Bäumen umrahmten Gewässern in seinem Element, wo nur wenige Meter weite Würfe erforderlich sind.

Rechts: Der Pendelwurf ist an kleinen Gewässern sehr nützlich, wo genaue Würfe erforderlich sind. Das Foto zeigt eine typische Situation: In den kleinen, tiefen Gumpen stehen Lachse, denen der Köder mit kurzen und genauen Würfen präsentiert werden muß. Dafür ist der Pendelwurf die beste Lösung.

Unten: Die Vorteile des Pendelwurfs werden in vielen Situationen offensichtlich. Nicht zuletzt ist das an Stellen der Fall, wo Büsche oder Zweige einen Überkopf- oder Seitenwurf unmöglich machen oder sie erschweren. Der von der Rutenspitze hängende Köder pendelt mehrmals hin und her, bevor ein kräftiger Schwung der Rute den Köder zum Fisch befördert.

Der Katapultwurf

Dies ist eine weitere Möglichkeit für kleine überwachsene Gewässer, an denen kein Überkopf- oder Seitenwurf möglich ist. Er funktioniert nur mit der Stationärrolle. Halten Sie den Haken fest, biegen die Rute und lassen jetzt das Eisen los. Schließlich gibt der Finger der Rutenhand die Schnur frei und der Köder fliegt zum Fisch – sofern der Rollenbügel geöffnet ist. Der Katapultwurf empfiehlt sich nicht für Kohlefaser- oder Kompositruten, die dabei leicht brechen. Besser eignet sich ein viel stabileres Glasfaser-Modell. Darüber hinaus müssen Sie sehr darauf achten, sich keine Hakenspitze in den Finger zu rammen und daß der Köder nicht zurück auf Ihre Kleidung oder ins Gesicht schnellt.

Einerseits wird dieser Wurf heute immer seltener eingesetzt. Andererseits bietet er häufig die einzige Möglichkeit, den Köder in kleinen, überwachsenen Gewässern an den Fisch zu bringen. Halten Sie den Hakenbogen zwischen den Fingern, spannen Schnur und Rute und lassen den Köder schließlich zum Ziel schießen.

Katapultwurf

Rechts: Der Katapultwurf eignet sich am besten zusammen mit einer Glasfaserrute. Sie ist viel stabiler als die modernen Kohlefaser-Modelle. Da der Wurf die Rute und die Finger gleichermaßen gefährdet, wird er nur selten empfohlen. In einigen Situationen erweist er sich allerdings als unverzichtbar.

Links: Zweige hinter dem Angler erschweren einen Überkopf- oder Seitenwurf. Jetzt hilft der Unterhandwurf weiter, der ohne weiten Rückschwung auskommt.

Der Unterhandwurf

Das Fischen vom Boot aus ist ein wesentliches Einsatzgebiet des Unterhandwurfs, da er die Mitangler beim Ausholen nicht gefährdet. Am besten eignet sich eine kurze Rute, wobei reichlich Platz zwischen Deck und Wasseroberfläche bestehen sollte. Die Schnurlänge zwischen Rutenspitze und Köder sollte der Angler kurz bemessen. Meist lehnt sich der Angler an die Reling und bringt den Köder in eine kurze, kreisende Bewegung. Dann bewegt er die Rute rasch nach vorn, wobei der Finger der Rollenhand die Schnur freigibt. Die Technik funktioniert am einfachsten mit der Stationärrolle, mit ein wenig Übung klappt es auch mit der Multi.

Beim Bootsangeln ist der Unterhandwurf die beste Wahl, besonders wenn mehrere Fischer an Bord sind oder ein Hindernis den Überkopfwurf verhindert. Lassen Sie den Köder etwas von der Rutenspitze herunterhängen, versetzen die Rute in eine kreisende Bewegung und führen sie mit Schwung nach vorn, während der Finger an der Spule die Schnur freigibt.

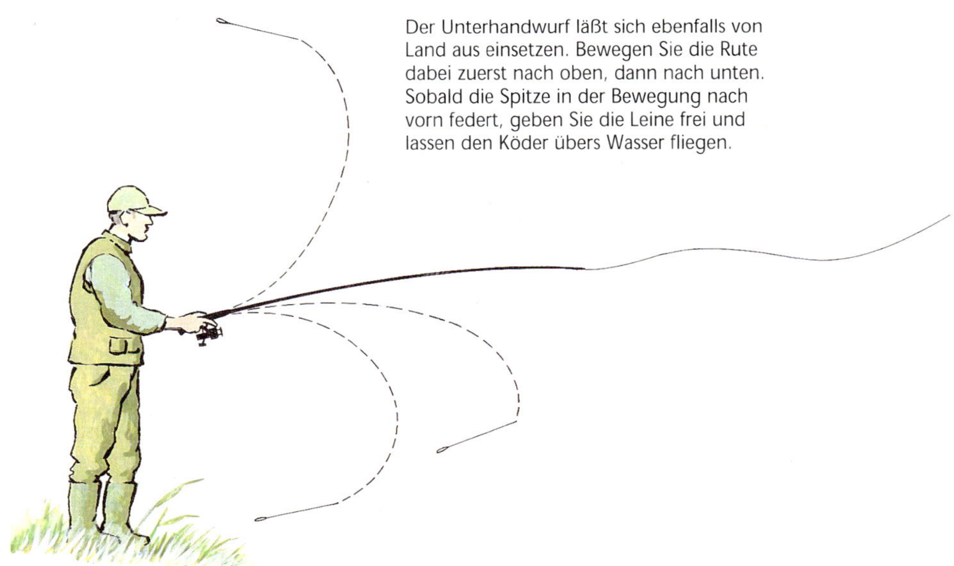

Der Unterhandwurf läßt sich ebenfalls von Land aus einsetzen. Bewegen Sie die Rute dabei zuerst nach oben, dann nach unten. Sobald die Spitze in der Bewegung nach vorn federt, geben Sie die Leine frei und lassen den Köder übers Wasser fliegen.

Die Wurfpraxis

Präzise Würfe bedeuten einen der Schlüssel zum erfolgreichen Spinnfischen. Sogar wenn Sie vor dem Wurf mit der Rute auf den gewünschten Punkt zielen, ist das noch keine Garantie für einen Treffer. Zielen Sie am besten über das Ziel hinaus und bremsen die ablaufende Schnur im Flug mit dem Finger entsprechend ab – bei der Stationärrolle mit dem Zeigefinger am Spulenrand, bei der Multi mit sanftem, wohldosiertem Daumendruck auf die Trommel. Übrigens ist das Überwerfen des Standplatzes eines Räubers häufig sinnvoll, da ihn der direkte Einschlag möglicherweise vergrämt. Statt dessen erreicht der Köder den Fisch nach dem Überwerfen beim Einholen.

Nebenbei streckt sich während dem Abbremsen die Schnur, wodurch der im Wurf entstandene Schnurbogen verschwindet – ein wesentlicher Punkt auch bei kräftigem Seitenwind. Zudem gibt es im seichteren Wasser weniger Hänger, da der Angler nach dem Auftreffen des Köders sofort direkten Kontakt aufnimmt und mit dem Einholen beginnt. Landet der Köder in lediglich wenige Zenti-

Die optimale Wurfweite hängt mit von einer gut abgestimmten Kombination von Schnurstärke und Wurfgewicht ab. Schwerere Köder führen bei gleichem Schnurdurchmesser zu weiteren Würfen ...

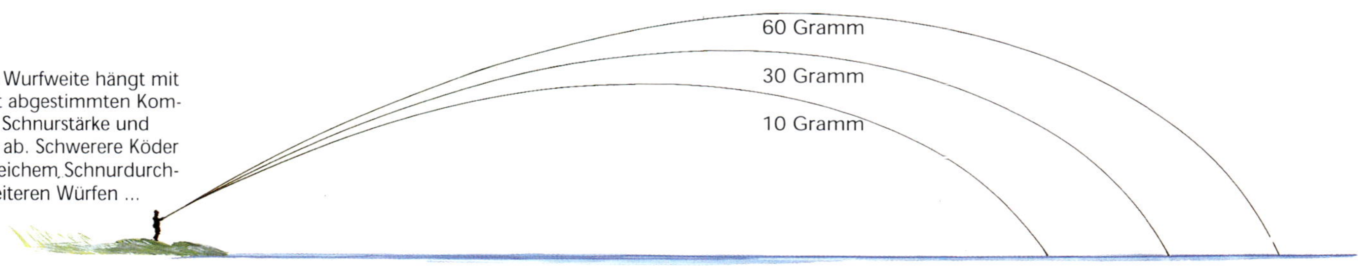

... wie auch eine dünnere Schnur bei gleichem Gewicht die Distanz erhöht ...

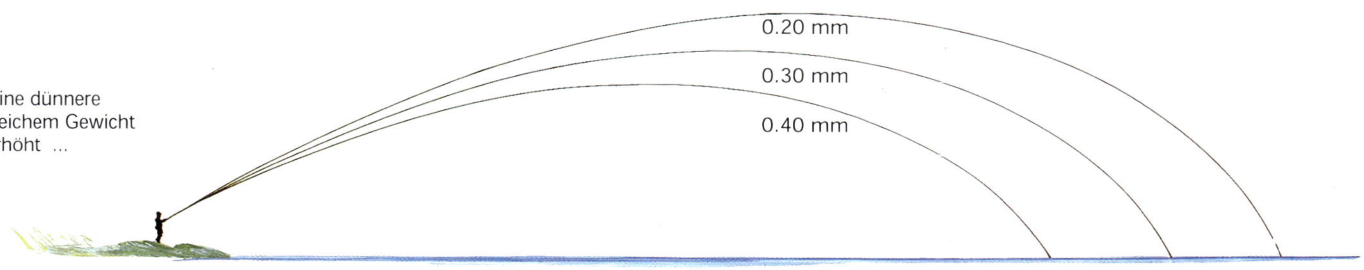

... und das bis zu dem Punkt, an dem die Schnur durch das für ihre Tragkraft zu hohe Wurfgewicht reißt. Allerdings kann ein weicher Wurf das Risiko herabsetzen.

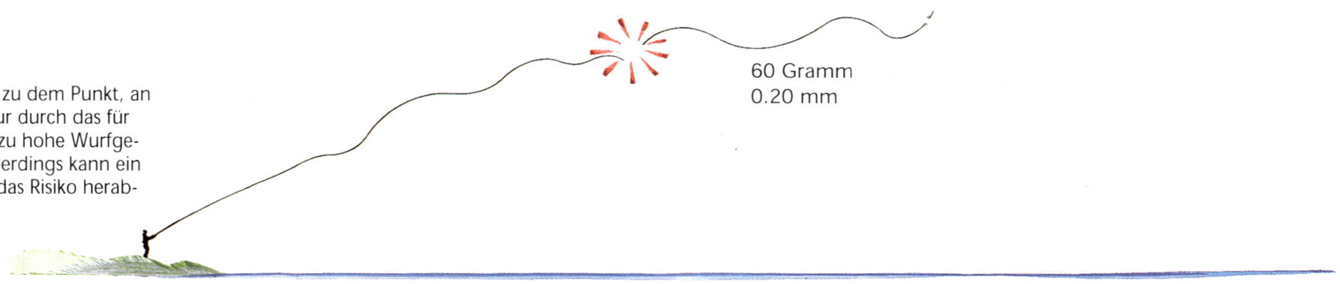

Ein guter Wurf sollte in einer gleichmäßigen, zusammenhängenden Bewegung ablaufen. Hier sehen Sie, wie sich die Rute beim Rückschwung auflädt. Sie gibt die gespeicherte Energie beim Vorschwung wieder ab und schießt den Köder durch die kinetische Energie über das Wasser.

meter tiefem Wasser, beginnt er schon vor dem Einschlag mit dem Aufnehmen von Schnur. Dadurch taucht der Köder lediglich bis dicht unter die Oberfläche.

Weiche Wurfbewegung

Das genaue Anpassen der von der Rutenspitze herunterhängenden Schnurlänge an die Rutenaktion unterstützt genaue Würfe. Kommt es auf die Präzision an, ist ein kurzes Stück gefragt. Allerdings müssen Sie die Länge erweitern, fischen Sie eine Rute mit schneller Aktion – sprich mit Spitzenaktion. Sehr schnelle Modelle mit betonter Spitzenaktion verlangen eventuell sogar ein Pendel, das etwa vom Leitring bis zur Rolle reicht. Bei einer durchgehenden Aktion sollte es kurz ausfallen.

Während dem Werfen in einer gleichmäßig »gleitenden« Bewegung darf der Köder nicht in Vorschwung schweben oder sich zu drehen beginnen. Genauso sollte der Köder vor Beginn des Wurf ruhig hängen, sonst landet er statt im Ziel irgendwo im Gelände.

Genaues Werfen fällt bei windigem Wetter besonders schwer. So bremst von vorn anströmende Luft einen Spinner, wodurch sich die Wurfweite verringert. Die weitesten Würfe gelingen bei Rückenwind. Am weitesten und genauesten fliegen Pilker und Blinker – ihre kompakte Form macht's möglich. Dünnblechige Löffel erweisen sich trotzdem als recht windanfällig, was sich jedoch mit einer durchgehenden Rutenaktion und einem kürzeren Pendel ausgleichen läßt.

Eine schlechte Schnurkontrolle führt besonders an Multirollen gerne zu üblen Schnurperücken. Das Entwirren kann viel Zeit kosten und möglicherweise kommt ein direkt beim Eintauchen des Köders gehakter Fisch frei.

Wobbler sind bekannt für ihre ungünstigen Wurfeigenschaften, da sie im Verhältnis zu ihrem Gewicht eine sehr große Oberfläche samt dem entsprechenden Luftwiderstand besitzen. Außerdem liegt ihr Schwerpunkt nicht wie bei Blinkern oder Pilkern im hinteren Bereich, sondern eher in der Mitte. Deshalb verfangen sich die Haken gerne in der Schnur. Am besten fischen Sie einen Wobbler mit der Multirolle, da der Widerstand der Spule ihn auf geradem Weg durch die Luft führt. Mit der Stationärrolle sollte der Finger den Schnurablauf an der Spulenkante sachte bremsen. Das mag die Wurfweite etwas verkürzen, jedoch fliegt der Wobbler dadurch gerade und sicher.

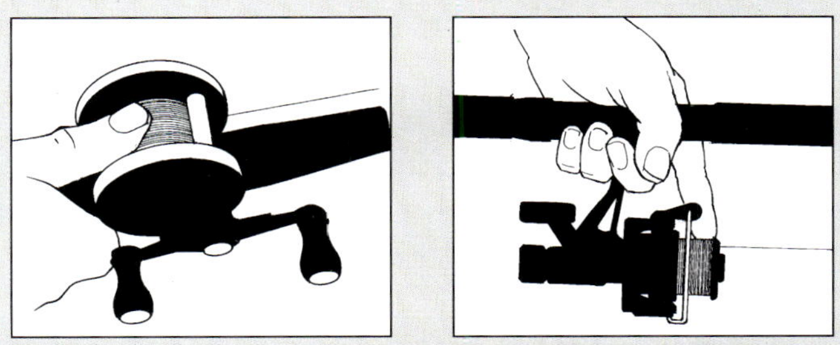

Eine gute Schnurkontrolle ist während dem Wurf sehr wichtig. Sie vermeidet nicht nur Schnurperücken, sondern auch viel zu weite Würfe und den harten Aufschlag des Köders auf das Wasser. An einer Multirolle bremst der auf die rotierende Spule gelegte Daumen die Leine sanft ab, bei der Stationärrolle übernimmt der Zeigefinger am Spulenrand diese Aufgabe.

Spinntechnik

Die richtige Präsentation hängt neben der Wurfpräzision entscheidend von der richtigen Angelstelle sowie vom Einholen ab. Der Fisch muß den Köder sehen oder seine Schwingungen im Wasser über die Seitenlinie wahrnehmen – es macht also wenig Sinn, nur irgendwie durch das Wasser zu kurbeln. In den meisten klaren und seichten Gewässern bereitet das genaue Präsentieren keine Probleme: der Angler muß nur die richtige Einholtechnik sowie den fängigen Köder finden.

Zwar gibt es auch pelagisch, also im Freiwasser alleine oder in Gruppen und Schwärmen jagende Räuber. Der Großteil lauert jedoch über dem Grund. In trübem oder tiefem Wasser muß der Köder über die gesamte Wurflänge nahe dem Grund laufen, und das ohne Hänger. Sie können zu verlorenen Ködern, verbogenen und abgebrochenen Haken, aufgescheuerter Schnur oder im Haken verfangenen Pflanzen führen. Diese Probleme führen zu Verlusten an Effektivität, Zeit oder Geld.

Die Countdown-Methode

Eine Lösung dafür bietet die Countdown-Methode. Es gibt wohl kaum einen Angler, der sie nicht über kurz oder lang beim Fischen mit sinkenden Ködern einsetzt. Sie ermöglicht das Angeln fast schon automatisch direkt über dem Grund und das auf Lachse im Fluß, auf Dorsche von einer Klippe oder der Küste aus, auf Hechte im See oder auf Zander und Barsche an dessen Barschbergen und Untiefen.

Viele Angler holen den Köder sofort nach dem Auftreffen aufs Wasser ein und bedenken nicht, daß der Köder möglicherweise drei oder mehr Meter vom Grund und damit von den Fischen entfernt läuft. Tatsächlich darf das Führen des Köders erst nach dem Auftreffen auf den Grund beginnen, weshalb die Tiefe zunächst geschätzt werden muß.

Hat der Köder den Boden erreicht, fällt die Schnur locker. Zählen Sie während dieser Zeitspanne: »101..., 102...«, bis vielleicht 107, wobei jede Zahl für etwa eine Sekunde steht. Liegt der Köder auf dem Grund, beginnt das Einholen. Beim nächsten Wurf beginnen sie schon nach »106« mit dem Kurbeln und der Köder läuft wie von selbst über dem Grund ohne hängen zu bleiben – sofern kein höheres Hindernis im weiteren Weg liegt.

Fischen Sie die Stelle mit dieser Technik fächerförmig ab. Dabei bekommen Sie nach ein paar Würfen ein Gefühl für die richtige Zeit und müssen bei den folgenden Würfen nicht mehr mitzählen. Sobald sie zu einem neuen Köder mit anderem Gewicht wechseln, müssen Sie die Sinkzeit erneut ermitteln. Schließlich taucht er langsam oder schneller als der erste Köder.

Genau betrachtet ist die Countdown-Methode eine Art der Tiefenmessung. Außerdem können Sie damit unterschiedliche Wassertiefen gezielt abfischen, da einige Arten wie Barsch, Schwarzbarsch und Muskie häufig im Freiwasser herumlungern.

Die Technik hilft zudem allen unerfahrenen Einsteigern ins Spinnfischen, während erfahrene Angler sie ganz selbstverständlich nutzen. Sie schätzen die Tiefe, indem sie in Gedanken mitzählen. Wurf, einholen – und Biß!

Oben: Normalerweise stehen die Fische über dem Grund, weshalb der Köder dort laufen muß. Erfahrene Angler haben häufig ein Gefühl dafür, wenn der Köder in der richtigen Tiefe fischt – und das vielleicht sogar in schwierigen Situationen, wie in starker Strömung.

Unten: Zählen Sie nach dem ersten Wurf beispielsweise »101...102...103...104...105...106«, bis der Köder den Grund erreicht und die Schnur durchhängt. Werfen Sie erneut aus, stoppen Sie das Zählen bei »105« und holen jetzt ein. Damit läuft der Köder kurz über dem Boden.

Einholtechnik

Machen Sie es sich zu einer Gewohnheit, stets die Bewegung eines Köders vor dem Fischen mit einem kurzen Wurf und anschließendem Einholen zu prüfen. Dadurch erhalten Sie eine Vorstellung, bei welcher Geschwindigkeit der Köder am besten läuft.

Während dem Einkurbeln steigt der Köder immer weiter vom Grund weg, weshalb Sie immer wieder kurze Pausen einlegen sollten, in denen der Köder wieder zur gewünschten Tiefe absinkt – idealerweise wieder bis kurz über den Grund. In der Sinkphase kann der Köder sogar einen Räuber zum instinktiven Biß verleiten, der beim normalen Einholen vielleicht nicht zugepackt hätte. Ein Futterfisch schwimmt auf der Flucht mit hektisch zuckenden Bewegungen, was Sie mit kurzen Stopps nachahmen. Dabei ist eine Kombination von ruckartigem Einholen und Stopps eine ziemlich wirksame Methode.

In der Strömung bleibt der Köder bei einem Stopp häufig einfach auf der erreichten Höhe stehen. Näher zum Grund geht es jetzt durch das Absenken der Rute, einem Schritt nach vorn oder durch das Nachfüttern von ein wenig Schnur.

Der Einsatz von vielen Zwischenstopps ist der Einstieg in die »Stufenleiter-Methode«. Diese Art des Einholens verbindet guten Grundkontakt mit einer lebendigen, präzisen Präsentation des Köders. Jeder Stopp arbeitet mit dem abwechslungsreichen, gefühlvollem Anheben der Rute zusammen. Dadurch springt der Köder nicht einfach über den Grund, sondern läuft in unterschiedlichen Geschwindigkeiten – mal schnell, mal langsam und so fort.

Längere Stopps sind in tiefem Wasser nötig. Genauso verlangen größere Köder nach längeren Pausen als kleinere. Das Zusammenspiel von zahlreichen Spinn-Stopps mit kurzen Würfen ist ein gutes Erfolgsrezept, während weniger und längere Pausen bei weiteren Würfen nötig sind. Ein lebendiges und verführerisches Einholen ist mehr, als nur an der Kurbel zu drehen!

Zusammen mit gutem Grundkontakt wirkt ein ideenreiches Einholen hervorragend auf viele Raubfischarten wie Barsch, Zander, Hecht, Forelle, Lachs Hornhecht oder Dorsch. Trotzdem bringt eine gleichmäßigere und schnellere Führung mit selteneren Stopps die besseren Fänge – unter anderem auf Meerforellen im Salzwasser.

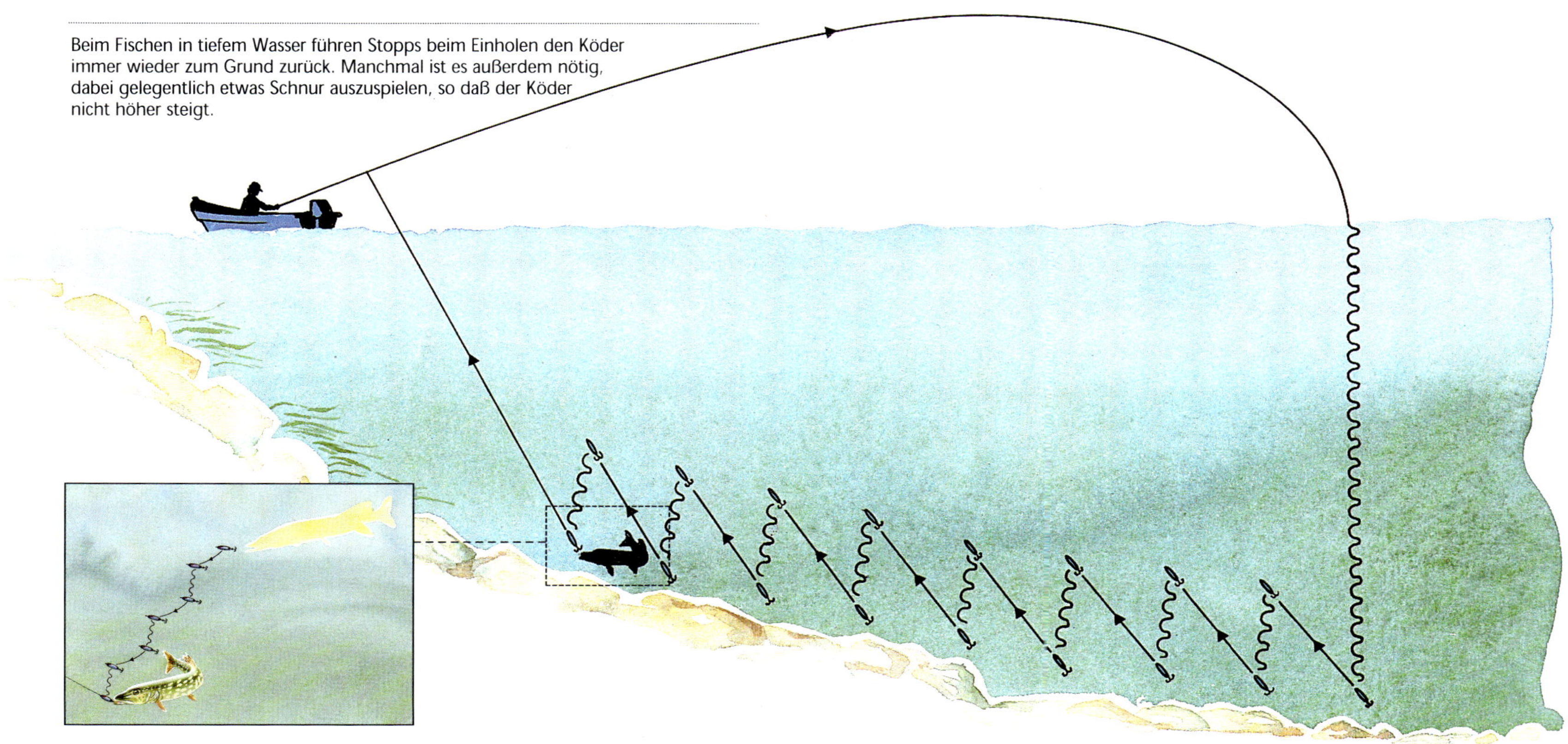

Beim Fischen in tiefem Wasser führen Stopps beim Einholen den Köder immer wieder zum Grund zurück. Manchmal ist es außerdem nötig, dabei gelegentlich etwas Schnur auszuspielen, so daß der Köder nicht höher steigt.

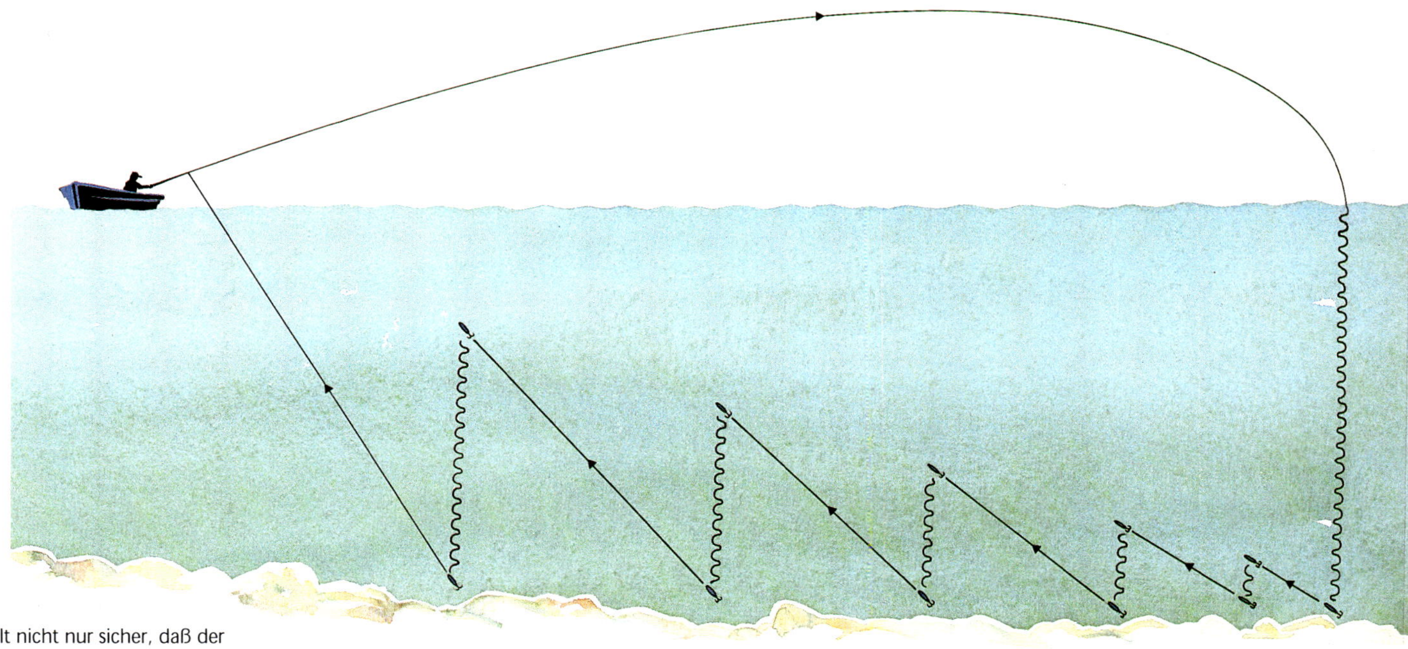

Oben: Die »Stufenleiter-Methode« stellt nicht nur sicher, daß der Köder in der richtigen Tiefe fischt, sondern ergibt gleichzeitig ein unregelmäßiges Tempo. Durch wechselnde Geschwindigkeiten während dem Einholen wirkt der Köder lebendiger und somit verlockender.

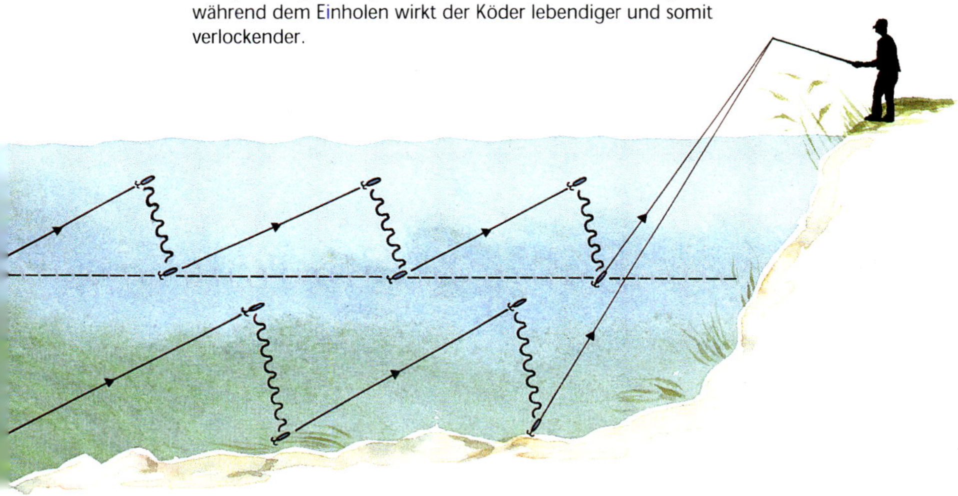

Sollten Sie einen Nachläufer entdecken oder wiederholte Angriffe auf den Köder fühlen, so erhöhen Sie zum Provozieren eines Bisses die Einholgeschwindigkeit und legen einen kurzen Spinn-Stopp ein. Und das bei voller Köderkontrolle. So sieht das normale Verhalten der Futterfische aus: Sie fliehen in Panik und halten an, wenn sie müde, orientierungslos oder gezwungen sind, ein schützendes Versteck zu finden. Mit einem variantenreichen Führungsstil über die gesamte Wurflänge erhöhen Sie die Wahrscheinlichkeit eines kräftigen Bisses erheblich.

Oben: Das Angeln in unterschiedlichen Wassertiefen profitiert ebenfalls von der Stufenleiter-Technik. Zum systematischen Absuchen der unterschiedlichen Tiefen ist zudem die Countdown-Methode einen Versuch wert.

Rechts: Beim Fischen in tiefem Wasser auf pelagisch jagende Fische – wie Makrele und Pollack – darf der Pilker sinken, während Sie die Rutenspitze wiederholt heben und senken. Erreicht der Köder den Grund, holen Sie Schnur ein und führen den Köder mit der Stufenleiter-Technik erneut durch alle Wassertiefen.

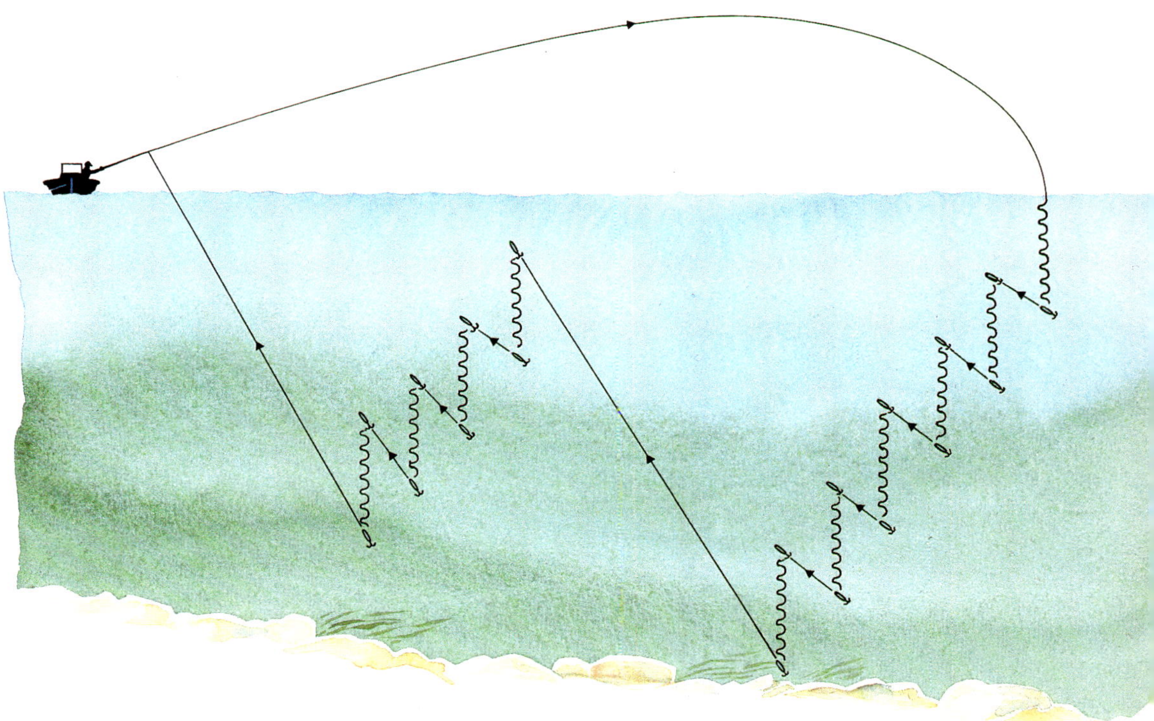

Das Absuchen des Angelgebiets

Es gibt keine Regeln, wie Sie einen Fisch an einer bestimmten Stelle finden – nur Richtlinien. Das fächerförmige Absuchen ist dabei eine klassische Technik, egal ob in einem Umkreis von 180 Grad vom Ufer aus oder bei 360 Grad beim Angeln vom verankerten Boot. Anschließend suchen Sie einen neuen Platz oder verankern das Boot an einem anderen Punkt. Ein ziemlich gleichmäßig strukturiertes Gebiet läßt sich von Land aus gut abfischen, indem der Angler je nach Sichtigkeit des Wassers und der vermuteten Anzahl der Standplätze drei bis zehn Schritte weitergeht. Ein mit vielen Standplätzen wie Felsen oder Wurzeln versehener Bereich läßt sich wirksam mit einer Reihe von parallelen Würfen absuchen, die zuerst in die eine und dann in die andere Richtung gehen.

Vom driftenden Boot aus sind allerdings keine Parallelwürfe möglich. Sie sollten immer in die Driftrichtung werfen und nie in ein Gebiet, über das gerade Ihr Boot lief und sein Schatten möglicherweise die Fische erschreckte. Auf der Suche nach den Fischen sind bei der Angeltechnik außerdem Strömung, Wellen, Sonnenschein und Licht als weitere Faktoren zu berücksichtigen.

Absuchen von Fließgewässern

Die richtigen Stellen in strömenden Gewässern kann der Angler mit zwei Techniken aufspüren: Entweder fischt er stromab quer über den Fluß oder flußaufwärts.

Sinnvollerweise erfolgt der Wurf stromab zum gegenüberliegenden Ufer. Die Strömung drückt den Köder zum Ufer des Fischers zurück und wird dann eingeholt. Wahlweise können Sie mit dem Kurbeln schon während dem Herumschwingen beginnen, dann läuft der Köder gegen die Strömung. Sobald eine Stelle abgesucht ist, geht der Angler einige Schritte stromab und sucht neue Plätze.

Das Werfen direkt über den Fluß ist in schnellen, tiefen Gewässern sinnvoll. Wahlweise kann der Wurf sogar leicht stromauf erfolgen, wodurch der Köder vor dem Einholen absinken kann. Streckt sich die Schnur schräg stromab, hat der Köder den Grund erreicht. Jetzt schwingt er wiederum zu Ihrem Ufer oder wird wie oben beschrieben eingeholt.

Das Fischen flußaufwärts ist ein wenig schwieriger, jedoch auch effektiver. Schließlich steht der Fisch mit dem Kopf gegen die Strömung. Dadurch bemerkt er Sie nicht und wird vom Köder völlig überrascht. Außerdem nähert sich das vermeintliche Futter in einem natürlichen Winkel und etwas schneller als die Strömung, wodurch die Bewegungen lebendig und attraktiv wirken. Häufig folgt der Köder außerdem den Wirbeln der Strömung und sieht so unwiderstehlich lebensecht aus.

Fischen im See von Land aus

Oben: Mit fächerförmigen Würfen läßt sich eine Stelle sehr genau absuchen. Damit Sie die nahe stehenden Fische nicht durch den Drill eines weiter draußen gehakten Exemplars erschrecken, beginnen Sie mit kurzen Würfen oder zunächst mit einem Wurf entlang des Ufers. Dann erhöht sich die Wurfweite Schritt für Schritt, bis die maximale Distanz erreicht ist.

Unten: Gleichmäßige Parallelwürfe suchen das Wasser vor einem langen, gleichförmigen Ufer ab. Gehen Sie nach ein bis zwei Würfen wenige Meter weiter.

Fischen in Bach und Fluß

Oben: Beim Spinnfischen stromab wirft der Angler den Köder schräg flußabwärts zum gegenüber liegenden Ufer und holt rasch lockere Schnur ein. Schwingt der Köder herum, beginnen Sie zu kurbeln. Dadurch arbeitet er gegen die Strömung, bis der Platz ausgefischt ist. Der nächste Wurf erfolgt einige Schritte stromab.

Unten: Mit dem Werfen gegen die Strömung lassen sich die Fische leichter überlisten, da sie den Angler nicht so leicht entdecken. Außerdem kann der Köder lebendiger und natürlicher geführt werden.

Fischen vom Boot aus

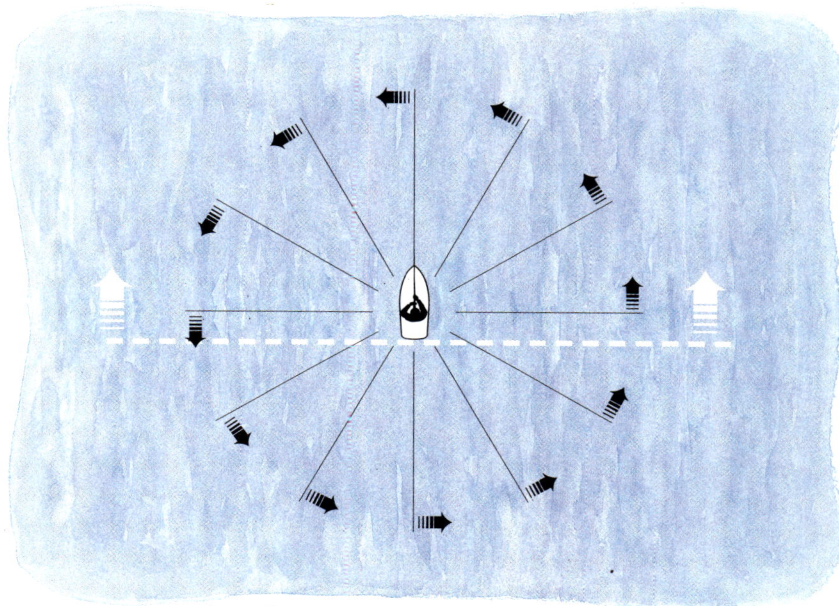

Oben: Im freien Wasser können Sie bei ruhigem Wetter den vollen Umkreis des Boots abfischen. Driftet das Boot mit dem Wind, sollte nur der gedachte Halbkreis in Wurfrichtung angeworfen werden. Dabei erreichen Sie mit Ihren Würfen frühzeitig die neu in Wurfweite geratenden Fische.

Unten: Treibt das Boot dem Ufer entlang, erfolgen die Würfe parallel zur Bootsdrift schräg zum Ufer. Und das idealerweise gegen die Sonne, da auf diese Weise kein Schatten vom Boot den Fisch warnt.

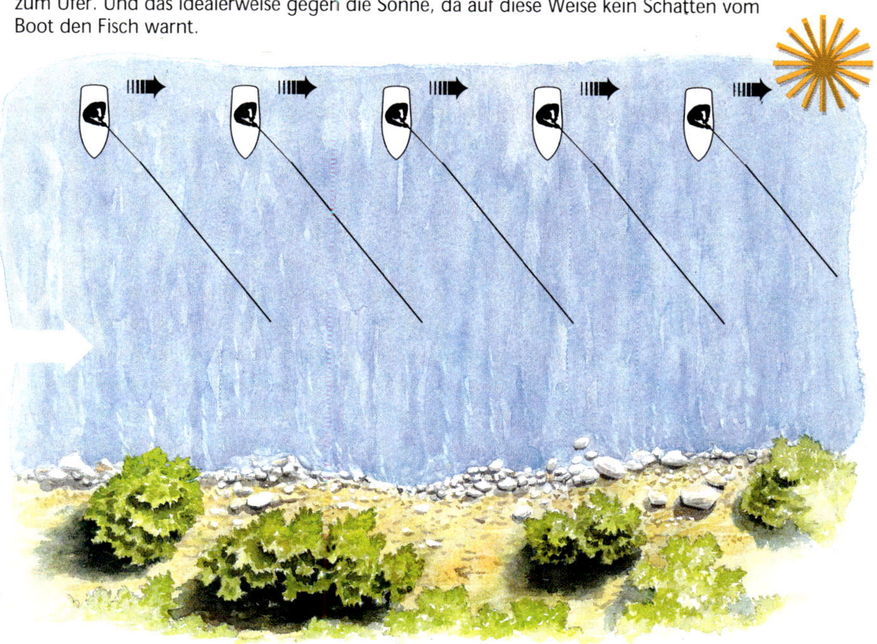

Künstliche Köder

Die Vielfalt der Kunstköder ist nahezu unendlich, wobei die Hersteller die einzelnen Modelle meist für eine bestimmte Fischart oder spezielle Angelbedingungen entwarfen. Wer sich mit den verschiedenen Kunstködern auskennt, dem genügt für gute Fänge ein Dutzend »Killer« in der Köderschachtel. Sicherlich erhöht der richtige Köder die Fangaussichten, jedoch ist der Weg zum Erfolg tatsächlich lang und steinig. Sein Name lautet: Erfahrung.

■

Künstliche Köder lassen sich in Blinker, Pilker, Spinner, Wobbler, Fliegen und Weichplastikköder unterteilen, wobei auch Kombinationen möglich sind. In jeder Gruppe existieren Tausende unterschiedlicher Ausführungen. Sie unterscheiden sich in Form, Größe, Farbe, Gewicht und Material. Und während alle übrigen Köder sinken, gibt es bei den Wobblern gleichermaßen sinkende und schwimmende Modelle. Innerhalb jeder Ködergruppe können wir die folgenden Hauptmerkmale erkennen.

Blinker

Unter den Blinkern finden sich fast alle erdenklichen Formen, wobei der Großteil entweder eine Löffel- oder S-Form besitzt. Aufgrund der Form der klassischen Modelle werden Blinker auch gerne als Löffel bezeichnet. Nach wie vor sind solche Modelle sehr beliebt und fängig – und es gibt kaum einen Angler, der ein passendes Eßwerkzeug nicht zu einem Köder umfunktioniert hätte.
Löffel- und S-Form bleiben im Wasser auf Kurs, sie brechen also beim Einholen weder seitlich aus noch steigen sie zur Oberfläche. Für ihre Fängigkeit sorgen hauptsächlich die von ihnen ausgesandten Lichtreflexe, welche durch die taumelnde Bewegung immer wieder durchs Wasser blitzen. Prinzipiell gibt es zwei Formen von Blinkern: Die breiten, runden oder ovalen Modelle (unter anderem zum Hechtfischen gedacht) sowie langen, dünnen Ausführungen.

Breite Blinker

Ein breiter Blinker bewegt sich langsam, folgt er einer normalen Einhol-Geschwindigkeit. Zu schnell gezogen verfällt er in eine rotierende und damit wenig wirksame Bewegung. Dieses Verhalten ist bei schlankeren Modellen weniger ausgeprägt. Die runden und ovalen Blinker täuschen hochrückige Beutefische vor, wie Rotauge und Karausche. Längliche Modellen ähneln dagegen eher Laube, Stint, Sandaal oder einem kleinen Hering.
Grundsätzlich schwimmen breite Blinker in stehenden Gewässern in ihrem Element und fangen dort unter anderem Hecht, Zander und Barsch. Schlanke Blinker eignen sich für Bäche und Flüsse sowie die Küste. Sie wobbeln nicht so stark, weshalb der Angler sie mit hoher Geschwindigkeit einholen oder einfach in der Strömung stehen und arbeiten lassen kann. Weiter gibt es dickblechige Blinker, die besonders weite Würfe erlauben, sowie sehr dünne Varianten zum Schleppfischen.

Breite Blinker

Obere Reihe von links:
Hammer, Ruggen, Pikko, Storauren und Crocodile Stubby

Untere Reihe:
Atom, Moss Boss, Lillauren Utö und Jurmo

Krautblinker (von oben): Hobo, Atom Giller und Favorit Vass

Krautblinker

Diese meist breit geformten Blinker besitzen Schutzbügel aus federndem Draht. Er schützt den Haken unter anderem vor Pflanzen (daher der Name) und gibt nach, wenn ein Fisch beißt. Sinnvollerweise werden diese Köder nur in Gewässern mit reichlich Bewuchs eingesetzt.

Leider sind ihre Hakeigenschaften nicht optimal und der Angler riskiert mit ihnen gegenüber einem normalen Blinker eher das Verlieren des Fischs. Zudem ist der Haken fest am Blinker angenietet und läßt sich dadurch nicht ersetzen. Krautblinker sind hauptsächlich für das Hechtfischen gedacht und der Angler kann sie wie die ungeschützten Modelle führen.

Leider lassen sich breite Blinker nicht so weit wie die schmalen werfen. Außerdem beginnen sie sich bei Gegenwind zu Beginn des Wurfs zu drehen und ruinieren so das Vorhaben. Natürlich gibt es darunter Modelle, die sich besser oder schlechter verhalten. Und zu guter Letzt muß der Fischer länger warten, bis der Köder langsam auf den Grund getaumelt ist. Am besten fangen breite Blinker in flacherem Wasser von vielleicht einem bis drei Meter Tiefe.

Viele große Blinker zwischen 18 und 35 Gramm tragen zwei oder drei Drillinge. Nach Vorstellung der Fabrikanten sollen sie den Räuber sicherer fassen, wenn er den Köder quer packt. Die Praxis bewies allerdings, daß sich der obere oder der mittlere Haken leicht in der Schnur verfangen und ein einzelner Drilling den Fisch sicherer hakt.

Hier noch ein paar Empfehlungen zum für die jeweilige Wassertiefe geeigneten Gewicht: 1 bis 1,5 Meter – 5 bis 10 Gramm, 1,5 bis 2,5 Meter – 10 bis 20 Gramm und 2,5 bis 5 Meter 20 bis 35 Gramm. Nur in Gewässern mit lebhaft jagenden Räubern können Sie mit dem Blinker noch auf Erfolge unterhalb von fünf Metern hoffen.

Fischen mit breiten Blinkern

Ein breiter Blinker ist ideal für alle Arten des Spinnfischens in Seen oder langsam strömenden Flüssen und Kanälen – auf Barsch, Zander, Hecht und Muskie. Setzen Sie die Countdown-Methode ein und lassen den Köder wiederum bis kurz über den Grund sinken, bevor Sie mit Einholen beginnen. Die Geschwindigkeit stimmt, wenn die Köderbewegungen in der Rutenspitze zu fühlen sind. Sorgen Sie für eine abwechslungsreiche Führung mit Stopps sowie unterschiedlichen Geschwindigkeiten. Übrigens beißt ein Raubfisch normalerweise während dem Stopp und häufig bei durchhängender Schnur.

Solange der Köder im tiefen Wasser läuft, führt ihn die tief gehaltene Rutenspitze Sie sollte sich heben, erreicht der Köder geringere Tiefen. Dadurch hält der Angler engeren Kontakt zum Blinker und kann seine Tauchbewegungen besser kontrollieren. Einige Blinker besitzen eine eingebaute, ungleichmäßige Bewegung: beim Einkurbeln schlingern sie zunächst nur durch das Wasser, um dann in gleichmäßigen Intervallen immer wieder seitlich auszubrechen. Durch diese unberechenbare Gangart kann sich der Köder durchaus als wahrer »Killer« erweisen.

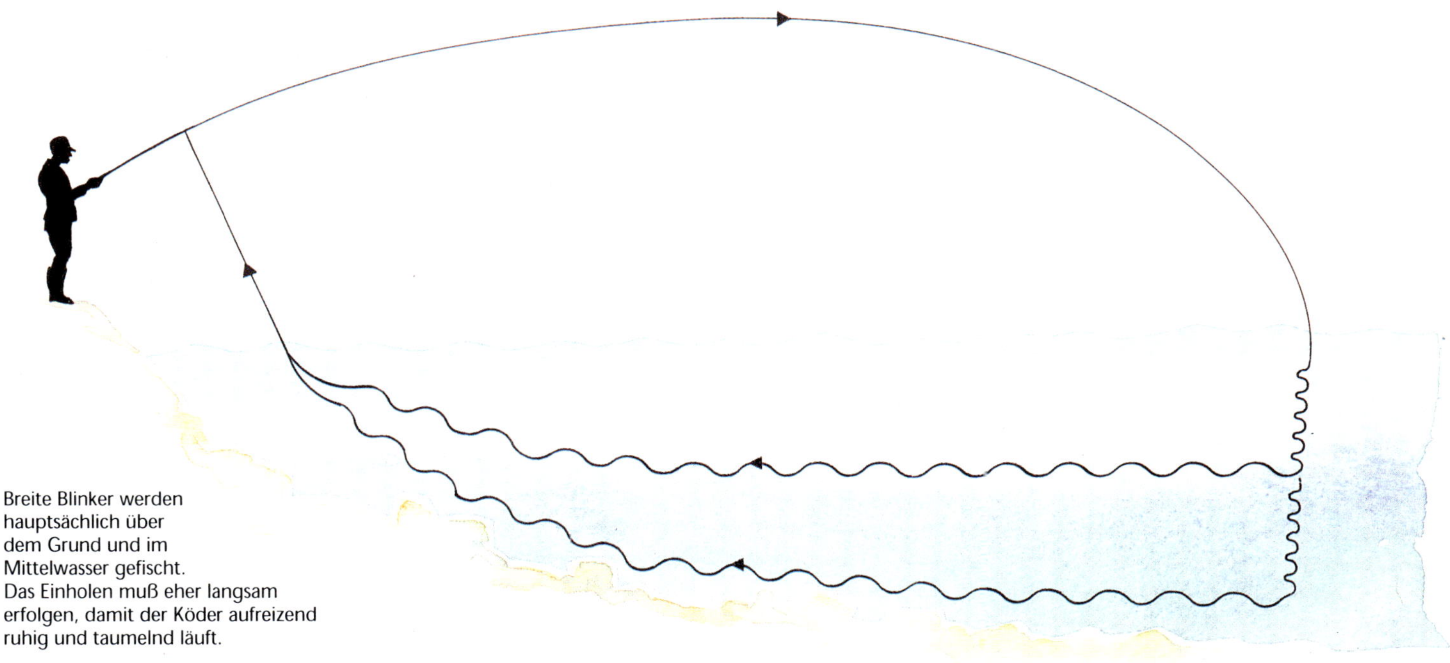

Breite Blinker werden hauptsächlich über dem Grund und im Mittelwasser gefischt. Das Einholen muß eher langsam erfolgen, damit der Köder aufreizend ruhig und taumelnd läuft.

Schlanke Blinker

Schmale, dünne und lange Blinker, mit oder ohne S-Biegung, imitieren einen schnell schwimmenden Fisch. Sie werden schneller als ovale und runde Modelle eingeholt, was die Konstrukteure beim Entwurf schließlich beabsichtigten. Hauptsächlich setzen Angler die schlanken Blechköder in Bächen und Flüssen ein, wobei sie nur langsam einholen und die Strömung dem Köder sein Leben einhaucht. Genauso eignen sie sich für das Küstenfischen auf Meerforelle, Dorsch oder Makrele. Gerade die Meeresfische sind schnelle Schwimmer mit schlanker Körperform.

Ursprünglich wurden diese Köder aus Blei gegossen. Allerdings ist Blei weich, wodurch Lack beim Aufprall des Blinkers auf einen Felsen rasch abplatzt. Einige gegossene Bleipilker besitzen eine harte Lackschicht, die sich jedoch bei einem heftigen Aufprall oder bei einem Hänger am Grund trotzdem löst.

Der Nachteil der Bleipilker liegt jedoch hauptsächlich in ihrer geringen Größe bei hohem Gewicht. Sie lassen sich zwar gut werfen, jedoch muß der Angler rasch mit dem Einholen beginnen, bevor sich der Köder am Grund festsetzt. Die heute produzierten Bleiblinker und -pilker besitzen eine größere Oberfläche bei geringerer Länge. Aus Umweltschutzgründen verschwinden die Bleiköder wahrscheinlich irgendwann vom Markt.

Im Laufe der vergangenen Jahrzehnte ersetzten Blinker und Pilker aus Stahl oder Messing nach und nach die kleinen Bleimodelle. Einige der modernen Ausführungen besitzen eine sehr gestreckte Form und laufen mit nur leichtem Schwänzeln. Leicht S-förmige Blinker werden langsamer geführt. Dieser Typ verbindet die besten Eigenschaften der früheren Bleiköder mit einer lebendigeren, attraktiven Bewegung. Außerdem ermöglicht die längliche Form schöne Würfe. Dazu trägt auch die Verbreiterung oder das höhere Gewicht des hinteren Teils bei.

Längliche Blinker verdrallen die Schnur weniger als ovale oder runde Modelle. Darüber hinaus haken sie den Fisch sehr sicher. Hier noch ein paar Empfehlungen zum Tiefen/Gewichtsverhältnis: 1 bis 1,5 Meter – 5 bis 15 Gramm, 1,5 bis 3 Meter 10 bis 20 Gramm und 3 bis 5 Meter 20 bis 35 Gramm.

Längliche Blinker zeilenweise (von links oben): Tobis, Hansen Fight, Flipper, Möre-silda, Crocodile, Sölvpilen, Toby und Trumf.

Fischen mit schlanken Blinkern

Schlanke Blinker sind für das Überlisten schnell schwimmender Fische in weitläufigen Gewässern gedacht. Zu den Arten zählen Meerforelle, Dorsch, Hornhecht und Makrele entlang der Küste sowie Forelle in großen Seen. Wie mit den breiten Blinkern empfiehlt sich ebenfalls bei ihren schmalen Verwandten die Countdown-Methode, geht es auf nahe dem Grund stehende Räuber. Die Haupteinsatzgebiete liegen jedoch in den mittleren Wasserschichten sowie dicht unter der Oberfläche.

Die Form dieses Blinkertyps ist am besten für das schnelle Führen gedacht. Sie täuschen schlanke Futterfische wie Lauben, Stinte oder Sandaale vor, die sich hastig schwimmend durchs Wasser bewegen. Deshalb sind wiederholte Stopps und eine abwechslungsreiche Führungs-Geschwindigkeit erforderlich. Und während den Spinn-Stopps sinkt ein gut ausbalancierter Köder waagerecht ab und rotiert dabei um die eigene Achse.

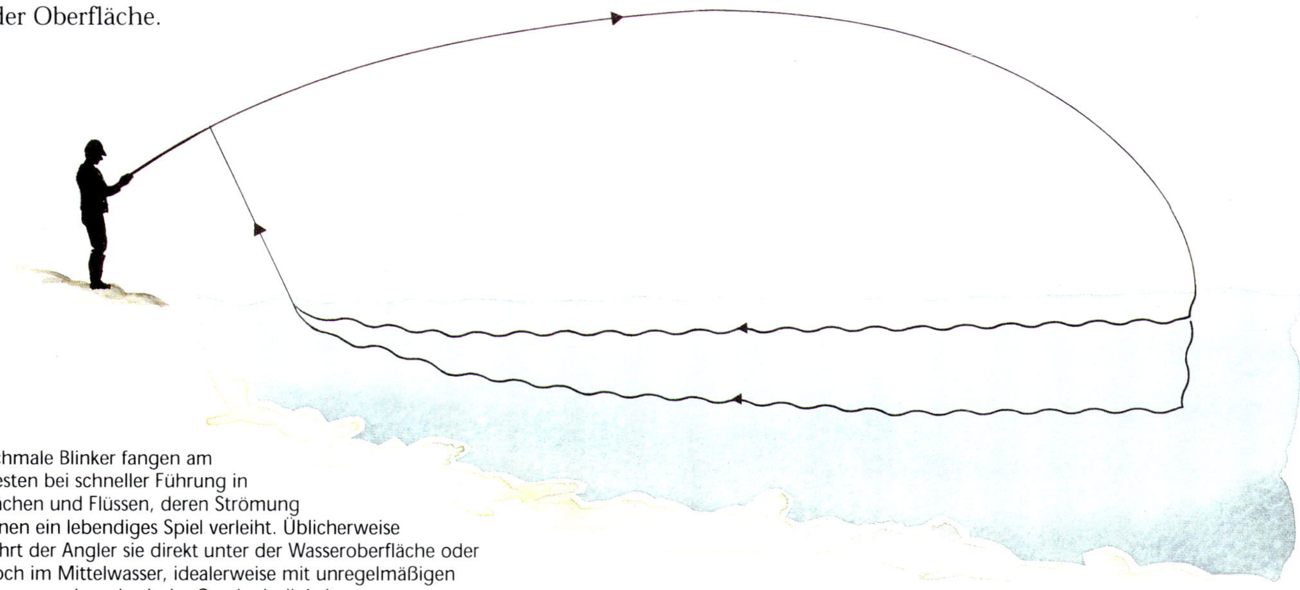

Schmale Blinker fangen am besten bei schneller Führung in Bächen und Flüssen, deren Strömung ihnen ein lebendiges Spiel verleiht. Üblicherweise führt der Angler sie direkt unter der Wasseroberfläche oder hoch im Mittelwasser, idealerweise mit unregelmäßigen Stopps und wechselnder Geschwindigkeit.

Pilker

Ein Pilker zum Fischen im Meer auf Arten wie Dorsch, Pollack oder Makrele wiegt zwischen 40 und 500 Gramm (Anm. d. Red.: Es gibt außerdem nur wenige Gramm schwere Minipilker, die im Süßwasser unter anderem Barsche fangen). Ursprünglich stammen diese Köder aus Skandinavien, wo Berufsfischer sie zum Fang von Dorschen einsetzen. Die sehr große Ködergruppe umfaßt Hunderte von Ausführungen und Größen, trotzdem lassen sie sich in leichte Pilker zum Befischen von flacherem Wasser (fünf bis 20 Meter) und schwere Modelle für tiefe Stellen unterteilen.

Einige schwere, kompakte Pilker bestehen nach wie vor aus Blei. Sie bewähren sich bestens in tiefem Wasser mit starker Strömung vom treibenden Boot aus und erreichen selbst unter diesen widrigen Bedingungen noch den Grund. Modelle mit größerer Oberfläche werden aus Stahl oder Messing gefertigt. Sie bewegen sich lebendiger und kommen für ruhigeres Wasser und geringere Tiefen in Frage. In diesem Zusammenhang beeinflußt auch der Schnurdurchmesser das Gewicht, das zum Erreichen einer bestimmten Tiefe bei Einflüssen wie Strömung oder Bootsdrift erforderlich ist. So besitzt eine geflochtene HPPE- oder Kevlarleine bei gleicher Tragkraft gegenüber Monofil eine viel geringere Stärke, wodurch sie der Wasserbewegung deutlich weniger Angriffsfläche bietet.

Dadurch drückt die Strömung die Schnur samt Pilker nicht so leicht nach oben.

Pilker sind sehr kompakt, wodurch sich leichtere Modelle (50 bis 100 Gramm) sehr gut werfen lassen. Von links: Krilette, Skarpsilda, Sommen pirk, Norway pirk und ein sechskantiger Röhrenpilker.

Fischen mit Pilkern

Pilker sind für das Angeln in tieferem Wasser gedacht, was häufig vom Boot aus geschieht. Das Einholen erfolgt in abwechslungsreichen Sprüngen – entweder am Grund, wo unter anderem die Dorsche jagen, oder im Mittelwasser, der Heimat von Pollack und Makrele. Beim Einholen muß der Fischer auf Tiefe und Bootsdrift achten, wobei er normalerweise in die Driftrichtung wirft.

Schwere Pilker fischen direkt unter dem Boot. Nach dem Erreichen des Bodens aktiviert der Angler die Rücklaufsperre und führt den Köder verführerisch mit Auf- und Abbewegungen der Rutenspitze. Beim Angeln in tiefem Wasser und starken Strömungen müssen Sie stets den direkten Kontakt zum Boden halten, damit der Pilker nicht nach oben gedrückt wird.

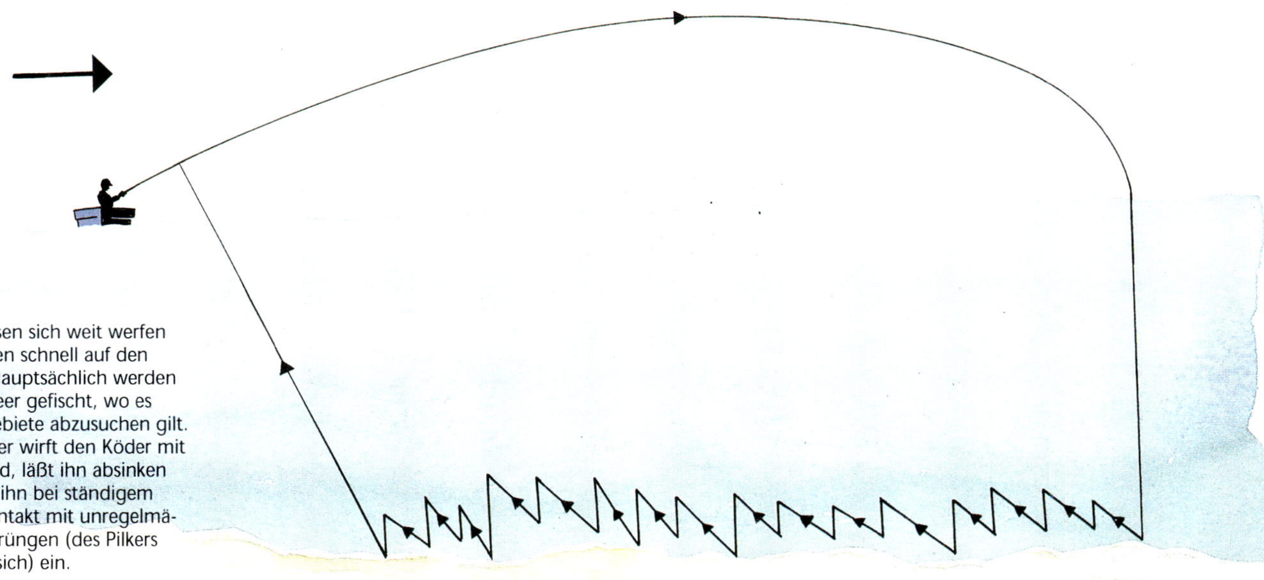

Pilker lassen sich weit werfen und sinken schnell auf den Grund. Hauptsächlich werden sie im Meer gefischt, wo es große Gebiete abzusuchen gilt. Der Angler wirft den Köder mit dem Wind, läßt ihn absinken und holt ihn bei ständigem Bodenkontakt mit unregelmäßigen Sprüngen (des Pilkers versteht sich) ein.

Spinner

Ein Spinner besteht aus einem Metallblatt, das auf Zug unter Wasser um eine Drahtachse oder einen Körper rotiert. Dabei bewegt sich der Köder geradeaus. Es ist beeindruckend, wieviele Raubfische bereits auf den Spinner hereinfielen – schließlich täuscht er im Unterschied zu Blinkern oder Wobblern keinen Beutefisch vor. Das Geheimnis des Erfolgs liegt wohl im fortwährenden Aussenden von Lichtreflexen und Schwingungen, die der Fisch über die Seitenlinie wahrnimmt. Sogar viele Arten, die nie einen Wobbler oder Blinker nehmen, fallen auf den Spinner herein, darunter verschiedene Renkenarten.

Standard-Spinner

Ein normaler Spinner besitzt eine Achse aus einem einfachen Draht mit je einer Öse an den Enden. Eine nimmt den Haken, die andere die Schnur auf. Alle Spinner verfügen über einen Körper, ausgenommen die sehr leichten Flachwasser-Modelle. Vor dem Körper liegt eine Perle und darüber wiederum der Bügel, an dem die Hersteller das Spinnerblatt einhängen. Die Perle besteht aus Metall oder Kunststoff und verringert ähnlich einem Kugellager die Reibung zwischen Bügel und Körper. Eine andere Konstruktion findet sich bei den amerikanischen Martin-Spinnern, deren Blatt über eine Bohrung direkt auf der Achse läuft. Darüber hinaus rotieren auf einigen Modellen zwei Blätter.

Das Einsatzgebiet eines Spinners hängt im wesentlichen von Körperform und -gewicht sowie der Form des Blattes ab. So kann ein schwerer Körper tiefes Wasser erreichen und in starker Strömung für ausreichend Tiefgang sorgen. Ein leichter Körper, wie an den klassischen Mepps-Spinnern, kommt dagegen für flache sowie stehende oder langsam strömende Gewässer in Frage.

Die Konstruktion des Blattes bestimmt die Bewegung des Köders im Wasser. Ein kurzes, breites Blatt dreht sich langsam, wodurch der Spinner hochsteigt und sich damit gut für Flachwasser eignet. Außerdem rotiert das Blatt dabei eher senkrecht vor dem Körper. Eine größere Tiefe läßt sich bei diesen Ausführungen nicht erreichen, indem der Angler einfach ein größeres und schwereres Modell wählt, denn mit wachsender Größe sorgt das Spinnerblatt für mehr Auftrieb. Jetzt eignet sich nur ein Spinner, der einen im Verhältnis zum Blatt deutlich schwergewichtigeren Körper besitzt. Eine andere Möglichkeit ist ein dünneres, längeres Blatt. Es ermöglicht nicht nur ein tieferes Tauchen, vielmehr läßt sich der Köder auch schneller einholen.

Ein Spinner wirkt bestens auf die meisten Raubfische, jedoch läßt der Reiz in kaltem Wasser nach.

Standard-Spinner (von oben links): Lindy Big Fish, Musky Killer, Tee Spoon, Clearwater Flash, Killer Spinner, Bang Tail, Reflex, Mepps Aglia, Jig Flax, Tiger Tail, Panter, Droppen, Panther und Black Fury

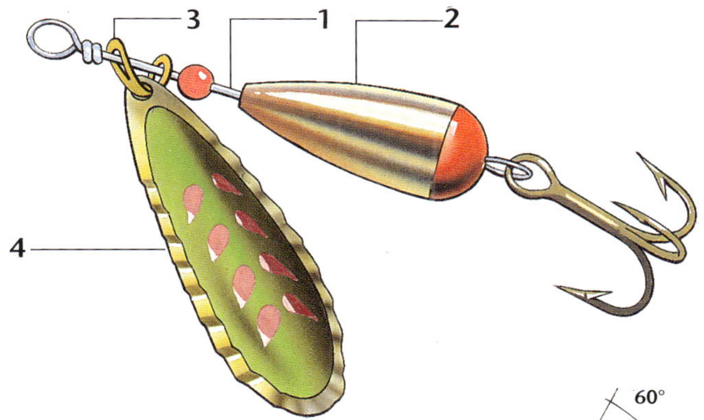

Oben: Ungeachtet der Form von Blatt und Körper bleibt die Grundkonstruktion des Spinners immer gleich: Das Blatt rotiert um eine Achse, wobei es für Raubfische verführerische Schwingungen aussendet. Ein Spinner besteht aus Achse (1), Körper (2), Drahtbügel (3) und Blatt (4).

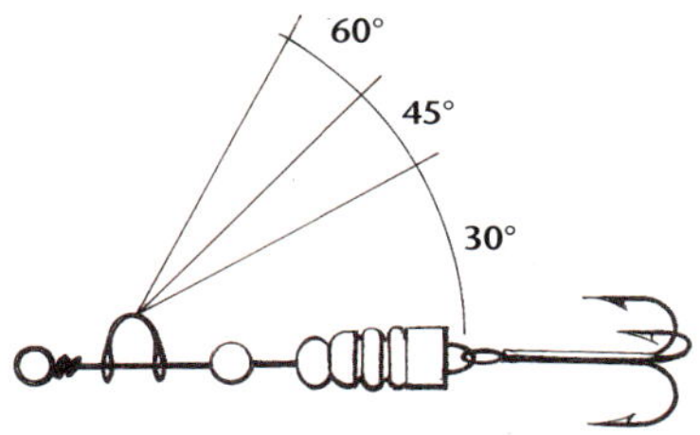

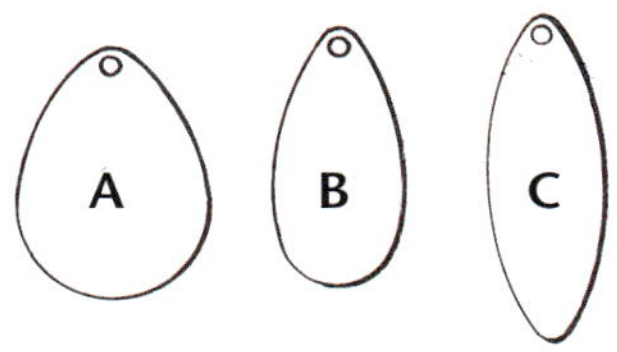

Rechts: Die Form des Blattes bestimmt, wie nahe es an der Achse läuft. So ergibt eine breitere Ausführung einen größeren Winkel. Beim runden Colorado-Modell (A) beträgt er etwa 60 Grad, das ovale Blatt (B) kommt auf rund 45 Grad und die Weidenblatt-Version (C) liegt auf circa 30 Grad.

Und damit das Blatt rotiert, muß der Köder mit einer bestimmten Mindestgeschwindigkeit laufen. Das bedeutet wiederum, daß er für Fische in kaltem Wasser zu hoch läuft.

Einige Spinner neigen zum Verdrallen der Schnur, da das Blatt den Körper mit herumzieht. Die Leine verliert an Tragkraft und bleibt beim Werfen möglicherweise mit einer Perücke am Leitring hängen. Bei einem harten Wurf kann es in diesem Augenblick sogar zum Schnurbruch kommen und der Spinner fehlt. Einige Hersteller biegen den Achsendraht im vorderen Bereich ein wenig, wodurch der Drall unterbleiben soll. Qualitäts-Spinner wie die klassischen Modelle Mepps, Rooster, Vibrax oder Martin verzwirbeln ebenfalls nicht die Schnur, viele billigere Imitationen jedoch schon.

Eine Variante der Spinner trägt einen lockenden Feder-Hechelkranz um den Schenkel des Drillings. Zu dieser Sorte zählen ebenfalls die großen »Bucktail«-Spinner, die an dieser Stelle ein dichtes Büschel aus Rehhaar (genaugenommen aus Haaren vom amerikanischen Weißwedelhirsch) tragen und für das Muskieangeln gedacht sind. Ein Tintenfischförmiges Teil aus Weichplastik erfüllt hier den gleichen Zweck. Das alles ergibt einen langen, wogenden und lockenden Spinner mit einer Gesamtlänge von etwa 20 Zentimeter. Normale Spinner sind für das Befischen flacher oder mittelmäßig tiefer Gewässer bis hinunter auf etwa drei Meter gedacht.

Fischen mit Standard-Spinnern

Der Großteil der Spinner ist sehr leicht, was die Wurfweite einschränkt und zum langsamen Absinken führt. Übertragen Sie zu Beginnen des Einholens mit der Rutenspitze einen Ruck auf den Spinner, dann rotiert das Blatt sicher. Häufig fühlen Sie die Bewegung durch den Gegenzug oder den Widerstand in der Spitze.

Ein normaler Spinner eignet sich bestens für das Angeln in flachem Wasser, wobei er rotierend auf der Stelle in der Strömung stehen kann. Allerdings drückt eine zu starke Strömung den leichten Spinner rasch zur Oberfläche. Diese Modelle wirken am besten beim Einholen ohne Stopps. Jedoch empfiehlt sich eine abwechslungsreiche Geschwindigkeit, wobei das Blatt stets rotieren muß.

Außerdem kommt der Spinner bestens für das Führen direkt über dem Grund stehender und fließender Gewässer in Frage. Sobald der Zug der Leine ausbleibt, hört das Drehen des Blattes augenblicklich auf. Es setzt wieder ein, wenn Sie die Rutenspitze anheben oder etwas schneller einholen. Der fühlbare Widerstand an der Spitze signalisiert dabei, daß das Blatt auch beim langsameren Führen in Grundnähe rotiert.

In fließenden Gewässern fischen Sie den Spinner am besten stromab. Trotzdem kann der Wurf gegen die Strömung ebenfalls gute Erfolge bringen, sofern der Spinner beim anschließenden Führen wie ein natürlicher Kleinfisch wirkt. Außerdem kann der Fisch den Köder selbst über größere Entfernungen entdecken, wenn er auf ihn zuschwimmt. Allerdings läßt sich der stromab geführte Köder schwerer kontrollieren. Grundsätzlich muß er schneller als die Strömung laufen und dabei mindestens so schnell, daß das Blatt rotiert.

Schwere Spinner mit kompaktem Körper sind die beste Wahl für tieferes Wasser, starke Strömung und das Fischen stromauf. Sie benötigen eine hohe Anfangsgeschwindigkeit und ein schnelles Einholtempo, damit das Blatt sich dreht. Eine langsame Fortbewegung paßt hingegen zu leichten Spinnern.

Vielfach ist zu hören, daß Spinner und große Gewässer oder windiges Wetter nicht zusammenpassen. Tatsächlich besitzt er gegenüber Blinkern und Wobblern einen beachtlichen Vorteil: Das Blatt beginnt sich sofort nach dem Auftreffen des Köders zu drehen. Damit vermeiden Sie einen Schnurbogen und können rasch die lose Leine einholen. Anders die Wobbler, die bei Seitenwind einen großen Schnurbogen verursachen und in der Oberfläche abdriften. Außerdem beginnen sie erst nach dem Spannen der Schnur zu arbeiten.

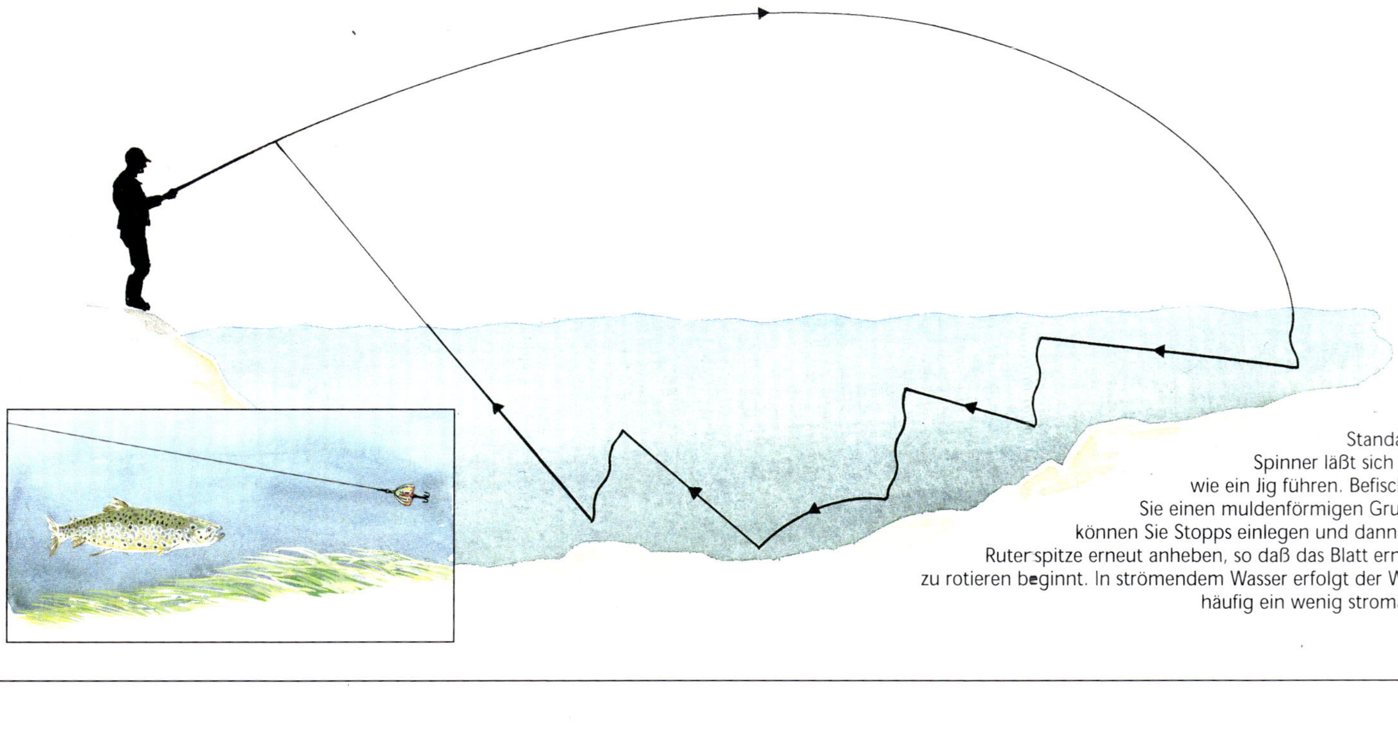

Ein Standard-Spinner läßt sich fast wie ein Jig führen. Befischen Sie einen muldenförmigen Grund, können Sie Stopps einlegen und dann die Rutenspitze erneut anheben, so daß das Blatt erneut zu rotieren beginnt. In strömendem Wasser erfolgt der Wurf häufig ein wenig stromauf.

Bleikopf-Spinner

Die Bleikopfspinner eignen sich bestens für das Befischen größerer Tiefen, etwa zwischen vier und acht Meter, sowie starke Strömung. Ihr Name stammt von dem schweren Kopf oder Körper, der vor dem Blatt sitzt. Er besteht meist aus Blei und besitzt die Form eines Kiels. Der Aufbau ermöglicht weite und genaue Würfe, wobei der Köder bei Gegenwind nicht seitlich von seiner Flugbahn abweicht.

Das Blei sitzt fest auf einem durchgehenden Draht, der zusammen mit der Form des Kopfs das Verdrallen der Schnur verhindert.

Fischen mit Bleikopf-Spinnern

Optimal eignen sich Bleikopf-Spinner für das stufenförmige Führen in tiefem Wasser oder über tiefliegenden Kanten. Sie stellen außerdem den einzigen Spinner-Typ dar, der langsam einen Unterwasser-Hang »hochkriecht« und dabei noch arbeitet. Damit ist er ein hervorragender Köder auf Hecht, Zander und Barsch. Der Bleikopf-Spinner sinkt rasch und funktioniert dabei genauso wie beim Einholen. Seine kompakte Form ermöglicht außerdem optimal das Fischen stromauf oder querab in strömenden Gewässern.

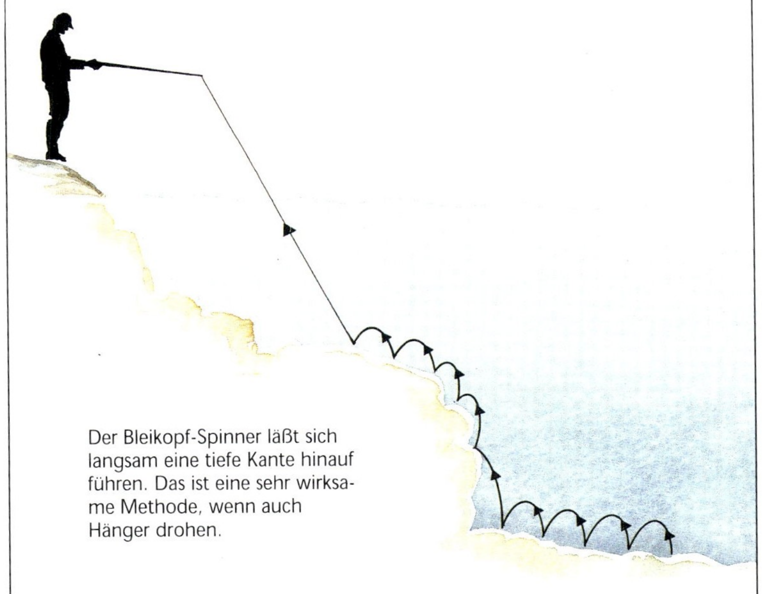

Der Bleikopf-Spinner läßt sich langsam eine tiefe Kante hinauf führen. Das ist eine sehr wirksame Methode, wenn auch Hänger drohen.

Der Bleikopf-Spinner besitzt seinem Namen entsprechend einen Kopf aus Blei, der auf einem Draht vor dem eigentlichen Köder sitzt. Hinter dem Blatt liegen häufig kleine Kunststoff-Perlen, gefolgt von einem Einzelhaken oder Drilling.

Im Unterschied zu anderen Spinnern dreht sich der Löffel selbst beim Absinken des Köders. Viele Raubfische können diesem Manöver nicht widerstehen.

Sämtliche Bleiköpfe liegen auf einem Draht, der durch sie hindurch führt. Einige Angler sind dabei der Meinung, daß er unter anderem beim Hechtfischen das Stahlvorfach ersetzt. Aber das stimmt nicht.

Das Blatt eines Bleikopf-Spinners ist klein, schlank und ist aus dünnem Blech herausgestanzt, wodurch der Köder in tieferem Wasser besser läuft. Einige amerikanische Versionen besitzen einen Einzelhaken. Schließlich ist dort das Angeln auf den amerikanischen Zander (Walleye) mit zusätzlichen Twister-Schwänzen oder Naturködern, wie Würmer, sehr beliebt.

Spinnerbaits

Die Spinnerbaits (»Spinnerköder«) entstanden speziell für das Angeln auf Schwarzbarsche. Jedoch fangen sie in flacheren Gewässern mit Pflanzen, Wurzeln und anderen Hindernissen genauso Barsch, Hecht oder Muskie. Der Spinnerbait ist um einen einfachen, V-förmig gebogenen Draht herum konstruiert. Ein Arm hält das Spinnerblatt oder gleich ein Paar davon, wobei sie nicht unbedingt rotieren. Jedenfalls reflektieren sie stark das Licht. Am anderen Arm ist ein Jig zusammen mit einem zusätzlichen Lockmittel aus Kunststoff oder Haaren befestigt. Als Haken dient entweder ein Einzelhaken, zwei davon oder ein Drilling.

Normalerweise verfangen sich in flachen Gewässern rasch Pflanzen am Köder, was der Spinnerbait durch den nach oben gerichteten Haken jedoch verhindert. Gleichzeitig besitzt der Spinnerbait gute Hak-Eigenschaften.

Spinnerbaits gibt es in Gewichten von einem bis 60 Gramm, wobei die kleinsten für Barsch, Crappie und kleinere Schwarzbarsche gedacht sind. Die größeren fangen Hecht und Muskie.

Spinnerbaits besitzen einen oder mehrere Spinnerblätter. Von oben links: Mini Whacker, Bush Whacker, Limbernick, Fuzz-e-Grub und Lindy Big Fish Bait.

Fischen mit Spinnerbaits

Spinnerbaits eignen sich gut für das rasche Abfischen großer Wasserflächen und verführen sonst eher ausweichende Räuber zum Angriff. Steht der Standplatz eines Fischs fest, kann der Angler andere, vielleicht weniger farbenfrohe Köder einsetzen. Sie locken den Räuber eventuell wirksamer und haken ihn sicherer. Spinnerbaits befinden sich jedoch direkt über dem Grund, über Pflanzen, zwischen umgestürzten Bäumen und so fort in ihrem Element. Eine lebendige Führung mit gelegentlichen Stopps wird den Beißreflex des Räubers auslösen, möglicherweise direkt während eines Spinnstopps.

Einige Spinnerbaits tragen keine Lockelemente am Jighaken und sind für das Auffädeln von Naturködern gedacht – dabei kommen Würmer, Fischfetzen oder Rinder-Rohhaut in Frage. Obwohl Spinnerbaits ursprünglich für das Angeln auf Schwarzbarsche in großen Stauseen entwickelt wurden, stellen sie einen guten, unüblichen Köder für kleine Hechte, Muskies sowie Crappies dar. Jedenfalls empfiehlt sich das Fischen ohne Vorfach, da sich der Köder sonst gerne in der Hauptschnur verhängt.

Buzzbaits

Als Buzzbait (»Summköder«) wird ein Spinner mit einem Propeller bezeichnet, der auf einem Drahtarm läuft und damit an einen Spinnerbait erinnert. Haken und Körper entsprechen einem Jig. Allerdings existieren ebenfalls Modelle für Naturköder sowie Krautmodelle mit einem Schutzbügel aus Draht für das Fischen in verwachsenen Gewässern. Bestimmte Buzzbaits besitzen zwei oder drei Propeller.

Grundsätzlich ist ein Buzzbait für das Fischen im Oberflächenwasser gedacht. Während der Propeller rotiert, gibt er ein gurgelndes Geräusch von sich. Das kann vor allem in trübem Wasser einen Vorteil bedeuten, da das Geräusch die Räuber anlockt.

Typische Buzzbaits tragen propellerähnliche Löffel, auch »Buzzblades« (»Summblätter«) genannt. Einige Modelle erinnern an die Spinnerbaits mit V-förmigem Draht, wie der rechts abgebildete »Buzzer´d«. Bei anderen Modellen dreht sich das Blatt wie bei einem normalen Spinner um eine gerade Achse. Der Lockköder am Haken besteht häufig aus dünnen Plastik- oder Gummistreifen sowie aus Bucktail (Haare vom Weiß- oder Schwarzwedelhirsch).

Fischen mit Buzzbaits

Ursprünglich entstanden die Buzzbaits für das Schwarzbarsch-Angeln in flachen Gewässern. Aber wie viele andere Köder für diese Kammschupper, gelangten auch die Buzzbaits zum Fischen auf andere Arten. Durchschnittlich wiegen die Buzzbaits weniger als Spinnerbaits, etwa sieben bis 30 Gramm.

Am besten fangen die Propellerköder ihre Schwarzbarsche und Hechte bei warmem Wasser mit etwa 12 bis 13 Grad Celsius. Das Einholen erfolgt schnell und sofort nach dem Auftreffen auf das Wasser. Jetzt arbeitet der Propeller gleichmäßig in der Oberfläche.

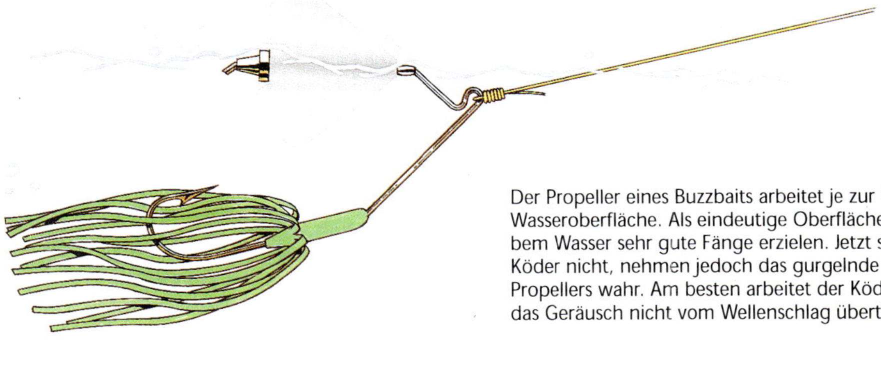

Der Propeller eines Buzzbaits arbeitet je zur Hälfte über und unter der Wasseroberfläche. Als eindeutige Oberflächenköder können sie in trübem Wasser sehr gute Fänge erzielen. Jetzt sehen die Fische zwar den Köder nicht, nehmen jedoch das gurgelnde Geräusch des rotierenden Propellers wahr. Am besten arbeitet der Köder in ruhigem Wasser, wo das Geräusch nicht vom Wellenschlag übertönt wird.

Wobbler

Während Blinker oder Spinner nur aus bestimmten Winkeln betrachtet einem Futterfisch ähneln, gelingt das den Wobblern viel besser. Sie bestehen heute meist aus Kunststoff, früher diente hauptsächlich Balsa als Rohstoff. Nach wie vor gibt es einige Modelle aus diesem Holz und viele Fischer sind der Ansicht, daß sie lebendiger laufen.

Tatsächlich zeigt ein Balsa-Wobbler im direkten Vergleich mit einer identisch geformten Kunststoff-Ausführung ein wesentlich vitaleres Auftreten. Leider ist das Holz weniger haltbar und leidet stark unter den Zähnen der Raubfische. Generell stellen Wobbler fantastische Köder für Hecht, Muskie, Forelle, Lachs und Barsch sowie eine lange Liste von Salzwasser-Arten dar.

Es existieren zahllose schwimmende, sinkende, tief sinkende, schwebende oder für das Schleppfischen gedachte Modelle. Einige fischen sogar direkt an der Oberfläche.

Schwimmende Wobbler

Die meisten Wobbler schwimmen, da sie Luftkammern oder Luftblasen enthalten und der Großteil der Holzwobbler schwimmt schon materialbedingt. An ihrer Vorderseite tragen die Köder eine Tauchschaufel aus Metall oder Kunststoff, wodurch die Köder beim Einholen tauchen. Hauptsächlich besitzen Wobbler feste Schaufeln, einige Varianten kommen allerdings mit einer einstellbaren Ausführung und eignen sich damit zum Befischen unterschiedlicher Tiefen. Zweiteilige Wobbler bewegen sich übrigens gegenüber den einteiligen noch stärker schlängelnd.

Wobbler gibt es in verschiedensten Größen. Ihre Länge und Form hängt vom befischten Gewässer und der angepeilten Fischart ab. In seiner natürlichen Größe ist der abgebildete kleine Wobbler nur drei Zentimeter lang, das Magnum-Modell bringt es auf 22 Zentimeter.

Schwimmende Wobbler (von links oben): Down Deep Rattlin´ Rap, Ukko Tipsy, Invincible,Tobimaru, Windsheater, Bomber Long A, Spoonbill Minnow, Perch, Crystal Minnow, Hot Shot, Ripplin´ Red Fin, Hi-Lo Shad, Wee-R und Shad Rap.

Tief tauchende Wobbler besitzen eine lange, stabile und fast waagerecht angebrachte Tauchschaufel. Mit dünner Schnur und hoher Einholgeschwindigkeit kann der Köder Tiefen von acht bis zehn Meter erreichen.

Austarierte Wobbler: Husky Jerk und Suspending Rattlin' Rouge.

Austarierte Wobbler

Diese Wobbler verfügen über die gleiche Dichte wie Wasser, wodurch sie weder sinken noch schwimmen. Vielmehr »schweben« sie frei in fast jeder gewünschten Tiefe. Sie wird selbst bei längeren Spinn-Stopps und bei sehr langsamem Einholen gehalten. Diese Köder können sehr wirksam sein, geht es auf wählerische und mit anderen Angeboten schwer zu fangende Fische.

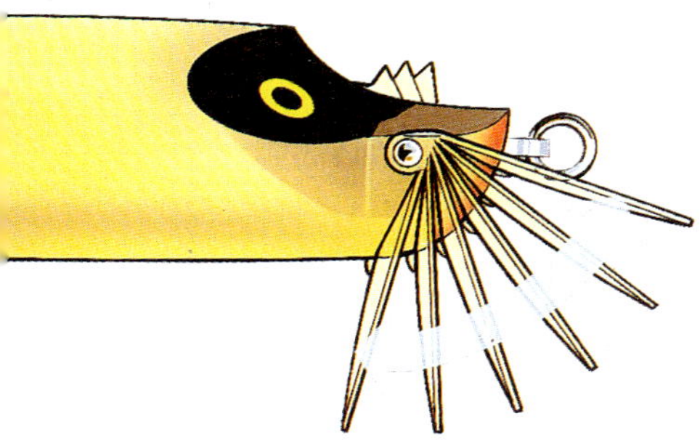

An einigen Wobblern (wie diesem ABU Hi-Lo) läßt sich die Tauchschaufel auf verschiedene Positionen einstellen. Dadurch kann der Angler den Köder rasch auf die gewünschte Wassertiefe justieren und mit einem Köder unterschiedliche Tiefen abfischen.

Länge und Position der Schaufel bestimmen das Tauchverhalten des Wobblers. Horizontal gestellt, taucht der Köder steil nach unten, während ein steiler gestelltes »Ruder« für einen flacheren Lauf sorgt.

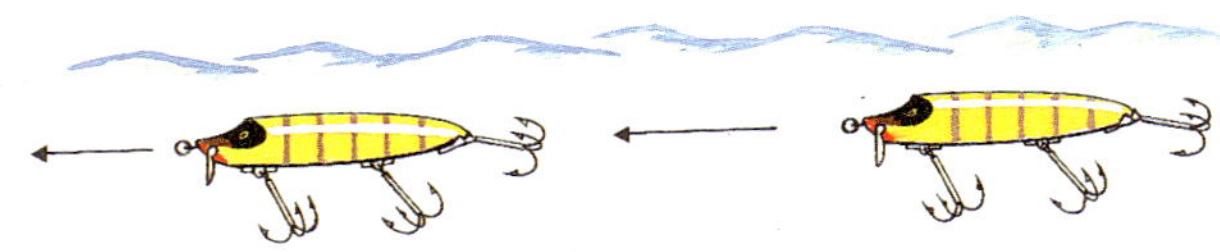

Mit senkrechter Schaufel schwimmt der Köder schließlich nahe der Oberfläche, wodurch Sie flacheres Wasser und über Pflanzen fischen können. Fehlt die Schaufel, vermindern sich in aller Regel die Bewegungen des Wobblers.

In Verbindung mit der Einhol-Geschwindigkeit bestimmt die Tauchschaufel, wie tief der Wobbler fischt. Mit einer kleinen Schaufel wobbelt der Köder ziemlich wenig, mit einer größeren entsprechend stärker. Liegt das »Ruder« waagerecht, taucht der Köder steil und tief nach unten. Mit einer weiter abgewinkelten Position läuft er flacher. Steht die Schaufel schließlich fast senkrecht, bewegt sich der Wobbler langsam und fast in der Oberfläche. Zudem gibt es Ausführungen mit einstellbarer Tauchhilfe, wodurch der Angler seinen Köder genau auf die gewünschte Tiefe justieren kann.

Darüber hinaus existieren weitere Möglichkeiten, die Bewegungen des Köders zu beeinflussen. So besitzen einige Wobbler zwei Öhre zum Anknüpfen der Schnur. An der oberen angebunden, taucht der Köder tiefer, an der unteren flacher. Weiter läßt er sich etwas oberhalb auf der Leine mit Blei beschweren, was die Tauchtiefe erhöht.

Als Knoten eignet sich der Duncan- oder Rapala-Knoten für kleine, fein ausbalancierte Köder, wobei ein hoch am Öhr angebundener Knoten die Tauchtiefe ein wenig erhöht. Weiter nach unten geschoben, verringert sich die Arbeitstiefe.

Viele Wobbler besitzen zwei oder drei Drillinge. Entfernen Sie ein oder zwei Eisen – oder ersetzen die Originalhaken durch dünnere Ausführungen – wird der Köder leichter und erhält damit eine lebendigere Aktion.

Der Swim Whizz (links) besitzt zwei Knoten-Öhre, die das einfache und schnelle Umstellen auf eine andere Tauchtiefe ermöglichen. Je nach dem Befestigen der Schnur am oberen oder unteren Öhr, läuft der Wobbler tiefer oder flacher.

Fischen mit schwimmenden Wobblern

Je schneller der Angler einen Wobbler einholt, desto tiefer taucht er. Allerdings muß die Rutenspitze dabei tief über der Wasseroberfläche liegen. Während dem letzten Abschnitt vor der Rute steigt der Köder weiter nach oben, was der niedrigen Lage der Spitze noch mehr Bedeutung verleiht.

Die meisten Schwimmwobbler sind für Tiefen von einem bis sechs Meter ausgelegt. Da sie schwimmen, tauchen sie bei Spinn-Stops nach oben und beim erneuten Einholen wieder tiefer. Damit erreichen sie eine sehr lebendige Führung. Der Nachteil der schwimmenden Wobbler zeigt sich bei kaltem Wasser, denn sie benötigen eine bestimmte Geschwindigkeit, damit sie direkt über dem Grund laufen. Und damit ist der Köder für die im kälteren Wasser meist trägeren Fische zu schnell – ein sinkender Wobbler oder eine schwimmende, bleibeschwerte Ausführung fangen jetzt besser. Im fließenden Wasser besitzt ein Schwimmwobbler zwei Vorteile. Zunächst kann er frei stromab bis zu einem vermuteten Standplatz treiben und erst dann in Bewegung versetzt werden. Weiter können Sie das Einholen einstellen, wodurch der Köder ungefährdet über mögliche Unterwasser-Hindernisse wie Pflanzen und Felsen treiben kann.

Ein beschwerter Schwimmwobbler läßt sich dicht über dem Grund führen – selbst in starker Strömung und in ziemlich großer Tiefe. Allerdings kann eine zu kurze Länge des Schnurabschnitts zwischen Dreiwege-Wirbel und Wobbler die lebendige Aktion des Köders beeinträchtigen.

Schwimmende, tieftauchende Wobbler lassen sich an ihrem meist kompakten Körper sowie der langen Tauchschaufel erkennen, die ihnen das Erreichen von Tiefen zwischen drei bis acht Meter ermöglicht. Andererseits benötigt ein Wobbler eine bestimmte Einhol-Geschwindigkeit zum Abtauchen auf die maximal mögliche Tiefe. Sowohl zu langsame als auch zu schnelle Führung lassen Köder wenig wirksam arbeiten.

Tieftauch-Wobbler eignen sich ziemlich gut für Tiefen von drei bis sechs Meter und fangen am besten während dem Absuchen von Hängen zwischen drei und sieben Meter. Denn hier trifft er immer wieder auf den Grund und erzeugt dabei ein Geräusch, das Barsch und Zander anlockt. Die großen Ausführungen dieser Wobbler sind für das Schleppen auf Hecht, Muskie und verschiedene Salzwasser-Arten gedacht.

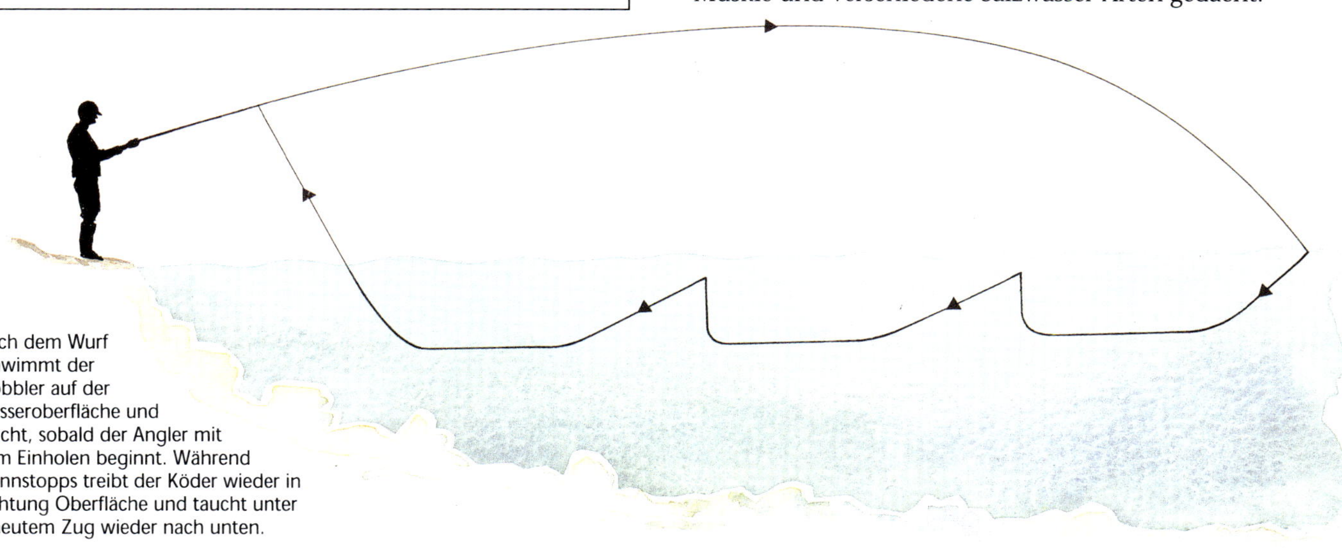

Nach dem Wurf schwimmt der Wobbler auf der Wasseroberfläche und taucht, sobald der Angler mit dem Einholen beginnt. Während Spinnstopps treibt der Köder wieder in Richtung Oberfläche und taucht unter erneutem Zug wieder nach unten.

Sinkende Wobbler

Solange ein schwimmender Wobbler ohne Beschwerung gefischt wird, kommt er nicht für die Countdown-Methode oder größere Tiefen in Frage. Ein sinkendes Modell beherrscht diese Disziplinen schon besser. Entsprechende Wobbler bestehen normalerweise aus Kunststoff und besitzen keine Luftkammern. Entweder weist das Material eine höhere Dichte als Wasser auf oder trägt eine Beschwerung. Darüber hinaus existieren sinkende Varianten aus Holz.

Normalerweise zeigt die Verpackung, ob der Köder schwimmt (F = floating) oder sinkt (S = sinking), jedoch können Sie den Unterschied häufig schon alleine am Gewicht des Wobbler beim Abwägen in der Hand feststellen. Wie bei den meisten Schwimmwobblern hängt die Tauchtiefe eines sinkenden Modells neben der Lage des Knotens ebenfalls mit von Größe und Position der Tauchschaufel ab. Genauso läßt sich das Verhalten des Köders durch das Austauschen der Schaufel und mit leichteren Haken beeinflussen. Einige tief tauchende Modelle erreichen bis zu sieben Meter Tiefe.

Fischen mit sinkenden Wobblern

Verschiedene Sinkwobbler können ohne Zug an der Schnur unterschiedlich schnell tauchen. Kleine Größen sind dabei für Tiefen von zwei bis drei Meter gedacht, größere Modelle erreichen durchaus acht bis zehn Meter, wobei es häufig eine halbe Minute dauert, bis sie auf den Boden treffen. Somit eignen sich sinkende Wobbler gut für die Countdown-Methode.

Setzt der Zug an der Schnur ein, hebt sich der Köder langsam vom Grund. Übrigens sind gelegentliche Spinn-Stopps nötig, damit der Wobbler in Grundnähe bleibt. Und genau dort lauern die meisten Raubfische. Geben Sie immer wieder etwas Schnur frei, indem Sie an einer Stationärrolle den Schnurfangbügel öffnen oder an einer Multi den Freilauf drücken.

Sinkwobbler fangen gegenüber den schwimmenden Ausführungen besser in kaltem Wasser, da sie sich sehr langsam einholen lassen und trotzdem in der nötigen Tiefe bleiben.

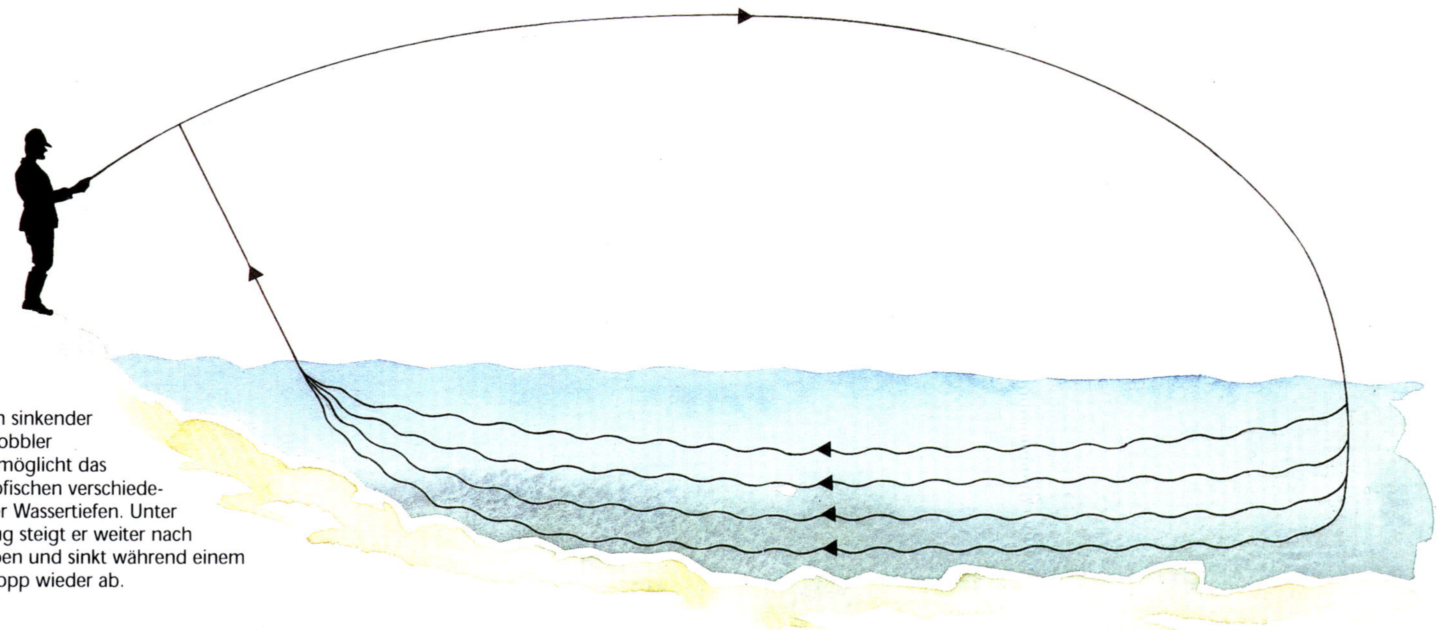

Ein sinkender Wobbler ermöglicht das Abfischen verschiedener Wassertiefen. Unter Zug steigt er weiter nach oben und sinkt während einem Stopp wieder ab.

Sinkende Wobbler von oben links: Rapala Countdown, Jawbreaker, Canadian Wiggler, Cisco Kid, Hi-Lo. Hi-Lo Jointed, Rattlin´ Rapala, Sliver, Shad Rap, Zalt, Hi-Lo Minnow Jointed.

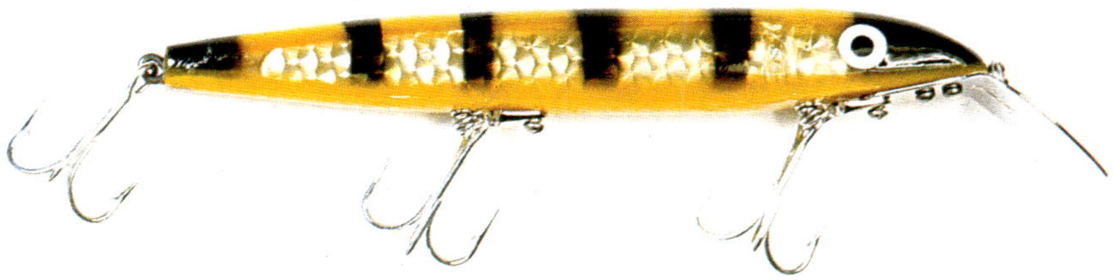

Oberflächen-Wobbler

Der Großteil der Oberflächen-Wobbler entstand ursprünglich für das Angeln auf Schwarzbarsche in flachen oder verkrauteten Gewässern. Dieser Ködertyp ist in Europa kaum verbreitet und kommt höchstens zum Hechtfischen in den Sommermonaten zum Einsatz. Denn die gestreiften Räuber jagen bei Wassertemperaturen über 14 bis 16 Grad im Oberflächen-Bereich. Speziell für das Hecht- und Muskie-Angeln kamen die als »Jerkbaits« bezeichneten Oberflächenwobbler auf den Markt.

An Zigarren erinnernde Oberflächen-Modelle heißen »Stickbaits« und werden langsam geführt. Dabei schwimmt er im Zickzack durchs Wasser und erinnert an einen verletzten Fisch. Andere Oberflächenwobbler besitzen ein oder zwei Propeller. Diese »Propbaits« holt der Angler mit gleichmäßiger Geschwindigkeit ein, wobei die Propeller im Wasser gewissermaßen Schaum schlagen. Eine weitere Art heißt »Crawler« (Krabbler) und trägt Flügel aus Metall. Er wird wiederum gleichmäßig geführt und erzeugt ein besonderes Geräusch – ähnlich wie junge Vögel, die an der Oberfläche flattern.

Der »Chugger« läßt sich am besten als überdimensionale »Popper« bezeichnen und wird beim Fliegenfischen auf Schwarzbarsch und Hecht eingesetzt. Außerdem finden sie sich beim Striper-Fischen an der Küste. Stets wird ein Chugger mit Rucken eingeholt.

Links: Kleinere Oberflächen-Wobbler wurden in erster Linie für Schwarzbarsche konstruiert. In flachen und verkrauteten Gewässern bringen sie häufig schöne Fänge und stellen oft gleichzeitig die einzige Möglichkeit dar, einen Fisch an den Haken zu bekommen.

Oberflächen-Wobbler von oben und von links nach rechts: Zara Spook (Stickbait), Mystic Pop R, Pop R, P.J. Pop (Chugger), Crazy Crawler (Crawler), Big Game Wood Frog (schwimmt beim langsamen Führen an die Oberfläche), Nip-N-Diddee, Dalton Special, Tiny Torpedo und Big Game Woodchopper (Propbaits).

Fischen mit Oberflächen-Wobblern

Oberflächen-Wobbler fangen Schwarzbarsche, einige eignen sich außerdem sehr gut auf kleine Hechte, Pickerels und Muskies. Die Köder werden in der Oberfläche geführt oder ruckweise eingeholt. Am besten fischen sie in kleineren und verwachsenen Gewässern mit kleinen Lücken zwischen den Pflanzen. Diese Wobbler sollen Frösche, Wasserratten, junge Vögel sowie kranke oder verletzte Fische vortäuschen. Alle Ausführungen werden an leichtem Gerät gefischt.

Der Crawler lockt den Schwarzbarsch an

Küstenwobbler

Dieser skandinavische Wobblertyp besitzt eine schlanke Form, besteht aus Kunststoff oder Holz und enthält eine Bleibeschwerung. Beim Küstenfischen auf Meerforellen imitieren sie Sandaale und kleine Heringe. Durch sein hohes Gewicht läßt sich ein Küstenwobbler sehr weit werfen, erlaubt trotzdem eine verhältnismäßig langsame Führung und bringt generell die charakteristischen Schwimmbewegungen der oben genannten Futterfische mit. Zunächst betrachteten viele Angler diese Wobbler hauptsächlich als tauglich für kaltes Wasser. Inzwischen bewiesen sie jedoch, daß sie über das ganze Jahr und in allen Wassertemperaturen gut fangen. Einige Modelle laufen sehr flach und durchbrechen hier und da die Oberfläche. Damit kommen sie besonders für das Nachtfischen in Frage, wenn die Meerforellen im Salzwasser besonder aktiv hoch im Wasser jagen. Übrigens wurden »Küsten«wobbler bereits erfolgreich auf Meerforelle und Lachs in den Flüssen getestet – eigentlich wenig überraschend, da die Form der Wobbler, abgesehen von den Flügeln, weitgehend der von Devon-Spinnern aus Holz oder Kunststoff entsprechen.

Küstenwobbler (von oben links): Sandgraevlingen, Slim, Tobis, Fynbo, Kutlingen, Minnow Spoon und Gladsax.

Küstenwobbler erfreuen sich in Skandinavien großer Beliebtheit, hauptsächlich beim Fischen auf Meerforellen. Diese Weitwurf-Wobbler sinken nur langsam und arbeiten selbst beim langsamen Führen sehr lebendig. Dabei sind wiederholte Spinn-Stopps vor allem beim Fischen in seichten Küstengewässern sowie unter niedrigen Wassertemperaturen von Bedeutung. Wie die ähnlich geformten Devon-Spinner erwiesen sich die Küstenwobbler auch beim Lachs- und Meerforellen-Angeln in Flüssen als durchaus fängig.

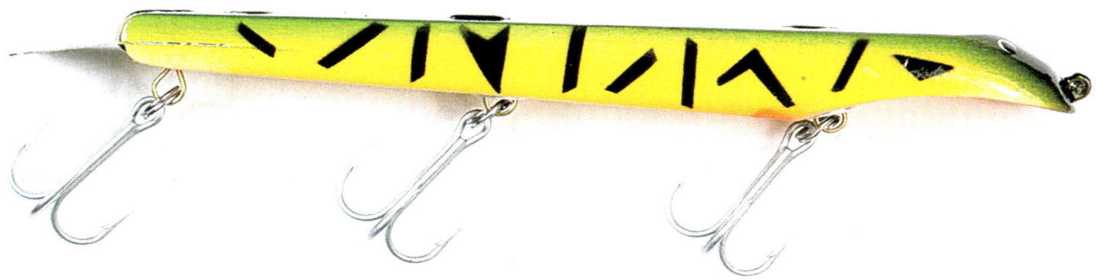

Jerkbaits täuschen große, verletzte Futterfische vor. Diese Ködergruppe wird hier von einem Suick Thriller vertreten. Er besteht aus Holz und mißt im Original 23 Zentimeter. Das Heck des Köders trägt eine Schaufel, die das Tauchen erleichtert.

Jerkbaits

Ein Jerkbait ist ein großer Wobbler für Hecht und Muskie. Er besteht aus Holz und ist häufig zwischen 15 und 25 Zentimeter lang. Einige davon schwimmen und tauchen bis zu ein oder zwei Meter tief. Andere sinken, kommen jedoch auch nur auf etwa zwei Meter. Darüber hinaus gibt es einige reine Oberflächen-Köder im Magnum-Format, die keine Tauchschaufel besitzen. Jerkbaits sind die einzigen Wobbler, die nicht mehr oder weniger gleichmäßig geführt, sondern in Rucken durchs Wasser bewegt werden.

Jerkbaits ziehen Raubfische ungewöhnlich stark an und bleiben sicherlich ein fester Bestandteil der Hecht- und Muskieangler in Nordamerika. Weniger bekannt sind sie in Europa, was sich jedoch noch ändern könnte. Schließlich sind die Köder durchaus in der Lage, sogar große Hechte aus fünf bis acht Meter Tiefe an die Oberfläche zu locken.

Jerkbaits werden an ziemlich starken und sehr harten Ruten in Verbindung mit Multirollen sowie geflochtenen Schnüren auf Dacron- oder Kevlar-Basis gefischt. Hauptsächlich kommen Jerkbaits für das Bootsfischen in Frage, jedoch fangen sie auch vom Ufer aus ihre Fische.

Fischen mit Jerkbaits

Nach dem Wurf zum vermutlichen Standplatz des Hechts erfolgt das Einholen mit tief über das Wasser gehaltener Rutenspitze, die den Köder förmlich durch die Oberfläche »schlägt«. Unter dem Ruck reißt der Jerkbait Luftblasen unter Wasser und taucht einen Augenblick später wieder auf. Das gesamte Einholen erfolgt auf diese Weise. Eine andere Führungstechnik besteht darin, während dem Aufnehmen von Schnur die Rutenspitze abwechselnd nach links und recht zu reißen.

Diese Methode benötigt eine extrem harte, nur 190 bis 245 Zentimeter lange Rute, zumal der Haken beim Biß nicht unbedingt leicht faßt. Denn häufig greift der Fisch von der Seite an, wobei er den Köder vor dem Haken mehrmals verfehlt. Entsprechend den Schwierigkeiten beim Setzen des Eisens, tragen die Rollen häufig Schnüre von 13,5 bis 22,5 Kilo (30 bis 50 lbs) Tragkraft. Sitzt der Haken endlich, muß der Angler den Fisch vorsichtig ermüden. Denn angesichts der steifen Rute, der dehnungsarmen Schnur und dem starkdrähtigen Haken besteht immer die Gefahr, daß der Hecht sich losschüttelt.

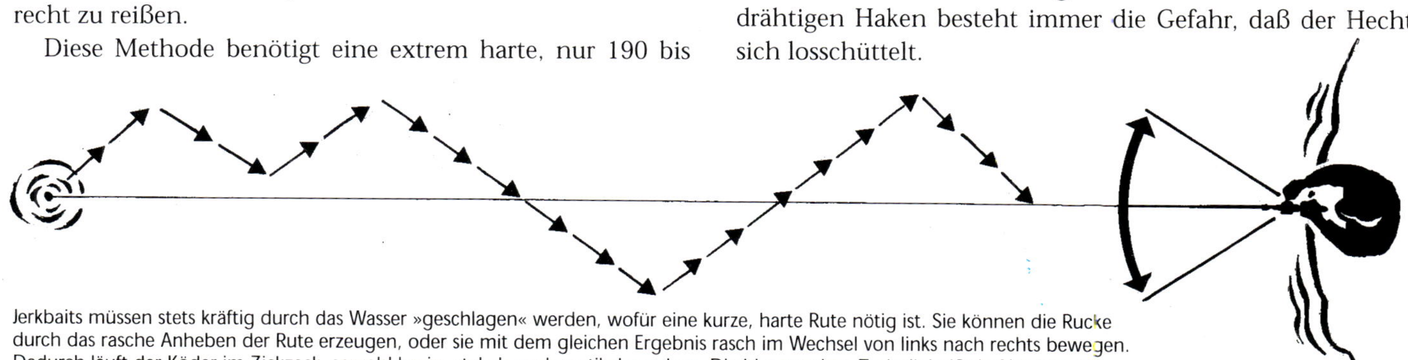

Jerkbaits müssen stets kräftig durch das Wasser »geschlagen« werden, wofür eine kurze, harte Rute nötig ist. Sie können die Rucke durch das rasche Anheben der Rute erzeugen, oder sie mit dem gleichen Ergebnis rasch im Wechsel von links nach rechts bewegen. Dadurch läuft der Köder im Zickzack, sowohl horizontal als auch vertikal gesehen. Die hier gezeigte Technik heißt in Nordamerika »Walking the Dog« (etwa »Den Hund ausführen«).

Weichplastikköder (Jigs)

Jigs gehören in Nordamerika zu den klassischen Schwarzbarsch-Ködern. Obwohl einige der Köder bereits in den 60er Jahren auf den europäischen Markt kamen, gelang ihnen der Durchbruch für Hecht und Zander erst in den 70ern – viele Angler werden sich noch an »Mister Twister« erinnern, den einschwänzigen Standard-Jig. Und ziemlich rasch zählten die Weichplastik-Teile zu den Standards in den Köderdosen der alten Welt, zumal einige Fischer sie unter anderem auch für das Forellenangeln in Flüssen und Seen sowie das Befischen flacherer Meeeresbereiche entdeckten. Die lange Zeit bis zum Erfolg ist eigentlich merkwürdig. Schließlich gibt es kaum einen billigeren und fängigeren Köder als einen aus Weichplastik. Und schon seit langen Jahren gehören sie neben Haken, Schnüren und weiterem Zubehör zur Überlebens-Ausrüstung verschiedener Flotten.

Normale Köder, wie Blinker oder Wobbler, besitzen gewissermaßen eingebaute Bewegungsmuster, wovon ein Jig abweicht. Auf den ersten Blick traut ihm der unbedarfte Fischer wenig zu. Schließlich ist sein Bild von einer scheinbar plumpen Bleikugel mit eingegossenem Einzelhaken geprägt, die jemand mit einem Büschel Federn oder buntem Kunststoff verzierte. In ähnlicher Form existieren in Amerika verschiedene Varianten, wobei einige Formen ihre Ursprünge in den 1920er- und 1930er-Jahren haben. Die stromlinienförmigen Kopfformen eignen sich für Fließgewässer, da der Köder rasch den Boden erreicht. Die kugelförmigen Ausführungen fischen gut in Seen, während die »Bananen«- und »Pilz«-Typen sich gut für das leichte Jig-Fischen vom Boot aus und für tiefes Wasser eignen.

Einige Köpfe tragen zudem eine Schaufel. Damit ähneln sie irgendwie einem Wobbler, jedoch fehlt den Jigs die Fähigkeit unter Zug abzutauchen. Andere Modelle kommen mit einem Propeller oder kleinen Rotorblättern. Das Hakenöhr, an das die Schnur geknotet wird, kann direkt nach vorn zeigen und hält so Pflanzen vom Haken ab. Allerdings steht bei den meisten Jigs das Öhr etwa im rechten Winkel vom Hakenschenkel ab. Übrigens besitzen die meisten Jig-Haken die Aberdeen-Form und eine brünierte, vergoldete oder vernickelte Oberfläche.

Die Gewichte der Bleiköpfe reichen von einem viertel oder einem halben Gramm bis hinauf zu 50 Gramm und mehr. Die größten dienen zum Meeresangeln. Haare, Federn oder Weichplastik bilden den Körper. Die kleinsten Jigs verfügen entsprechend über die leichtesten Körper, die üblicherweise aus Haaren oder Federn bestehen. Dabei erweisen sich die Haarjigs als besonders lebendig. Die hohlen Bucktail-Haare bilden außerdem ein sehr luftiges Erscheinungsbild. Andererseits zeigen Federn, besonders die vom Marabu oder einem entsprechenden Ersatz, bereits bei der leisesten Bewegung ein lockendes

Ursprünglich waren Jigs typische Schwarzbarsch-Köder. Mittlerweile entdeckten viele Angler sie jedoch für verschiedenste Süß- und Salzwasser-Arten. Der weiche Schwanz des Köders spielt selbst beim sehr langsamen Führen noch lebendig im Wasser. Ungeachtet seines einfachen Aufbaus arbeitet ein Jig unter den meisten Umständen hervorragend.

Pulsieren. Früher banden die Angler auch gerne Hennenfedern seitlich an den Kopf, die sich beim Führen öffneten und schlossen.

Heute bestehen die meisten Körper aus Weichplastik. Die ersten Jigkörper aus Gummi erschienen schon in den 1860er Jahren, wobei heute die unterschiedlichsten Farben und Formen zur Verfügung stehen, unter anderem Fische, Würmer und Larven.
Die meisten Angler knüpfen Jigs mit festen Knoten an. Jedoch ergibt ein Duncan- oder Rapalaknoten mit seiner lockeren Schlaufe mehr Beweglichkeit. Außerdem läßt sich der Köder in einen Karabiner einhängen, der jedoch in aller Regel die feinen Bewegungen eines kleinen Jigs verhindert.

Jigs mit Weichplastik-Körper sind billige Köder, da Sie im Fachhandel separate Ersatzkörper kaufen können – ein wichtiger Gesichtspunkt, da zahnbewehrte Räuber den Kunststoff ruck, zuck zerlegen. Erhalten Sie Fehlbisse oder haken die Fische nur weit außen am Maul, dann ist der Körper möglicherweise zu lang. Dann sollten Messer oder Schere Haare oder Plastik kürzen. Am besten bewahren Sie Weichplastikköder in einer speziell dafür geeigneten und entsprechend beschrifteten (engl. »Wormproof«) Schachtel auf, die gegen die Weichmacher im Kunststoff resistent sind. Dabei sollten die Körper farblich sortiert in separaten Fächern liegen, damit sie nicht untereinander abfärben. Das Lagern in einer Plastiktüte verhindert übrigens zuverlässig das Austrocknen.

Barsche gehören zu den vielen Fischarten, die sich gerne von Jigs verführen lassen.

Jigköpfe gibt es in einer ganzen Reihe von Farben, Formen, Größen und Gewichten. Die gebräuchlichsten Köpfe sind rund, oval, konisch, röhren-, bananen- oder kielförmig. Die Form des Hakens hängt von dem befischten Gebiet und von dem dafür gedachten Jigkörper ab.

Fischen mit Jigs

Alle bislang besprochenen Köder werden mehr oder weniger einfach eingeholt. Dagegen muß der Fischer den Jig gleichzeitig einholen und in besonderer Weise springend führen. Durch seine im Grunde geringe Eigenbewegung muß der Jig aktiv bewegt werden. Abwechslungsreiche Sprünge über den Grund sind dabei der richtige Weg. Die Möglichkeiten reichen dabei von großen Sprüngen bis zu vielen kleinen Hüpfern, was jeweils von der angepeilten Fischart abhängt. Natürlich ist das richtige Führen eines Jigs gewissermaßen ein Handwerk, das der Angler erst erlernen muß. Beherrscht er es, kann er großartige Stunden am Wasser erleben.

Während dem Führen sollte stets Kontakt zum Köder bestehen, ohne jedoch die Schnur zu straff zu halten, denn das würde die Aktion des Jigs verschlechtern. Schlagen Sie beim kleinsten Verdacht auf einen Biß an. Im Unterschied zu Blinkern, Wobblern und anderen Ködern provoziert die Konstruktion eines Jigs häufig ein Anstupsen durch die Fische, ohne daß der Fischer jedoch einen sauberen Biß erhält.

Viele Leute glauben, daß sich ein Jig nur für harten Grund ohne Bewuchs eignet. Tatsächlich können Sie im Falle vorhandener Wasserpflanzen einen sehr leichten Jig verwenden, der von den Pflanzen abspringt. Und solange der Haken nach oben gedreht ist, bleiben Hänger aus.

Angesichts der abwechslungsreichen Führung und dem hüpfenden Einholen muß sich der Angler voll darauf konzentrieren und das in allen Phasen. So nimmt der Fisch den Köder oft dann, wenn er sich gerade nicht bewegt. Kleine Jigs von einem bis fünf Gramm arbeiten am besten an einer leichten Einhandrute, während schwerere Ausführung am besten mit einem kräftigeren Einhänder oder einem Zweihand-Modell zurechtkommen. Für das Meerfischen gedachte Jigs von 20 bis 50 Gramm werden wie ein Pilker geführt, jedoch mit leichteren Bewegungen (Anm. d. Red.: inzwischen gibt es sogar über 200 Gramm schwere Modelle, die erfolgreich den Pilker ersetzen. Die meist in Fischform als Wackelschwanz ausgeführten Körper besitzen dabei eine Länge bis zu 23 Zentimeter).

Darüber hinaus gibt es fast gewichtslose Jigs, die der Angler ganz nach gewünschter Angeltiefe und Wurfweite beschweren kann. Am häufigsten findet man sie beim Angeln auf Schwarzbarsche und Forellen in kleinen Gewässern.

Jigs besitzen mehrere praktische Vorzüge. Zunächst erlaubt ihre aerodynamische Form weite und genaue Würfe, sogar bei Gegenwind. Und ein kompakter Bleikopf hält besseren Kontakt zum Grund als alle anderen Kunstköder, was auch bei Strömung gilt. Der nach oben gerichtete Haken verhindert viele Hänger, außerdem bleibt die Spitze vom Kontakt mit Steinen verschont und bleibt somit scharf. Zudem hakt sie durch ihre Position den Fisch in aller Regel im Oberkiefer, was gegenüber dem Unterkiefer im Drill einen festeren Halt bedeutet.

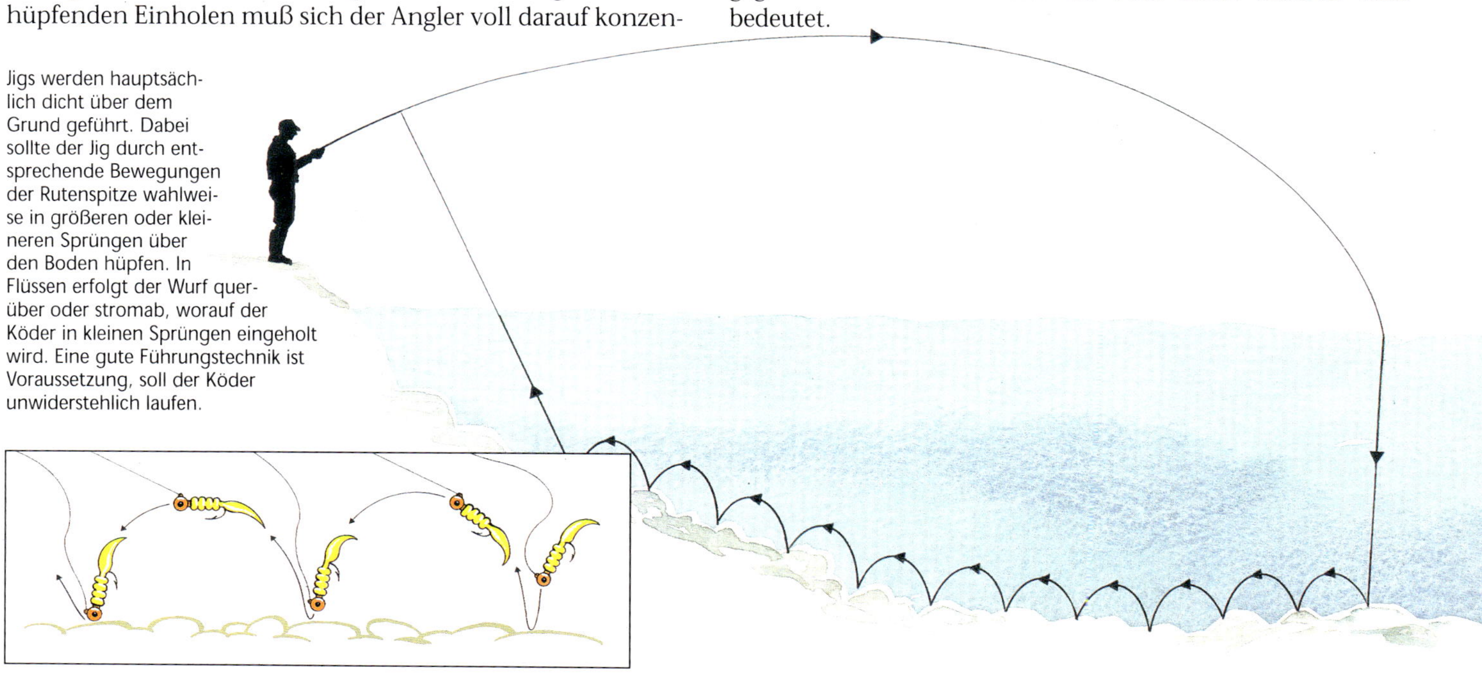

Jigs werden hauptsächlich dicht über dem Grund geführt. Dabei sollte der Jig durch entsprechende Bewegungen der Rutenspitze wahlweise in größeren oder kleineren Sprüngen über den Boden hüpfen. In Flüssen erfolgt der Wurf querüber oder stromab, worauf der Köder in kleinen Sprüngen eingeholt wird. Eine gute Führungstechnik ist Voraussetzung, soll der Köder unwiderstehlich laufen.

Weichplastikköder (Kunststoff-Tiere)

Die ersten Tiere oder Kunstköder aus Gummi erhielten 1860 ihr Patent. Zur Zeit des 1. Weltkriegs wuchs ihre Beliebtheit hauptsächlich in Nordamerika unter den Schwarzbarsch-Anglern. Damals waren die Köder noch sehr hart und erreichten bei weitem nicht die Beweglichkeit der modernen Nachbildungen von verschiedenen Kleintieren. In den späten 40er Jahren entstanden die Weichplastik-Würmer und erzielten schon bald Rekordfänge an Schwarzbarschen. Dagegen hielten die Europäer diese Köder für wertlos. Sie dachten, daß die Kunstwürmer anstatt der natürlichen Vorbilder auf den Haken gespießt werden sollten.

Heute gibt es viele verschiedene Imitationen von Tieren wie Salamandern, Fröschen, Würmern, Krebsen, Krabben, Schlangen, Eidechsen und Lachseiern. Die Imitationen sind fast perfekt und besitzen Augen, Beine, Schuppen, Flügel und so fort.

Bei einigen Weichplastikködern muß der Haken samt Spitze durch den Körper laufen, so daß der Fisch ihn erst beim Anhieb bemerkt. Das verhindert gleichzeitig Hänger an Grund und Pflanzen. Einige Plastikkörper sind mit Geschmacks- und Geruchssubstanzen imprägniert, unter anderem eine Entwicklung des Herstellers Berkley. Übrigens kann die Härte des Kunststoffs von ziemlich kräftig bis sehr weich reichen. Die meisten Plastiktiere sinken, jedoch gibt es auch schwimmende, zu denen die Frosch-Imitationen zählen.

Obwohl die Plastiktiere wie die zuvor beschriebenen Jigs zunächst dem Fang von Schwarzbarschen dienten, fangen sie tatsächlich genauso andere Arten wie Hecht, Pickerel, kleine Muskies, Barsche und Meeresfische.

Das Anködern der häufig sehr weichen, 20 bis 30 Zentimeter langen Wurm-Nachbildungen erfolgt auf besondere Weise. Ein oder zwei Einzelhaken führt der Angler vorsichtig in den Köder, so daß die Spitzen nicht zu sehen sind. Genauso lassen sie sich jedoch an leichte Jighaken anködern.

Künstliche Lachseier bietet der Fachhandel sowohl einzeln als auch in Form von kleinen Rogen-Klumpen an. Der Angler bietet sie in fließenden Gewässern an der Grundangel oder manchmal mit der Pose an. Lachseier fangen Bach-, Meer- und Regenbogenforelle, Steelheads sowie verschiedene Arten pazifischer Lachse.

Hauptsächlich eher natürliche Farben und Formen zeichnen die Weichplastiktiere aus. Wie beim Jig muß der Angler den Gummitieren durch aktives Führen »Leben« einhauchen. Es gibt viele verschiedene Formen dieser Köder, wobei Sie hier die wichtigsten sehen können: Würmer, Krabben, Eidechsen, Egel und ein Kleinfisch (Mühlkoppe).

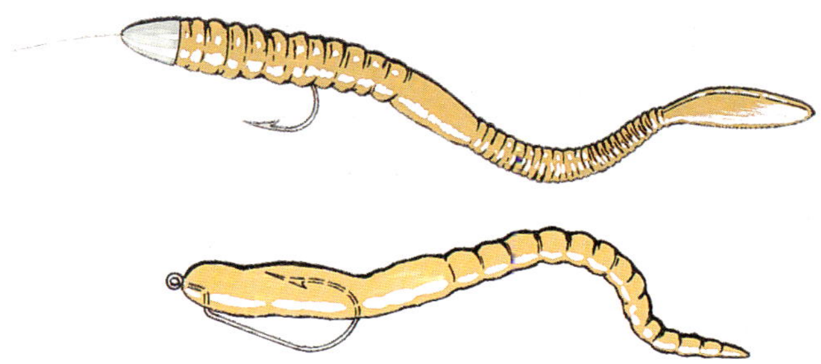

Oben ist die sogenannte California-Montage mit schwimmendem Weichplastikwurm und Einzelhaken am Bleikopf zu sehen. Sie eignet sich am besten für freies Wasser. Bei der Texas-Montage (unten) liegt die Hakenspitze im Wurmkörper, wodurch sie in erster Linie für das Fischen in verkrautetem Wasser in Frage kommt.

Große Insekten-Nachbildungen fangen in strömenden Gewässern unter anderem große Meerforellen und Lachse.

Wurfschwimmer

Unter Umständen fängt ein kleiner, leichter Spinnköder selbst große Räuber besser als ein größeres Modell. Denn der Appetit auf große Köder hängt unter anderem von Wasserstand und -temperatur, Insektenschlupf, der Saison oder dem Laichen ab. Besonders Lachse sind in vielen Gewässern so scheu und mißtrauisch, daß ein großer Köder nichts bringt. Allerdings erweist sich der vielleicht nötige weite Wurf vor allem in Verbindung mit einer künstlichen Fliege als unmöglich.

Die Lösung des Problems liegt in einer Wurfpose, welche die künstliche Fliege mit der Spinnrute weit hinaus befördert. Wurfposen gibt es zunächst als zigarrenförmigen »Bonnard«-Typ, der eine rote Spitze sowie eine Bleibeschwerung besitzt. Die Pose ist mit Luft gefüllt, hat an jedem Ende eine Öse für die Schnur und läßt sich außerdem als normaler Schwimmer zum Naturköderangeln einsetzen.

Die zweite Ausführung ist die klassische Wasserkugel (»Buldo«). Sie kommt eingefärbt oder transparent mit wiederum zwei Schnurösen. Zwei mit Gummistopfen verschließbare Öffnungen ermöglichen das Einfüllen von Wasser als Wurfbeschwerung. Dabei kann der Angler die Wasserkugel so austarieren, daß sie gerade noch in der Oberfläche schwimmt. Weiter gibt es ovale Modelle mit Einfüll-Möglichkeit.

Die Fliege hängt schließlich an einem ein bis 4,5 Meter langen Vorfach. Viele Fischer befestigen es fest an einer Öse der Wasserkugel, die Hauptschnur an der zweiten. Außerdem gibt es zwei Möglichkeiten für die gleitende Montage. Die erste besteht aus einem halben Meter 0,40 mm-Monofil, das durch die Wasserkugel geführt wird und an jedem Ende einen Wirbel zum Befestigen von Hauptschnur oder Vorfach erhält. Nimmt der Fisch die Fliege, so kann er zunächst den halben Meter »freie« Leine abziehen. Möchten Sie mehr Schnur freigeben, greifen Sie zur zweiten Variante. Führen Sie dabei die Hauptschnur durch die Wasserkugel, knüpfen einen Wirbel an und verbinden das Vorfach mit dessen zweiter Öse. Der Wirbel dient hier als Stopper.

Neben der Wasserkugel entwickelten sich über die Jahre weitere Wurfschwimmer aus Kunststoff oder Holz, die eingesetzte oder eingegossene Zusatzgewichte tragen. Das Montieren erfolgt entsprechend den Wasserkugeln.

Wurfschwimmer gibt es in durchsichtigen und eingefärbten Ausführungen. Die beiden komplett klaren Modelle lassen sich mit Wasser füllen, welches das Wurfgewicht liefert. Einige Wurfschwimmer enthalten statt dessen Luft und Blei und dienen auch als normale Pose. Oben rechts ist ein Wurfgewicht aus Holz zu sehen, das einen eingegossenen Bleikern besitzt.

Fischen mit Wurfschwimmern

Zum Fischen mit einem langen Vorfach und einem oft hohen Wurfgewicht benötigt der Angler eine ziemlich lange und harte Rute sowie eine Hauptschnur zwischen 0,25 und 0,35 Millimeter. Der Wurf erfolgt, wenn das Vorfach vor dem Fischer im Wasser liegt – niemals hinter ihm. Das Einholen geschieht langsam mit vielen Pausen, was jedoch von der beangelten Fischart abhängt. Viele Angler schätzen diese Methode wenig, da das Fischen sich ziemlich monoton gestaltet und vielleicht schnell langweilt. Aber an der Wirksamkeit besteht kein Zweifel.

Wasserkugeln lassen sich so weit füllen, daß sie untergehen. In einigen »Put-and-Take«-Forellenseen verwenden die Fischer schwebend austarierte oder sinkende Wasserkugeln bis hinunter auf fünf bis acht Meter Tiefe.

Möchten Sie die Fliege tief führen, können Sie das Vorfach mit Bleischroten beschweren oder einen Abschnitt schnell sinkender Fliegenschnur in das Vorfach einbinden.

Der Anhieb sollte in einer weichen, gleichmäßigen Bewegung erfolgen, da Wasserkugeln dem nassen Element einigen Widerstand bieten. Anfänger schlagen oft zu hart an, worauf das Vorfach an der Wasserkugel reißt.

Wurfschwimmer eignen sich gleichermaßen für stehende und fließende Gewässer und tragen die Fliege so erfolgreich wie die Schwimmschnur des Fliegenfischers.

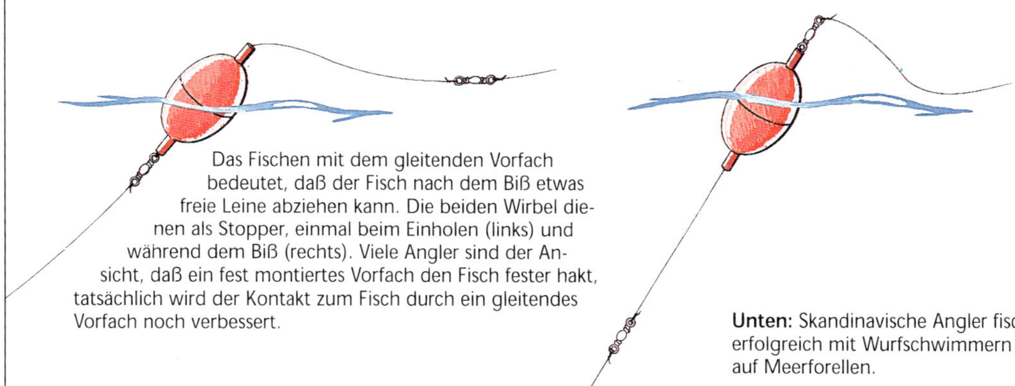

Das Fischen mit dem gleitenden Vorfach bedeutet, daß der Fisch nach dem Biß etwas freie Leine abziehen kann. Die beiden Wirbel dienen als Stopper, einmal beim Einholen (links) und während dem Biß (rechts). Viele Angler sind der Ansicht, daß ein fest montiertes Vorfach den Fisch fester hakt, tatsächlich wird der Kontakt zum Fisch durch ein gleitendes Vorfach noch verbessert.

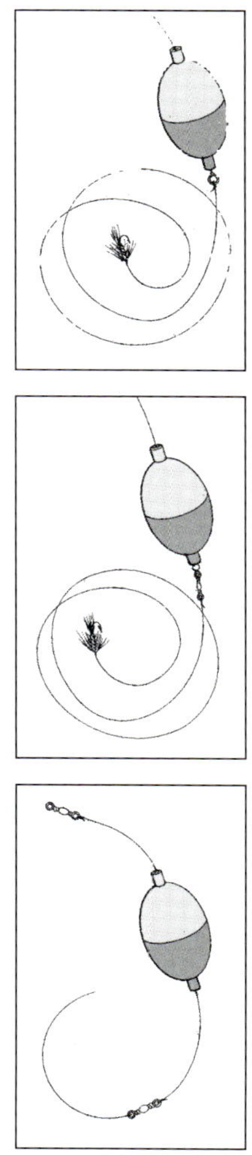

Rechts: Hier sind drei Möglichkeiten zum Befestigen eines Wurfschwimmers auf der Hauptschnur zu sehen: Oben die feste Montage, darunter zwei Varianten mit gleitender Pose.

Unten: Skandinavische Angler fischen regelmäßig und erfolgreich mit Wurfschwimmern uund traditionellen Fliegen auf Meerforellen.

Spinnfischen mit Fliegen

Das Spinnfischen ermöglicht sogar das Führen von Fliegen in tiefem Wasser. Erhält die Schnur oberhalb der Fliege eine Beschwerung, können Sie damit in stehenden und fließenden Gewässern erfolgreich angeln. Die in Skandinavien als »Spinnfliegen-Methode« bezeichnete Technik kommt jedoch vor allem auf Forellen und Lachse in Flüssen zum Zug. Allerdings ärgerte ihre Fängigkeit die Fliegenfischer, weshalb die Fliege an der Spinnrute heute an vielen Gewässern verboten ist.

Die Vorfachlänge beträgt ein bis 1,5 Meter von 0,20 bis 0,40 Millimeter starkem Monofil. Dabei hängt der Durchmesser davon ab, ob Sie in kleinen Flüssen Forellen oder Lachse in großen Flüssen fangen möchten. Das Vorfach hängt an einem Dreiwege-Wirbel, der Abstand zum Blei oder einem anderen Gewicht beträgt 20 bis 30 Zentimeter. Übrigens fällt die Wahl der richtigen Fliege leicht. Ganz normale Forellenfliegen reichen für alle Arten des Forellenfischens völlig aus, während Fliegen an Doppelhaken oder Tubenfliegen für Lachs und Meerforelle passen.

»Lagging-Flies«

Häufig kommt es vor, daß ein Raubfisch einem Wobbler, Blinker oder Spinner folgt, ohne jedoch zuzupacken – egal welche Art von Köder oder Einholtechnik der Angler probiert. In diesem Fall kann eine »Lagging-Fly« zum Erfolg verhelfen. Die englische Bezeichnung bedeutet so viel wie »Zurückbleibende Fliege«. Sie bietet sowohl eine Alternative als auch eine überraschende Montage, die den Fisch doch noch überlisten kann. Entfernen Sie dazu einfach von einem Blinker den oder die Haken, binden ihn an die Hauptschnur und knüpfen an sein unteres Ende ein etwa zehn Zentimeter langes Vorfach samt der Fliege.

Besonders Saiblinge nehmen gerne die nachfolgende Fliege. Das gilt außerdem für Barsch, Hecht, Forelle und Hornhecht im Salzwasser. Leider neigt die Fliege dazu, sich beim Wurf in der Hauptschnur zu verhängen. Deshalb sollte diese Technik sich auf ruhiges Wetter oder Rückenwind beschränken.

»Dropper«

Als Dropper bezeichnet man Fliegen, Plastiktiere oder Mini-Jigs, die an einem Seitenarm über beziehungsweise vor dem Hauptköder angeboten werden. Sie erhöhen die Fangquote erheblich. Denn viele Raubfische neigen dazu, vermutlich aus Futterneid, den kleineren Futterfisch seinem vermeintlichen Verfolger wegzuschnappen. Besonders gut wirkt diese Taktik auf Barsche, Schwarzbarsche und Forellen sowie Meeresfische wie Makrelen und Dorsche. Dropper binden Sie am besten 30 bis 50 Zentimeter über dem Hauptköder ein. Oft liegt es einzig und allein am Dropper, wenn etwas beißt.

Spinnfischen mit der Fliege kann in Flüssen mit Meerforellen und Lachsen schöne Fänge einbringen. Dieser Lachs konnte einer beschwerten Tubenfliege nicht widerstehen, die kurz über dem Grund geführt wurde.

Spinnfischen mit der Fliege

Das Spinnfischen mit der Fliege funktioniert im Fluß genauso wie mit dem Blinker. Der Wurf erfolgt direkt oder schräg stromab, so daß die Fliege zu Ihrem Ufer herum schwingt. Durch das Ausspielen von Schnur oder das Anheben der Rutenspitze sinkt der Köder tiefer oder steigt auf. Dabei können Sie die Spitze immer wieder heben und senken, wodurch die Fliege einen Zickzack-Kurs einschlägt, bis sie das Ufer erreicht.

Oben:
Mit einer beschwerten Tubenfliege lassen sich Löcher in fließenden Gewässern wirksam befischen. Die Montage wird ausgeworfen und ruckweise eingeholt. Zwischendurch können Sie etwas Schnur geben, damit das Gewicht auf den Grund prallt – oder »parken« Sie die Fliege einfach in dem tiefen Loch.

Beim Spinnfischen mit der Fliege kann das Gewicht direkt auf der Hauptschnur liegen oder an einem Seitenarm hängen. Das etwas dünnere Vorfach knotet der Angler dann an eine Öse des Dreiwege-Wirbels. Hauptschnur und Seitenarm müssen die gleiche Tragkraft besitzen.

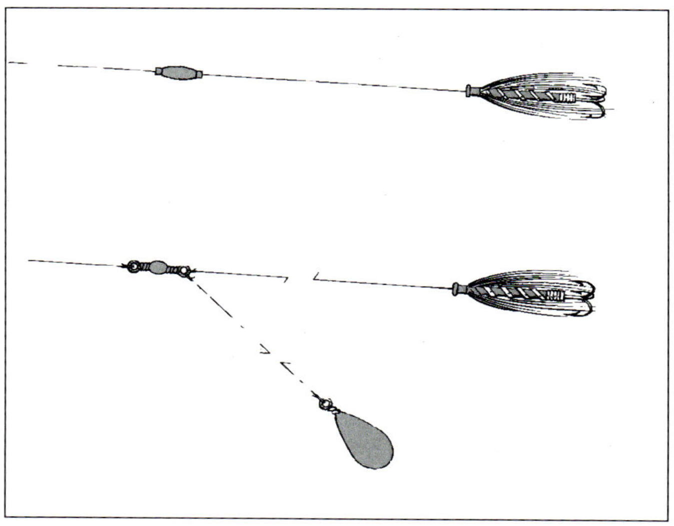

Häufig packt der Futterneid einen Räuber, wenn größere Fische kleinere verfolgen. Das erklärt die Wirksamkeit des Droppers. Die Fliege wird an einem Seitenarm etwa 30 bis 50 Zentimeter über dem Hauptköder befestigt. Auch eine hinter dem großen Köder laufende Fliege kann einen Fisch zum Biß verleiten, allerdings darf das Vorfach nur etwa zehn Zentimeter lang sein.

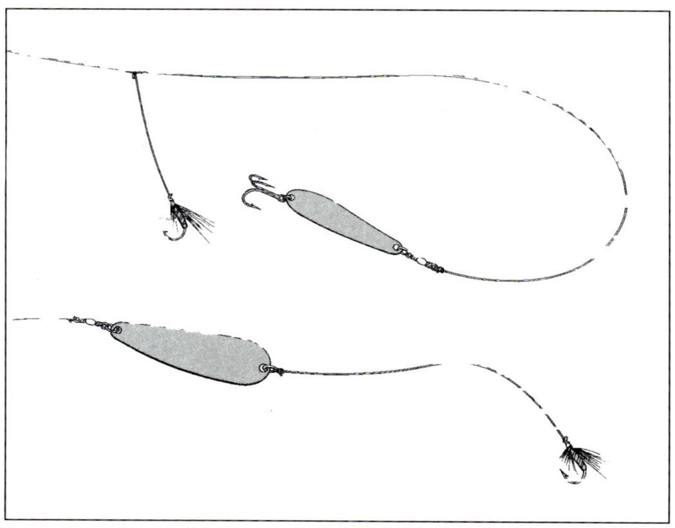

Die Farbwahl

Viele Faktoren beeinflussen die Wirkung der Farben von künstlichen Ködern auf den Fisch, so daß es keine klaren Regeln für die Auswahl gibt. Und befindet sich ein Fisch auf Raubzug, besitzt die Farbe häufig überhaupt keine Bedeutung. Grundsätzlich sollte Sie als Grundfarbe jedoch das Aussehen der im Gewässer lebenden Futterfische nachempfinden. So dominieren in einigen Seen unter anderem Karausche und Rotfeder, die sich mit goldenen und bräunlichen Farbtönen nachbilden lassen, während Rotauge, Laube oder Stint besser mit silbernen Farben zu imitieren sind. In klaren Fließgewässern mit Forellen und Lachsen arbeiten natürliche Farben allgemein am besten.

Besonders die Farbe des Wassers kann die Köderwahl beeinflussen. So bringen in bräunlichem Wasser die Farben Silber, Kupfer und Nickel sowie grell bunte oder fluoreszierende Köder in aller Regel gute Fänge. In dunklem, schlammigem Wasser erzielen silberfarbene und fluoreszierende Köder offenbar die besten Ergebnisse. Das trifft gleichzeitig auf die kalten Monate zu, wenn die Fische weit weniger Aktivität zeigen. Provokation heißt ein weiteres Schlüsselwort bei der Farbwahl: Sie können unter anderem einen fluoreszierenden und damit kaum naturnahen Köder wählen, der den Fisch einfach zum Biß reizt.

Die Bedeutung der Farbwahl ist am besten zu verstehen, betrachtet man das Verhalten verschiedener Farben im Wasser. So sind unter klaren Bedingungen fast alle Farben bis in eine Tiefe von etwa fünf Metern klar aus Unterwasser-Sicht zu erkennen. Darunter erscheint Rot als matter Grauton, während Gelb, Grün und Blau sich noch erkennen lassen. Insgesamt läuft das Spinnfischen in flacheren Gewässerschichten ab, wo die Fische alle Farben sehen.

Raubfische besitzen in flachen Gewässern häufig eine kräftige Färbung. Beispielsweise verfügt ein Barsch in klarem Flachwasser über rote Flossen und einen gelblichen Körper, während die Flossen in trübem, tiefem Wasser sich eher grau-weiß präsentieren und die Schuppen hellgrau erscheinen. Damit ist die Wahl der Farbe schon in flachem Wasser wichtig, in größeren Tiefen muß es zudem eine sein, die der Fisch auch sehen kann und die ihm ansprechend präsentiert wird.

Die Bedeutung der Farbe wird häufig unterschätzt. Tatsächlich besitzt sie in vielen Gewässern jedoch die gleiche Bedeutung wie Körperform, Größe und Bewegung des Körpers. Als Faustregel läßt sich sagen, daß bräunliches, schlammiges Wasser (Foto oben) nach kräftigen Farben verlangt – unter anderem Silber, Kupfer, Gold sowie Schock- und fluoreszierende Farben. In klarem Wasser (unten) empfehlen sich eher natürliche und dunkle Farben wie Silber – alleine oder kombiniert mit Blau oder Schwarz – sowie gestreift oder naturnah bedruckte Köder. Dabei muß der Angler beachten, welche Futterfische im beangelten Gewässer leben, wie tief der Köder arbeitet und und ob der Himmel sich klar oder bewölkt zeigt.

Größe und Laufverhalten

Viele Angler sind sich ihrer Sache nicht sicher und bewaffnen sich mit zahlreichen unterschiedlichen Spinnködern, bis sie darunter einen wirklich fängigen finden. Dann beschränken sie sich schrittweise auf eine Handvoll, in deren Laufverhalten und Fängigkeit sie vertrauen. Sie wissen, wie ihr »Favorit« in unterschiedlichen Tiefen bei verschiedenen Geschwindigkeiten und Führungstechniken läuft und welche Farbe am gerade befischten Gewässer am besten fängt.

Dabei gibt es einige Grundregeln zur Wahl des richtigen Köders. Zunächst muß er im gegebenen Gewässer effektiv fischen. Stehen die Fische beispielsweise weit draußen, so muß sich der Köder weit werfen lassen. Liegen die Räuber in tieferen Regionen, sollte er über seinen gesamten Weg dicht über dem Grund laufen.

Große Fische fühlen sich normalerweise von großen Ködern angezogen, da sie lieber einmal einen ordentlichen Happen greifen anstatt ihre Energie mit der Jagd nach vielen kleinen zu vergeuden. Große, auffälliger gefärbte Köder sollten Sie außerdem einsetzen, wenn das Wasser eintrübt oder wenn Wind das nasse Element in Bewegung bringt. Denn je schlimmer das Wasser erscheint, desto mehr verlieren Raubfische ihre Scheu.

Die nächste Regel betrifft die Bewegungen des Kunstköders. So beißen Forellen und Lachse wie Barsche und Schwarzbarsche bevorzugt auf schnell und quirlig geführte Köder. Andererseits reagieren einige Räuber wie Hecht, Zander und Muskie eher auf ziemlich langsam laufende Modelle.

Nicht zuletzt sollten wir daran denken, daß sämtliche äußeren Faktoren die Köderwahl beeinflussen: Wind, Wetter, Jahreszeit, Luftdruck, Wasserstand und -farbe, seine Temperatur sowie die Beschaffenheit des Grundes – sandig oder verschlammt, bewachsen oder frei, flach oder strukturiert. Seen oder Schiffahrtsstraßen und die Tageszeit mit den unterschiedlichen Lichteinflüssen spielen weitere Rollen. Dazu gesellt sich das aktuelle Verhalten der Fische, ob sie gerade laichen, wandern oder welches Freßverhalten gerade herrscht. All diese Punkte kann niemand beeinflussen, vielmehr muß der Angler seine Technik darauf abstimmen.

Dabei besitzt er wenigstens die Kontrolle über einige wesentliche Faktoren: Die Präsentation des Köders in einer bestimmten Tiefe und Geschwindigkeit, seine Farbe, Form und Größe. Unter dem Strich betrachtet, erfordert erfolgreiches Spinnfischen doch einige Erfahrung.

Der passende Köder zur Situation

Erfahrene Angler wissen, daß das Vertrauen in einen bestimmten Köder wesentlich wichtiger ist als sein Aussehen. Denn ohne Frage führen sie das ihrer Meinung hervorragende Modell mit größerem Selbstvertrauen und präsentieren ihn damit viel umsichtiger und attraktiver. Reiche Erfahrung vereinfacht außerdem die Wahl des richtigen Köders für eine gegebene Situation. Trotzdem hängt der Fisch dann längst noch nicht am Haken. Denn der Köder muß außerdem an der richtigen Stelle und zur passenden Zeit laufen. Und das Überlisten eines verängstigten, scheuen oder satten Fischs ist wesentlich schwieriger, als ein aktives und hungriges Exemplar auf die Schuppen zu legen.

Natur-köder

Es bringt wenig, zur rechten Zeit am richtigen Ort mit der passenden Technik zu fischen, solange der Köder und die Präsentation nicht stimmen. Seit der Erfindung des Angelhakens vor etlichen Jahrtausenden versuchten die Menschen ihr Glück mit jeder Art von Naturköder und das gilt genauso für die Angler unserer modernen Zeit. Sollte kein Fisch auf den Kunstköder reagieren, so wird ein erfahrener Angler ihn mit einem natürlichen Angebot kombinieren oder so einen Köder alleine führen. Denn er stimuliert nicht nur das Auge und die Seitenlinie des Fisches, sondern reizt zudem seinen Geschmacks- und Geruchssinn.

Würmer

Wahrscheinlich sind Würmer die am weitesten verbreiteten Naturköder überhaupt. Im Süßwasser lassen sich dabei alle Arten und Größen von Erdwürmern einsetzen, während sich das Salzwasserfischen auf Watt- und Borstenwürmer beschränkt.

Große Erdwürmer leben in nährstoffreichem Boden, wo der Angler sie ausgraben oder nachts mit der Taschenlampe aufsammeln kann – aber schnell zugreifen, da sie sich bei Gefahr blitzschnell in ihre Erdröhren zurückziehen können. Die Tiere überdauern im Kühlschrank oder einer Kompostkiste eine lange Lagerzeit. Würmer werden nicht nur von Posen- und Grundanglern verwendet, sondern an der Wurfpose genauso beim Spinnfischen auf Forellen. In den USA dienen Würmer als sehr wirksamer Köder auf den Smallmouth-Schwarzbarsch, entweder alleine oder als Zusatz am Jig-Haken. Genauso kommen Würmer dort für das Fischen auf den amerikanischen Zander (Walleye) oder auf Seesaiblinge in Frage. Zudem erweisen sich Würmer immer wieder als hervorragende Barschköder, unter anderem beim Eisangeln. Am besten eignen sich kleinere Schlängler wie Rot- oder Gelbschwanzwürmer zum Angeln.

Im Salzwasser finden wir Watt- und Borstenwürmer (Seeringelwürmer), die in Röhren im Grund leben. Während sich die Wattwürmer bei Ebbe durch kleine Schlickhäufchen an den Wohnröhren verraten, sind Borstenwürmer schwerer aufzuspüren. Sie kommen allerdings in der Nähe von Muschelbänken, Seegras und Tang in schlammigem Grund vor. Die Salzwasser-Würmer stellen ohne Frage die besten Köder zum Grundangeln auf Dorsch, Wolfsbarsche, Plattfische und andere Arten dar. Leider lassen sich Wattwürmer nur schwierig lagern, während Borstenwürmer längere Zeit halten und außerdem viel fester auf dem Haken sitzen. Der Halt reicht sogar für das Spinnfischen mit der Wurfpose.

Ein Bündel von Erdwürmern kann sich als sehr guter Köder zum Fischen auf Meerforellen und Lachse in Flüssen erweisen. Am Grundblei geführt, springt der Köder etwas langsamer als die Strömung über den Grund.

Hier fünf Möglichkeiten des Anköderns für das Spinnfischen und aktive Führen: Von links sind drei Methoden zum Anködern von Borsten- und Wattwürmern zu sehen (mit am Haken abgetrennter Schwanzpartie, was Fehlbisse vermeidet). Die beiden rechten Zeichnungen zeigen Techniken für einen oder mehrere Erdwürmer. Normalerweise sollte der Haken zumindest durch einen Teil des helleren Rings am Körper reichen, was bei der rechts gezeigten Methode jedoch nicht nötig ist.

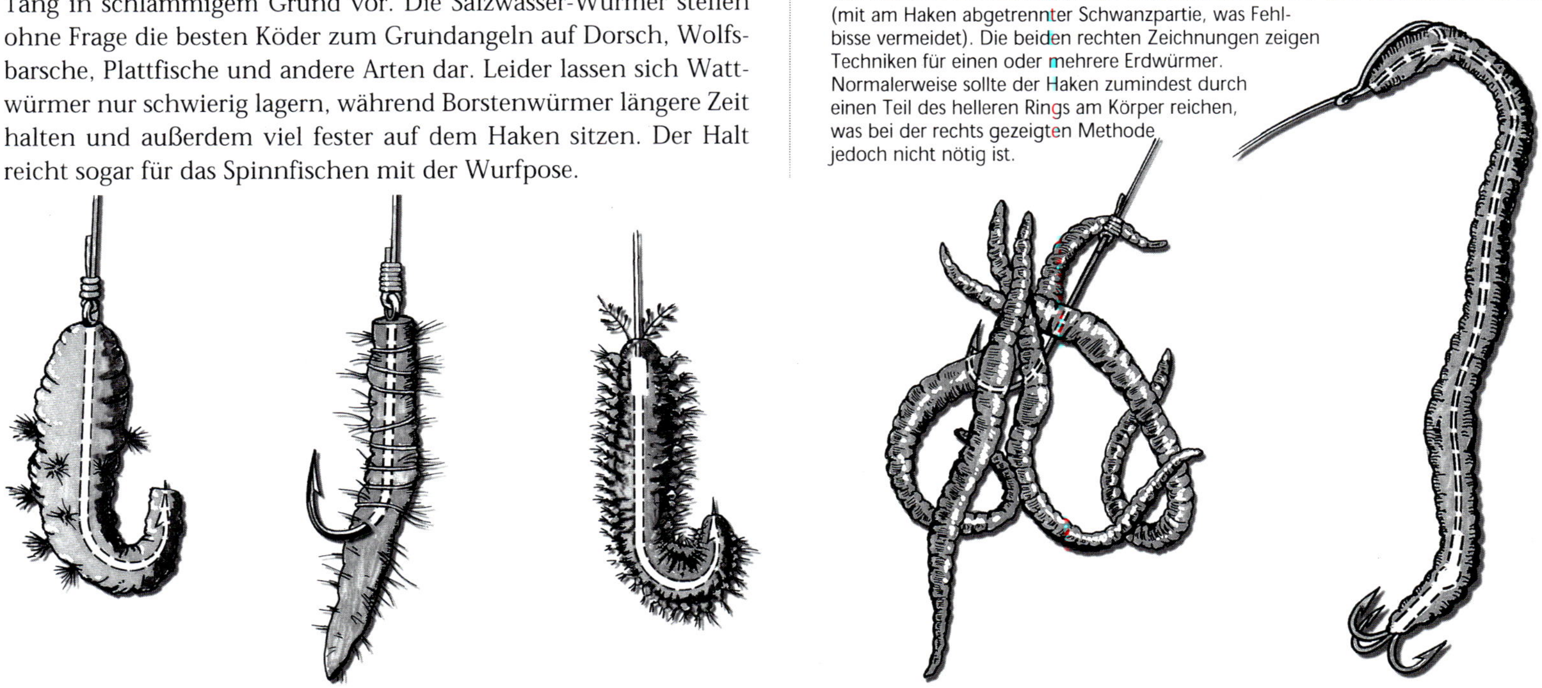

Insekten

Es existieren unzählige Arten von Insektenlarven, Puppen (engl. Caster) und Nymphen. Viele können die Fängigkeit eines Kunstköders verbessern, genauso eignen sie sich jedoch für das normale Angeln. Unter Larve oder Made versteht man das aus dem Ei geschlüpfte Insekt, das erst über ein Puppenstadium seine endgültige Form erreicht (vollständige Metamorphose). Dagegen besitzt eine Nymphe ab frühester Jugend bereits weitgehend den Körperbau des erwachsenen Tiers, jedoch fehlen noch die Flügel. Vor allem die Maden und Puppen spielen eine wichtige Rolle im Friedfischangeln, zudem eignen sie sich für das Eisangeln auf Barsch, Bluegill und Crappie. Dasselbe gilt für Mehlwürmer. Anders die Nymphen verschiedener großer Insekten, die als Dropper und an kleinen Jigs geführt werden. Weiter kommen erwachsene Insekten als Köder in Frage. Am bekanntesten sind Maifliegen und Grashüpfer zum Forellenfischen, sie fangen an einigen Stellen auch Äschen. Zudem eignen sich Grashüpfer als Köder für den Smallmouth-Schwarzbarsch.

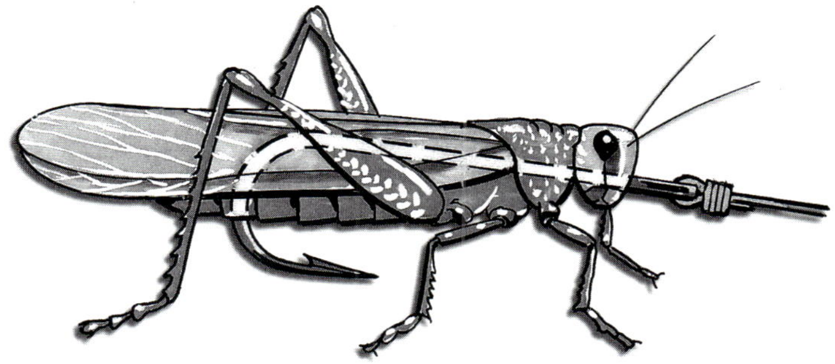

Grashüpfer werden manchmal zum Spinnfischen und aktiven Führen eingesetzt – unter anderem beim Forellenangeln im Fluß. Der Köder fängt sowohl an der Oberfläche als auch mit einer Beschwerung unter Wasser.

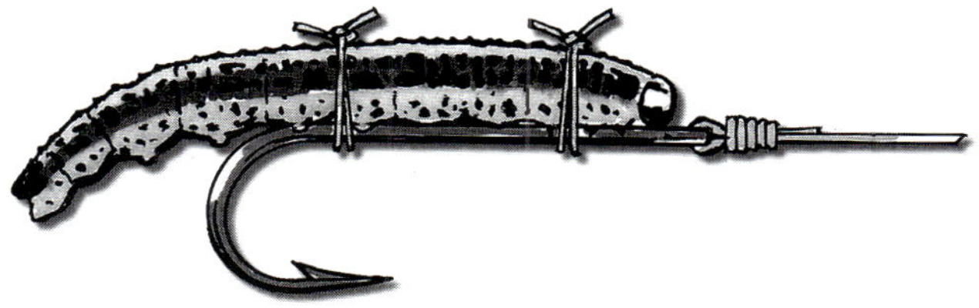

Weiche, zerbrechliche Larven werden locker an einen größeren Haken gebunden, da sie beim Aufstecken auf den Haken zerstört würden.

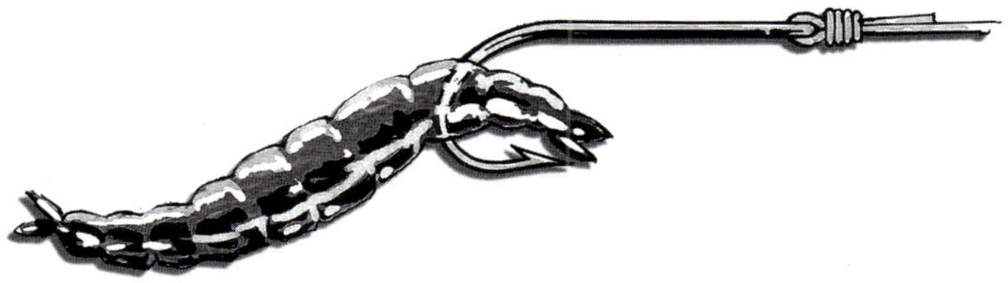

Stabilere Larven ermöglichen dagegen das Haken durch dickere Körperteile.

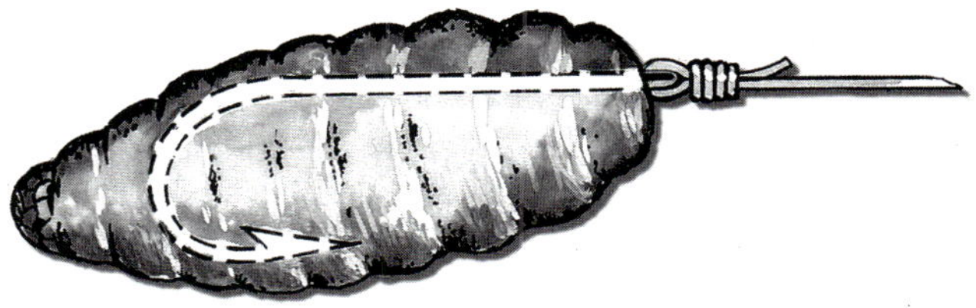

In einer einzelnen Puppe sollte der Haken komplett verschwinden, wobei der Einstich durch das stumpfere Körperende erfolgt. Haken der Größen 14 und 16 erfüllen dabei am besten ihre Aufgabe.

Selbst scheue Fische fallen auf Larven und Puppen herein, die entweder beschwert gefischt werden oder an einem Vorfach einige Zentimeter hinter dem Kunstköder laufen. Fischen Sie mit zwei oder mehr Ködern, wird der Haken durch die dickeren Körperpartien geführt.

Krustentiere, Muscheln und Schnecken

Schon seit langen Zeiten gelten Krebse als hervorragende Raubfisch-Köder. In sämtlichen Größen wirken sie Wunder auf Arten wie den Schwarzbarsch. Sie können mit dem Einzelhaken oder Drilling einen kompletten Krebs anködern oder nur den Schwanz verwenden.

Garnelen setzen viele Angler bevorzugt in rohem Zustand ein, während andere die attraktive rote Farbe nach dem Kochen schätzen. Diese Köder fangen sehr gut Forellen in Süß- und Salzwasser, außerdem erweisen sie sich im Meer oft als unwiderstehlich auf Streifenbarsch, Bonefish, Snook, Dorsch und Plattfische. Es gibt zahlreiche Möglichkeiten zum Anködern der Garnelen, allerdings wird normalerweise ein Einzelhaken in Kopf oder Schwanz eingestochen, um dann im Brustbereich wieder zu erscheinen.

Krabben werden hauptsächlich mit dem Meeresfischen auf Streifenbarsch, Wolfsbarsch, Dorsch und andere Grundfische in Verbindung gebracht. Kleinere »Butterkrabben«, die sich gerade von ihrer alten Schale trennten und eine neue aufbauen, sind unter Schwarzbarsch-Anglern beliebt.

Kleine Wasser- und größere Wegschnecken bewiesen längst ihren Wert als Angelköder – sowohl beim Grund- und Posenangeln als auch als Dropper gefischt. Ihr Körper ist häufig zäh und hält fest am Haken. Muschelfleisch ist ein hervorragender Köder unter anderem für Dorsch, Plattfische und Barsche. Beim Süßwasserangeln auf Wels, Schwarzbarsche und weitere Arten läßt sich außerdem das Fleisch von Süßwassermuscheln einsetzen. Allerdings muß der Angler hier auf die jeweils im Land geltenden Bestimmungen achten, da die Tiere häufig unter Naturschutz stehen.

Wenn Krabben wachsen, schält sich ihr Panzer regelmäßig. Die neue Schale ist zunächst sehr weich und macht die Krabbe gegenüber Räubern verletzlich. Krabben werden ganz oder in Stücken häufig zum Küstenfischen in Europa und Nordamerika eingesetzt.

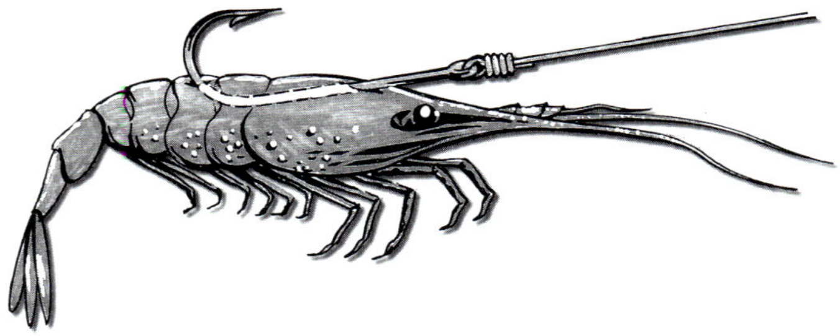

Krabben sind hauptsächlich im Salzwasser beliebte Köder. Ein Einzelhaken wird entweder oben am Kopf...

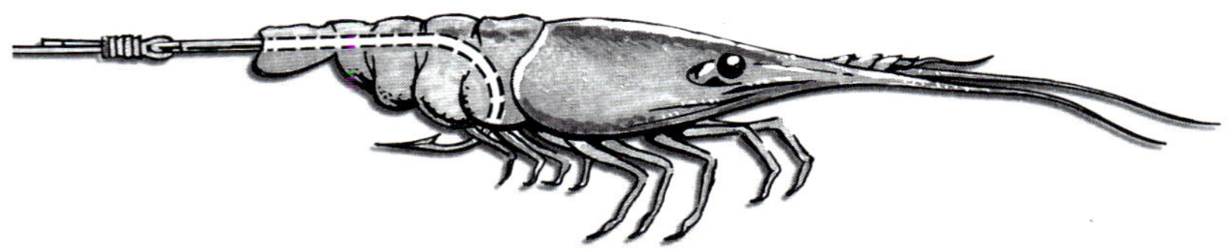

...oder im Schwanz eingestochen, so daß die Spitze auf der Unterseite des Körpers wieder austritt. Damit die Krabbe besser hält, können Sie das Ende des Schwanzes abschneiden.

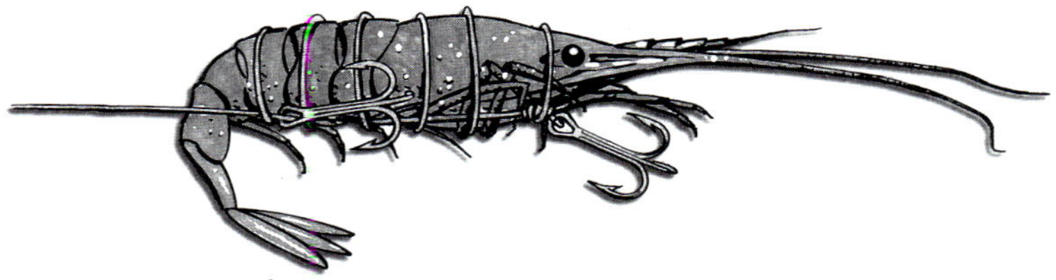

Große ungeschälte Krabben fangen oft Lachse in den Flüssen. Es werden häufig konservierte und gefärbte Köder gefischt, die mit einer Hakenflucht befestigt sind.

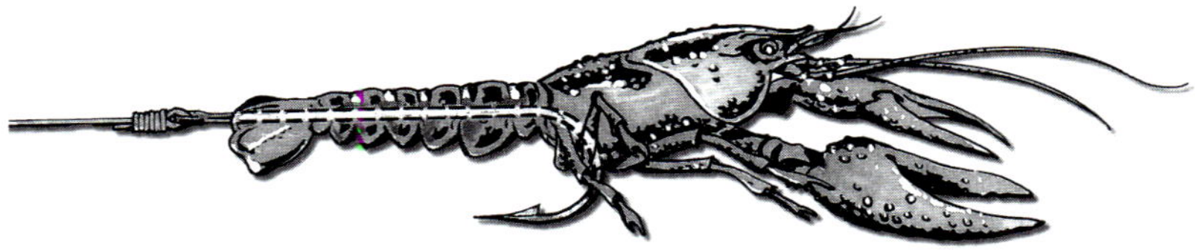

Oben: Kleine Krebse dienen beim Spinnfischen unter anderem zum Fang von Forellen und Smallmouth-Schwarzbarschen. Tote Krebse kann der Angler wie gezeigt montieren...

...während lebende Krebse mit Gummibändern am Haken halten.

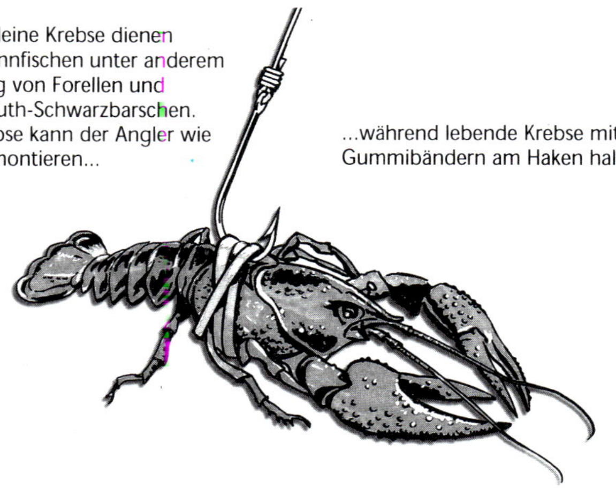

Amphibien

In vielen Ländern ist das Fischen mit lebenden Amphibien als Köder glücklicherweise verboten. Anders in den USA, wo unter anderem Frösche und Salamander als beliebte Köder für Schwarzbarsch, Hecht und Muskie gelten. Zudem gelten Frösche in Süd- und Osteuropa als die besten Waller-Köder.

In den USA werden Salamander leider häufig zum Hechtangeln und besonders auf Schwarzbarsche eingesetzt. Fast alle Arten fangen dabei Fische, allerdings stellten sich die kleinen oder jüngeren als die Fängigsten heraus. Der Haken findet häufig vorn am Kopf seinen Halt.

Frösche wurden lange Zeit als äußerst wirksame Hecht- und Schwarzbarschköder betrachtet. Deshalb finden sich viele Froschimitationen in den Köderschachteln amerikanischer Spinn- und Fliegenfischer.

Tintenfische

Das Fleisch von Tintenfischen ist blaß und fest – zwei beachtliche Vorzüge, mit denen es Salz- und Süßwasserfische gleichermaßen gut an den Haken lockt. Kleine tiefgekühlte Tintenfische eignen sich zum Hechtangeln und ersetzen Heringe und andere tote Köder. Darüber hinaus ist Tintenfisch ein sehr guter Köder auf Waller.

Kleine Tintenfische werden häufig ganz angeboten. Dieser Köder sitzt fest auf dem Haken, der generell ziemlich groß ausfallen sollte. Er läuft durch den Körper und tritt am Kopf wieder aus.

Von größeren Tintenfischen eignen sich die Arme als Spinnköder. Sie können bei langsamer Führung sehr gut fangen, vor allem wenn ihnen Bewegungen der Rutenspitze etwas »Leben« einhaucht.

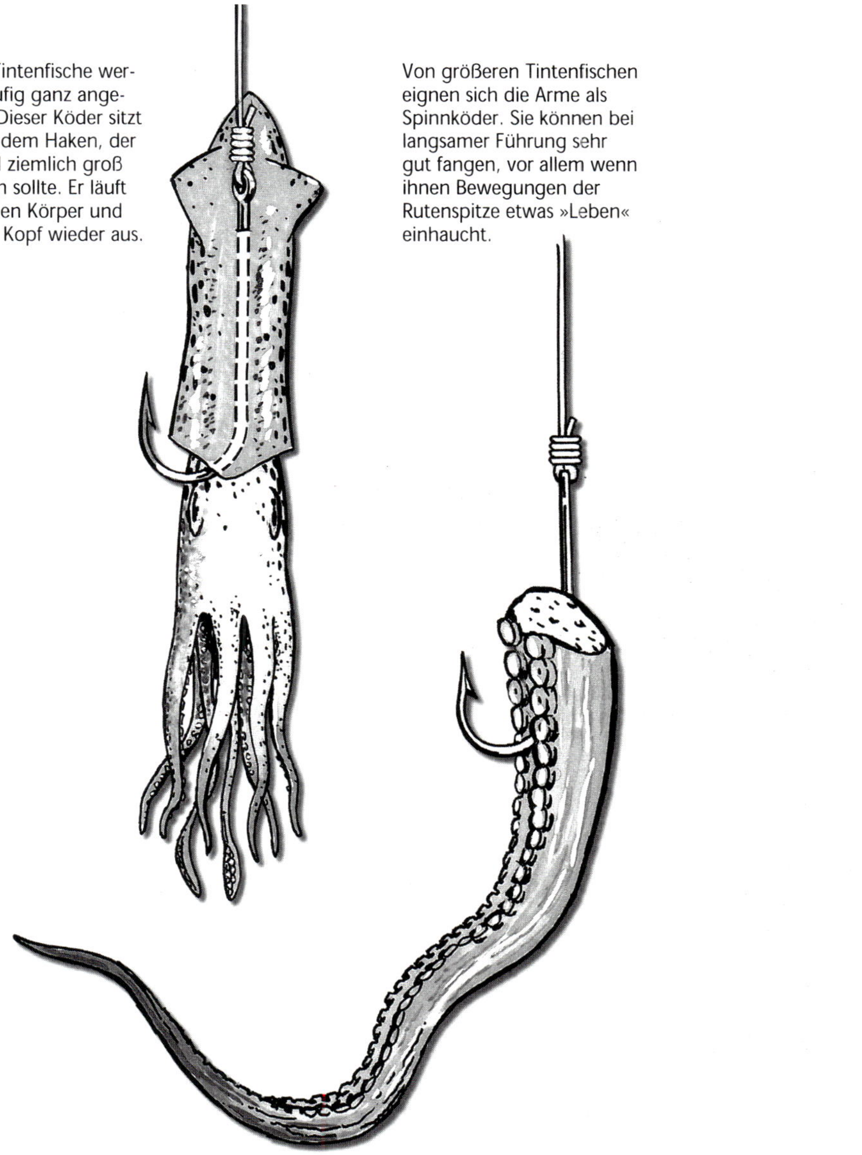

Rogen

Lachseier sind beim Fischen auf Lachs, Steelhead und andere Forellen fast unschlagbar, egal ob in natürlichen Gewässern oder Forellenseen.

Die feinste Technik besteht darin, ein, zwei oder drei große Eier auf einen Einzelhaken zu spießen. So können sie mit der Strömung treiben und Steelheads oder Regenbogenforellen verführen. Natürlich beißen sie auch auf größere Batzen, jedoch sind sie eher für Königslachse gedacht. So ein Köder kann über den Boden treiben oder an dem bekannten Spinner namens Spin-N-Glow befestigt werden. Meerforellen fallen in den Flüssen ebenfalls gut auf einen Rogenklumpen am Einzelhaken oder Drilling herein.

Neben frischem Rogen sind Lachseier auch als Konserve erhältlich, wobei die Konservierungsflüssigkeit häufig Duftstoffe enthält. Übrigens läßt sich auch Nudelteig mit dem Geruch von Lachseiern, Fischöl und Würmern versehen. Der Teig wird entweder zu einer Kugel gerollt und auf einen Einzelhaken gesteckt oder um einen Drilling geknetet. Hauptsächlich fängt dieser Köder Lachse und Forellen in Naturgewässern und »Forellenpuffs«. Einige dieser Teige sind inzwischen recht bekannt und wurden mit fluoreszierenden Farben und Glitterpartikeln noch lockender gestaltet.

Rogen – am leichten Gerät angeboten, kann er unter anderem zum Fang von vorsichtigen Lachsen und Forellen sehr nützlich sein.

Rogenklumpen halten mittels »Eierschlaufe« auf dem Haken. Die Hauptschnur läuft durch das Öhr und wird am unteren Ende des Schenkels angebunden, so daß die Leine eine Schlaufe bildet. Sie wird nach dem Einlegen des Rogens zugezogen.

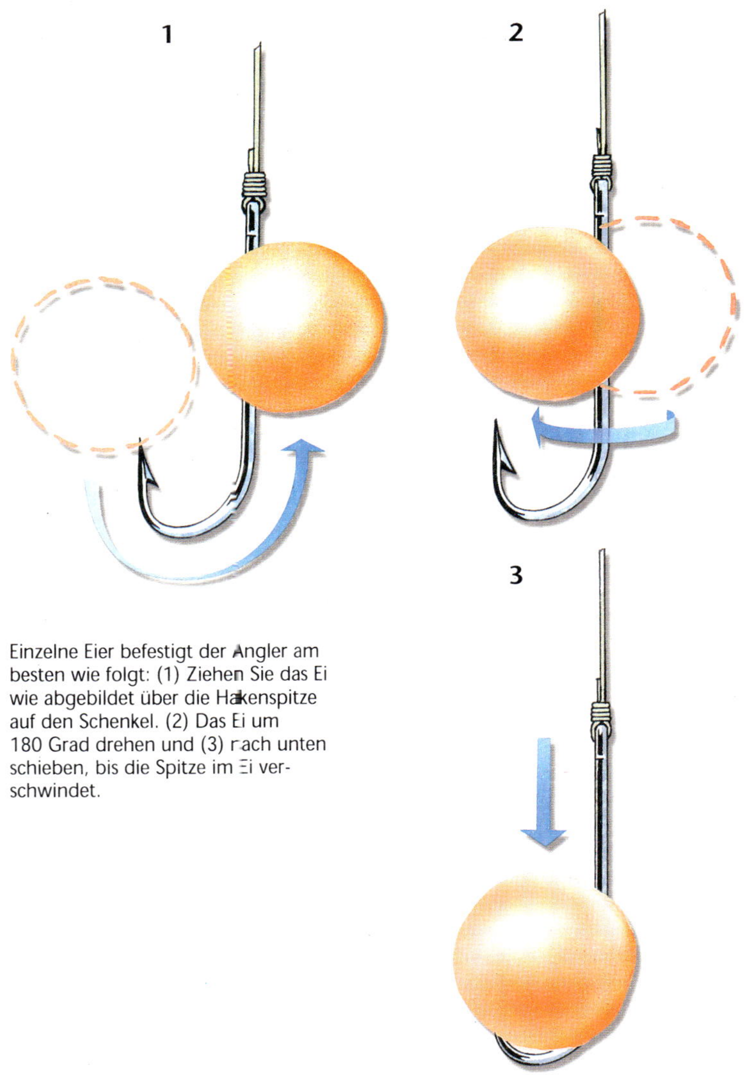

Einzelne Eier befestigt der Angler am besten wie folgt: (1) Ziehen Sie das Ei wie abgebildet über die Hakenspitze auf den Schenkel. (2) Das Ei um 180 Grad drehen und (3) nach unten schieben, bis die Spitze im Ei verschwindet.

Konservierte Köder

Verschiede Naturköder gibt es aus der Konserve – einschließlich Wattwürmern, Fischen und Garnelen. Zwar fangen konservierte und gesalzene Köder selten so gut wie frische, jedoch dienen sie Anglern meist als Notreserve, bis der erste Fisch gebissen hat und jetzt als Köder dienen kann. Ein Vorteil konservierter Fische liegt darin, daß sie durch das Einlegen stabiler werden und somit besser auf dem Haken halten.

Konservierte Kleinfische fangen zwar kaum so gut wie frisch gefangene. Allerdings sind sie eine gute Wahl, wenn sonst kein Köder zur Verfügung steht.

Der Haken sitzt im Kopf des konservierten Fischs. Entweder fischt er alleine mit einer Beschwerung auf der Hauptschnur oder läuft an einem Vorfach hinter einem Kunstköder.

Genauso können Sie den Haken eines Jigs mit einem kleinen Konservenfisch versehen. Dabei wird der Köder wie ein blanker Jig geführt.

Schweineschwarte

Dieser Köder existiert in Amerika schon lange, in Europa fehlt ihm jedoch weitgehend die Anerkennung. Schweineschwarte wird aus der Backe eines Schweins geschnitten und auf unterschiedliche weise konserviert, damit sie weich, haltbar und elastisch wird. Es macht jedoch keinen Sinn, den Köder selbst herzustellen. Denn der Fachhandel liefert ihn billig in vielen Farben und Formen. Hauptsächlich wird Schweineschwarte an Jigs, Federhaken, Spinnern und Blinkern auf Schwarzbarsch, Hecht und Muskie gefischt.

Schweineschwarte gibt es in zahlreichen Farben und Formen. Es ist ein weicher und lebendig laufender Köder und wird unter anderem an Jigs, Federhaken, Blinkern und Spinnern auf Hecht, Muskie und Schwarzbarsch eingesetzt.

Fisch

Beim Angeln auf viele Räuber sind Fische der ultimative Köder. Sie werden tot als Ganzes oder in Streifen geschnitten angeboten sowie lebend gefischt. Im Süßwasser ködern die Angler kleine Rotaugen, Güstern oder Stinte an Einzelhaken oder Drillingen an, wenn es auf Schwarzbarsche, Barsche, Crappies oder Bluegills geht. Größere Köder dienen zum Fang von Hecht oder Waller.

Zum Anködern gibt es verschiedene Methoden. Soll ein Fisch auf dem Punkt lebend den Räuber locken, wird der Haken zwischen Rücken- und Schwanzflosse oder im Schwanz eingestochen. Soll das Führen mit nur einem Haken driftend erfolgen, hängt das Eisen im Ober- oder Unterkiefer. Auf dem Punkt gefischte tote Köder erhalten beim Angeln auf Hecht oder Zander normalerweise zwei Drillinge, wobei der eine mit einer Spitze in der Flanke und der andere im Schwanz sitzt. Die Spitzen zeigen dabei zum Schwanz, da die Räuber den Köder normalerweise mit dem Kopf voraus schlucken.

Kleine Köderfische lassen sich an Jighaken befestigen und fangen so Barsch, Zander und Hecht. Zudem wurden unzählige Systeme zum Spinnfischen mit toten Köderfischen entwickelt. Die fertig im Fachhandel angebotenen Ausführungen bestehen normalerweise aus einem Bleikopf und einem Arm oder Körper (eventuell mit Widerhaken), der in den Köder gesteckt wird. Einer, zwei oder drei Drillinge hängen an einem sehr stabilen, dünnen Draht, wobei der Angler jeweils eine Spitze in die Flanke des Köders sticht. Jetzt kann das Angeln beginnen. Ein Köderfisch am System wird wie ein Kunstköder geführt, wobei er in der kalten Jahreszeit häufig auf den Grund sinken und dort einige Zeit liegen bleiben sollte.

Fischfetzen fangen im Süßwasser vor allem Zander und Barsche. Sie hängen entweder an einem nackten Einzelhaken, einem Jig oder Federhaken, die als Seitenarme beim Barschangeln zu finden sind.

Zusammengenähte Bauchlappen von Barsch oder Renke sind ein guter Ersatz für ganze Köder. Allerdings fällt der Streifen bei einem Biß leicht ab.

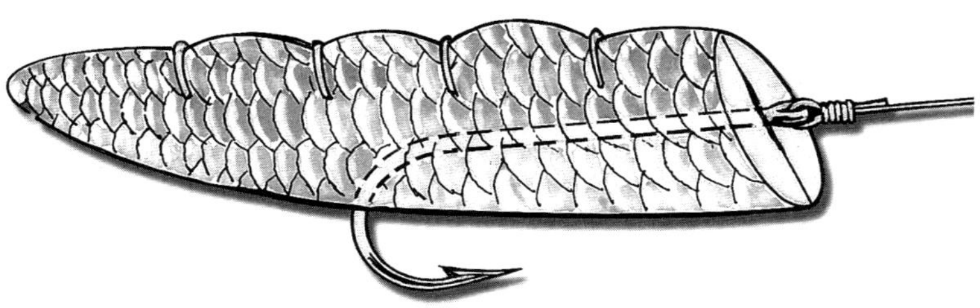

Fetzen beispielsweise aus der Haut von Barsch oder Hering besitzen eine natürliche Farbe sowie den entsprechenden Geruch. Allerdings flattert nur ein flach auslaufend geschnittener Köder wirkungsvoll im Wasser.

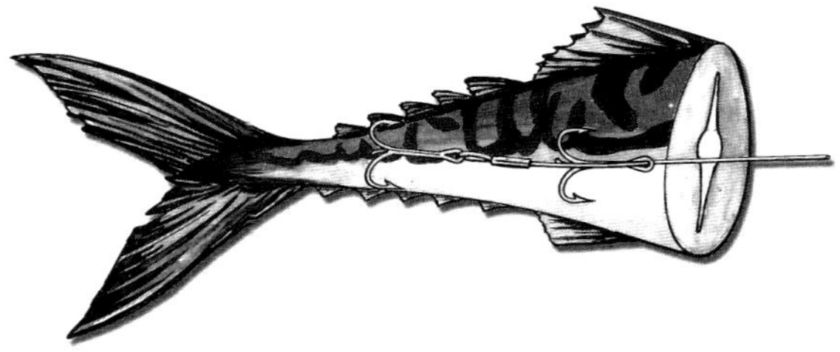

Das Schwanzstück von Makrele, Hering oder Renke erweckt den Eindruck eines größeren Köders. Dieser Teil des Fischs wirkt sehr attraktiv, obwohl er im Unterschied zum vorderen Teil nicht so kräftig riecht.

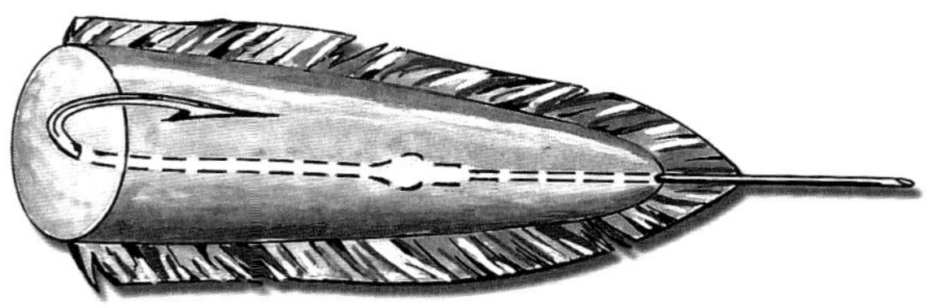

In einigen Gewässern erwiesen sich Aale als sehr fängige Köder, kleinere Exemplare als Ganzes und größere in Stücken. Dabei sollte der Angler den Haken so durchfädeln, daß Hakenspitze und Bogen außen bleiben.

Der vordere, schräg abgeschnittene Teil eines kleinen Köderfischs ist ein guter Ersatz für einen größeren. Er hält weite Würfe aus und verströmt einen starken Geruch.

Diese Montage bewährte sich mit toten und lebenden Köderfischen. Sie halten fest auf dem Haken und lassen sich somit weit werfen. Sie können statt dem Drilling genauso einen Einzelhaken verwenden.

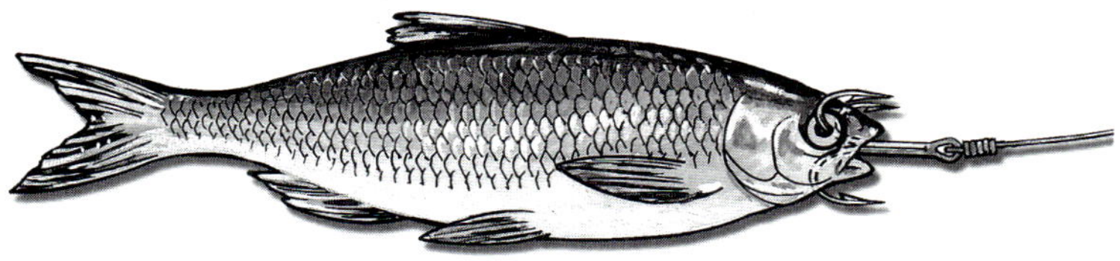

Der im Maul gehakte Drilling ergibt eine sehr feste Montage. Beschwert wird der Fisch entweder mit einem zusätzlichen Gewicht auf der Hauptschnur oder an einem Seitenarm.

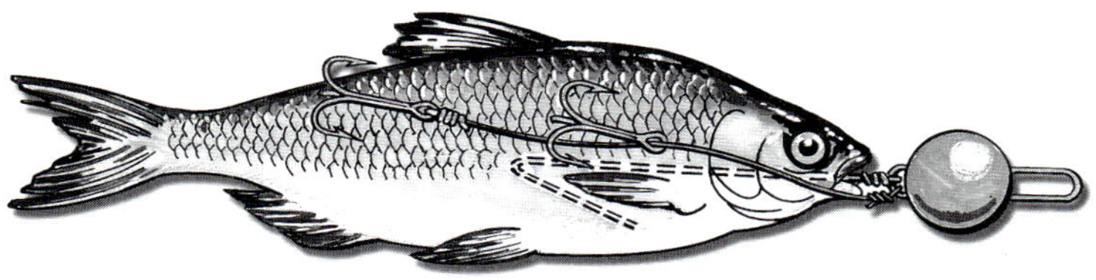

Beim Drachkovitch-System stecken die Drillinge außen am toten Köderfisch. Der gebogene Stahldraht im Inneren des Körpers hält den Köder fest.

Die Ködernadel zieht das Stahlvorfach durch Weidloch und Maul. Passen Sie dabei jedoch auf, daß sich nicht sämtliche Hakenspitzen in den Körper bohren, sonst läßt sich ein Räuber kaum haken.

Auch hier führte die Ködernadel das Vorfach durchs Maul, wobei sich diese Variante am besten für kleine Köder eignet.

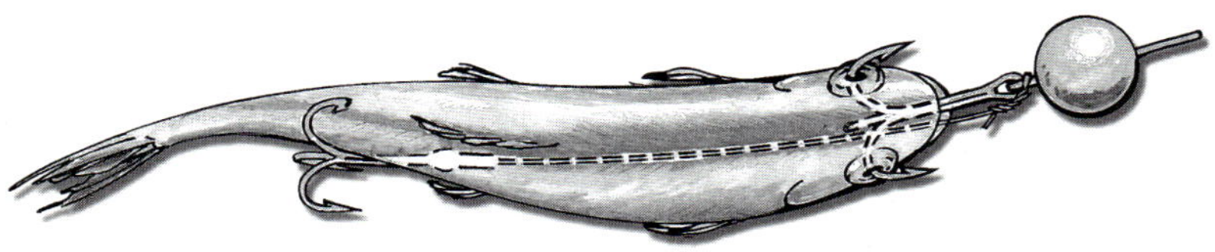

Bei diesem Spinnsystem läuft das Stahlvorfach durch den ganzen toten Köder – wiederum mit der Ködernadel durchgefädelt. Die Spitzen des Drillings durchstechen Augen und Unterkiefer, wodurch das System selbst kräftige Würfe aushält.

Weiter fangen Fischstücke und –streifen beim Grundangeln unter anderem Zander, Hechte, Welse und große Barsche.

Beim Meerangeln ist Fisch in den verschiedensten Formen ein fast zu jeder Zeit problemlos verfügbarer Köder, der fast alle Meeresfische fängt. Sie können den Köder stationär, treibend oder beim Spinnangeln anbieten, was von der gewünschten Fischart abhängt. Fischstreifen mit darüber angebrachten Droppern oder zusammen mit einem Pilker gefischt sind erstklassige Köder für Dorsch, Leng und sogar Heilbutt.

Locköle

Duftstoffe und Locköle werden hauptsächlich zum Präparieren von Kunstködern eingesetzt – jedoch genauso zum Einlegen, Besprühen oder Injizieren von beziehungsweise in natürliche Köder. Einige Wobbler kommen ab Werk in einer Ausführung, die das Benetzen oder Befüllen mit Lockmitteln erlaubt.

Zudem gibt es verschiedene Teige, die sich alleine oder zusammen mit einem Kunstköder fischen lassen. In stark befischten Gewässern oder unter besonderen Umständen, wenn die Räuber nicht auf die normale Stimulation eines Kunstköders reagieren, kann der Angler mit reizvollen Substanzen doch noch zu seinem Fang kommen. Allerdings wirken sie nicht auf alle Raubfisch-Arten.

Der Fachhandel bietet eine große Palette von Ölen und Teigen an, die einen Duft verströmen. Beim Spinnfischen werden sie fast ausschließlich in Kombination mit natürlichen und künstlichen Ködern verwendet, wobei sie ihnen einen zusätzlichen Reiz verleihen sollen.

Der Lebensraum der Fische

Wer beim Spinnfischen gute Fänge erzielen möchte, muß etliches über die Fische, ihre Umgebung und ihr Futter wissen – und nicht nur die Dinge von den eigenen Techniken und Ausrüstungsteilen. Der Schlüssel liegt vielmehr in den Kenntnissen des Verhaltens der Fische gegenüber den Ködern und wie der Lebensraum unter anderem Köderwahl und Angeltechnik beeinflußt.

■

Viele von uns meinen, daß wissenschaftliche Erkenntnisse über Fische und Gewässer für einen guten Fang keine Bedeutung besitzen. Aber das ist völlig falsch. Denn dieses Wissen vermittelt uns einen tieferen Einblick in das Leben der Wasserbewohner, was richtig umgesetzt wiederum zu mehr Fischen am Haken führt. Und ohne nähere Kenntnis muß der Angler unter schwierigen Bedingungen am Wasser möglicherweise ohne Erfolg nach Hause gehen. Deshalb gehört sie wie Rute, Rolle und Köder zu unserer Ausrüstung.

Auf den nächsten Seiten wird nur das erklärt, was für das Angeln insgesamt und für das Spinnfischen im besonderen von Bedeutung ist. Rund um die Welt lebt eine gewaltige Zahl unterschiedlicher Fischarten, die sich alle ihrem Lebensraum anpaßten. Dazu kommen innerhalb einer Art die Tiere, die sich auf die unterschiedlichen Gewässerbedingungen einstellten, weshalb wir uns hier auf die grundsätzlichen Punkte konzentrieren müssen.

Natürlich läßt sich ein ganzes Angler-Leben an einem Fischwasser verbringen, ohne wirklich sicher herauszufinden, warum der Fisch unter den gegebenen Umständen einen bestimmten Köder nimmt. Jedoch liegt genau darin das Mysteriöse und Aufregende beim Angeln. Denn wüßte man mit Sicherheit den Standplatz der Tiere und ihre gerade herrschenden Vorlieben, wäre das Angeln schnell langweilig oder es käme zum Überfischen des Gewässers. Und gerade das Unberechenbare der Natur macht doch den großen Reiz des Hobbyfischens aus.

Der Fisch

Generell zählen Fische zu den im Wasser lebenden, kaltblütigen Wirbeltieren, die Flossen besitzen und durch Kiemen atmen. Auf der Erde leben etwa 20 000 Arten, wobei ihre Anpassungsfähigkeit auf unterschiedliche Umgebungen zu teilweise eindrucksvollen Erscheinungsbildern führte. Schließlich müssen sie mit Wassertemperatur und -farbe, unterschiedlichen Tiefen und Druckverhältnissen oder Salzgehalt zurechtkommen und dabei die vorhandenen Futterquellen möglichst optimal nutzen, sich unter Umständen verbergen können und nicht zuletzt für Nachkommen sorgen.

Durch ihr kaltes Blut müssen sich die Körperfunktionen der Fische im Unterschied zu den Säugetieren der Umgebungstemperatur anpassen. Sinkt die Wassertemperatur, so bewegen sie sich weniger und nehmen eine geringere Menge Nahrung zu sich. Je kälter es ist, desto weniger fressen die Fische, selbst wenn reichlich Futter in greifbarer Nähe zur Verfügung steht. Darin liegt der Hauptgrund, warum sich Fische mit sinkenden Temperaturen immer schwieriger an den Köder locken lassen.

Im Frühjahr ziehen die meisten Fischarten vom tieferen Wasser in die flacheren Gebiete (oben). Erreicht das Oberflächenwasser im Sommer hohe Temperaturen, ziehen sie sich fünf bis zehn Meter tiefer in die Sprungschicht zurück (Mitte). Kühlt das Wasser im Herbst ab, finden sich die Fische gleichermaßen in tiefem und seichtem Wasser. Sinken die Temperaturen weiter, finden sich die Tiere in immer tieferen Regionen.

Jeder Fisch hat einen optimalen Temperaturbereich innerhalb einer engen Spanne, die sich beispielsweise zwischen zehn und 15 Grad Celsius bewegt. Bei extremer Aktivität laufen Metabolismus und Appetit auf Hochtouren, was das Überlisten so eines Fischs erleichtert.

Kühlt das Wasser ab, läuft es genau umgekehrt. Die Aktivität nimmt wie die Dringlichkeit der Futtersuche ab. Kurz gesagt verschlechtern sich die Fänge, liegt die Temperatur unter oder über dem optimalen Bereich.

Fische versuchen grundsätzlich, Gebiete mit einer möglichst angenehmen Wärme zu finden. Unter anderem zwingt sie das kalte Wasse im Herbst oder Winter dazu, die wärmsten Stellen zu finden – normalerweise finden sie sich direkt über dem Grund (Anm.d.Red.: Wasser erreicht bei vier Grad Celsius seine größte Dichte und sinkt nach unten, während das kältere darüber liegt). Steigen im Frühjahr die Temperaturen an der Oberfläche oder in seichten Buchten, nutzen die Fische diese Bereiche. Im Sommer wird es dort allerdings vielleicht zu warm und die Fische suchen sich kühlere Plätze. Somit steigen die Chancen auf einen guten Fang, wenn der Angler die Fische in Gebieten mit optimalem Temperaturbereich sucht.

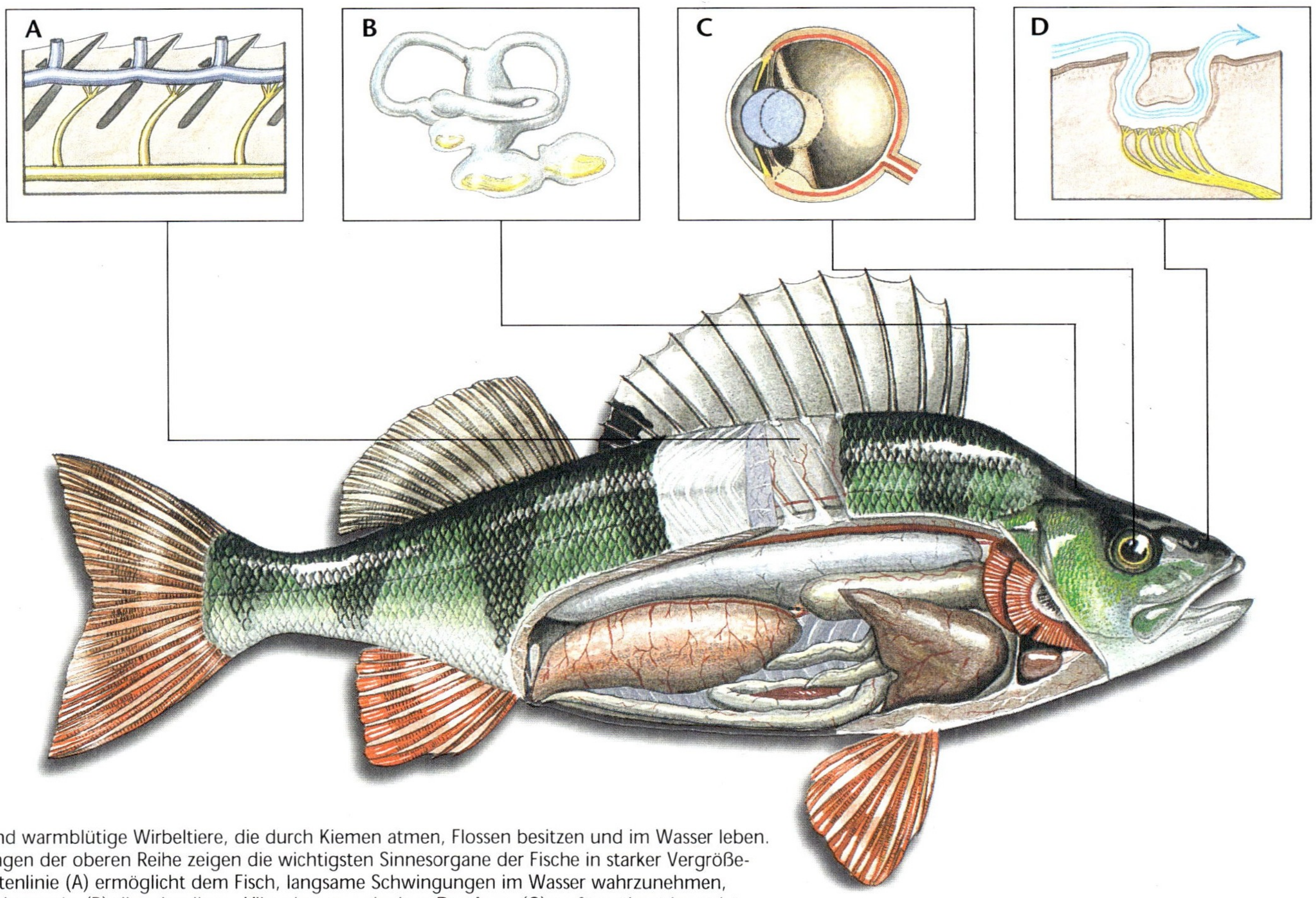

Alle Fische sind warmblütige Wirbeltiere, die durch Kiemen atmen, Flossen besitzen und im Wasser leben. Die Zeichnungen der oberen Reihe zeigen die wichtigsten Sinnesorgane der Fische in starker Vergrößerung. Die Seitenlinie (A) ermöglicht dem Fisch, langsame Schwingungen im Wasser wahrzunehmen, während das Innenohr (B) die schnelleren Vibrationen registriert. Das Auge (C) verfügt über eine sphärische Linse, die sich zum Scharfstellen auf ein Objekt nach vorn oder hinten verschiebt. Das Geruchsorgan (D) liegt tief unter zwei kleinen Öffnungen im Kopf, durch die das Wasser ein- und ausströmen kann.

Die Sinne des Fischs

Wie wir Menschen verwendet der Fisch seine Sinne, mit denen er sich in seiner Umgebung zurechtfindet. Er kann sehen, hören, riechen und schmecken – außerdem besitzt er seine Seitenlinie, die sich als vom Schwanz bis zum Kopf reichendes Hörorgan beschreiben läßt. Damit kann der Fisch Druckwellen wahrnehmen und ihre Richtung feststellen. Außerdem kann er damit Objekte bei Licht oder Dunkelheit orten. Damit besitzt die Seitenlinie einen großen Wert für die Futtersuche bei Nacht, in großen Tiefen oder schlammigem Wasser.

Die meisten Fische, die uns beim Spinnfischen interessieren, jagen hauptsächlich auf Sicht. Ihre Augen sind dazu ausgelegt, in zwei Richtungen gleichzeitig zu blicken. Zudem können sie gleichzeitig ein Objekt betrachten, geht es um das Abschätzen der genauen Entfernung. Dieses Sichtfeld oder »Fenster« liegt direkt vor dem Fisch und ist ziemlich eng. Zudem ist es nur auf eine verhältnismäßig kurze Entfernung ausgelegt.

Die Augen von Raubfischen eignen sich meist für die Jagd bei Tageslicht. Allerdings gibt es einige Arten, die hoch entwickelte Augen für das Sehen bei sehr wenig Licht besitzen. Eines der besten Beispiele ist der Zander, ein typischer Nacht- und Dämmerungsjäger. Er schleicht sich im Schutze der Dunkelheit an seine Opfer heran und stößt dann blitzschnell zu. Diese Taktik setzt voraus, daß der Räuber besser sieht als sein Futter.

Da der Fisch von Natur aus kurzsichtig ist, muß sich ein etwas entfernt laufender Köder bewegen oder auf andere Weise auffallen, damit ihn der Fisch überhaupt wahrnimmt. Auf jeden Fall sollte der Köder Druckwellen aussenden, die der Fisch über seine Seitenlinie wahrnimmt. Auch helle Lichtreflexe oder eine Duftspur erwecken Aufmerksamkeit. Ein bekannter Köder mit kräftigen Druckwellen ist der Spinner, den der Fisch selbst auf weite Entfernungen ausmachen kann. Ein Wobbler kann wiederum eine Kugel im Inneren tragen, die bei seinen schwänzelnden Bewegungen ein Rasseln erzeugt. Mit entsprechenden Ködern können Sie mit weniger Würfen ein größeres Gebiet absuchen oder einen sonst recht mißtrauischen Räuber zum Biß reizen. Allerdings kommt kein Kunstköder 100prozentig an das natürliche Vorbild heran. Verschmähen erfahrene Fische konsequent jedes Imitat, bleibt nur noch ein natürlicher Köder. Und bei richtiger Präsentation des zudem echt riechenden und schmeckenden Angebots kann kaum ein Jäger widerstehen.

Die Geruchs- und Geschmackssinne der Fische tragen sehr zur Fähigkeit bei, sich zu orientieren und Futter aufzuspüren. Einige Arten wie der Aal besitzen hervorragende Riechorgane, wobei die meisten Fische selbst leichtere Gerüche über große Entfernungen wahrnehmen können. Diese Tatsache führte zu Versuchen mit Kombinationen aus Kunstködern und Duftstoffen. Trotzdem erweisen sich natürliche Köder häufig als die beste Wahl, vor allem wenn die Räuber in einem recht eng begrenzten Gebiet stehen.

Neben der Futtersuche hilft das Geruchsorgan, das im Bereich der Nase des Fischs liegt, beim Bemerken von Gefahren. Unter anderem kann der Geruch eines Seehunds einen Fischschwarm sofort zur panischen Flucht in alle Richtungen veranlassen. Zudem spielt dieser Sinn eine große Rolle auf langen Wanderungen. So finden Lachse mit unglaublicher Präzision in ihr Geburts- und Jugendgewässer zurück.

Die Lichtbrechung auf der Wasseroberfläche macht es dem Angler schwer, zu bestimmen, in welcher Tiefe und Entfernung genau sich ein Objekt unter Wasser befindet. So scheint ein Fisch weiter weg und flacher zu stehen, während er tatsächlich tiefer und näher beim Angler schwebt. Diese Illusion gilt genauso für Grundstrukturen und anderes unter der Wasseroberfläche.

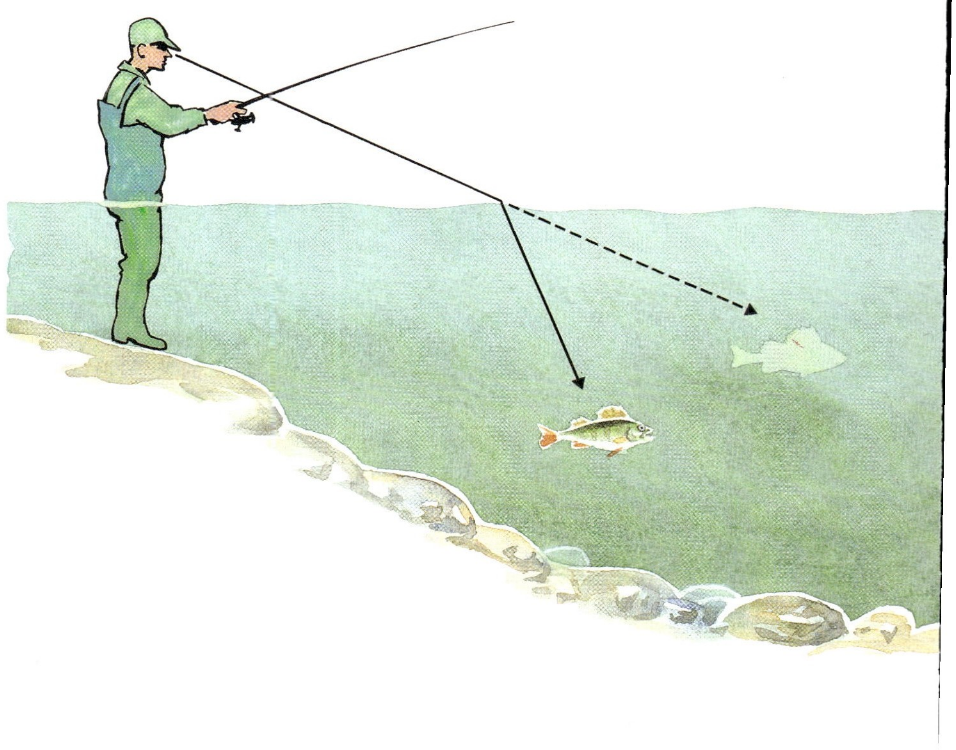

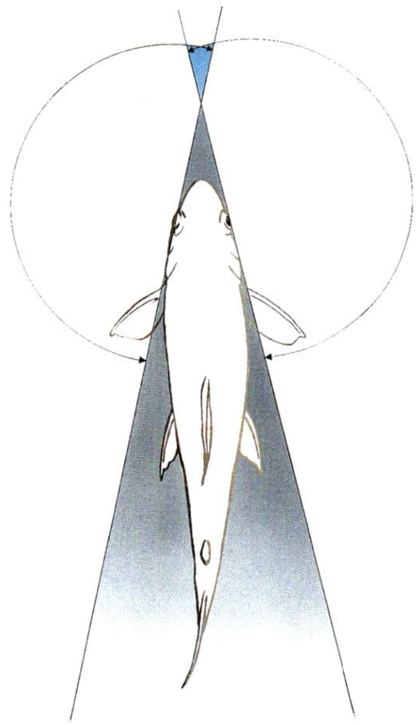

Dank der sphärischen Linsen seiner Augen besitzt der Fisch ein sehr großes Sehfeld. Mit beiden Augen zugleich kann er jedoch nur in einem sehr engen Bereich sehen (hier vor dem Kopf). Zu jeder Seite ist nur der Blick mit jeweils einem Auge möglich. Und in der »blinden Zone« dahinter kann der Fisch nichts sehen.

Durch ein rundes »Fenster« kann der Fisch aus dem Wasser hinaus sehen. Bis hinunter zum Auge verengt es sich konisch in einem Winkel von etwa 97,5 Grad. Er entsteht durch die Richtung der Strahlenbrechung, in der das Licht von der Oberfläche den Fisch erreicht. Somit verengt sich das Sichtfeld immer weiter, je näher er an der Oberfläche steht.

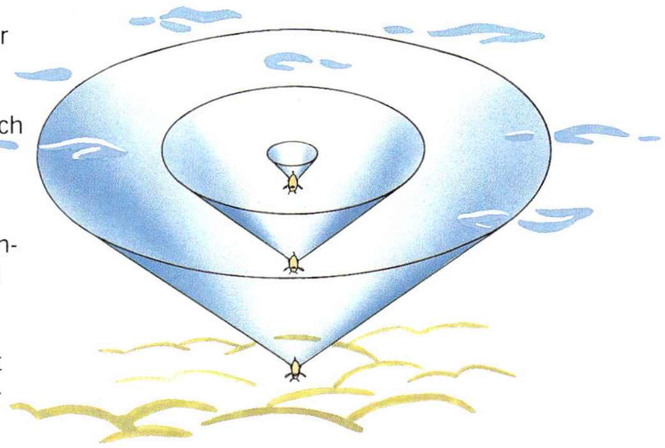

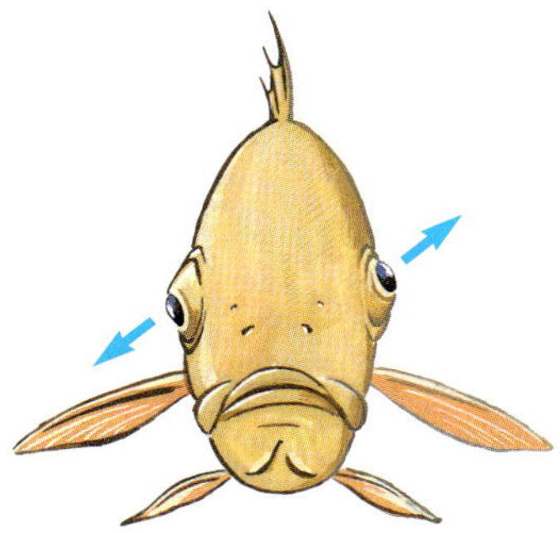

Anders als beim Menschen kann der Fisch seine Augen unabhängig voneinander bewegen. Wie hier zu sehen, kann er mit dem einen Auge nach oben (oder vorn) blicken, während das andere nach unten (oder hinten) sieht. Allerdings kann er Objekte mit beiden Augen nur in seinem binokularen Feld scharf sehen – direkt vor, über oder unter dem Kopf.

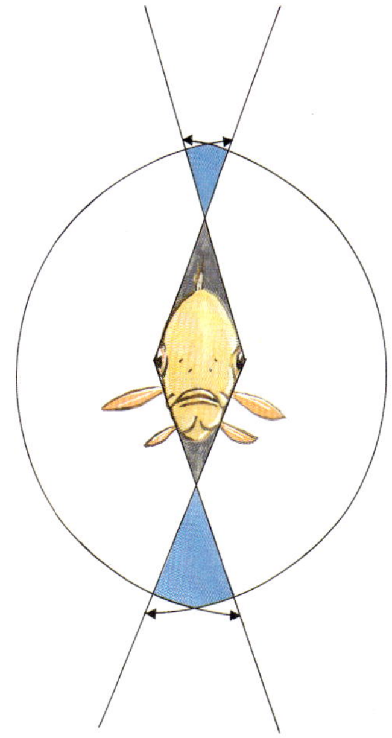

Die Arbeitsweise der Augen des Fischs ermöglicht ihm einen umfangreichen Blickbereich nach oben und unten. Dabei kann er mit beiden Augen nach oben und unten wie auch direkt nach vorn scharf sehen, wenn auch nur in einem kurzen Bereich.

Der Winkel des »Sichtfensters« vergrößert sich an der Wasseroberfläche, wodurch der Fisch den Angler leicht bemerken kann. Seine hier dunkel dargestellten Partien zeigen, wieviel der Fisch von ihm bei klarem, sonnigem Wetter wahrnehmen kann. Deshalb sollte sich der Fischer nahe dem Wasser möglichst tief halten. Am besten bleibt er im Boot sitzen oder kniet am Ufer.

Instinktives Verhalten

Der größte Unterschied zwischen uns und den Fischen liegt darin, daß sie nicht rational denken können. Ein Fisch wählt nicht vor dem Biß oder denkt darüber nach, ob er ihn nehmen oder ablehnen soll. Am besten läßt sich sein Verhalten wohl als Instinkt bezeichnen: bestimmte Signale oder Stimulationen lassen das Tier automatisch auf irgendeine Weise reagieren. Angler in aller Welt stellen sich dabei die Frage, warum ein Fisch den einen Köder annimmt und sich für einen anderen scheinbar überhaupt nicht interessiert. Genauso seltsam erscheint es, wenn ein Räuber den Köder verfolgt, ohne zuzupacken und ihn sich plötzlich doch noch mit einem gewaltigen Angriff schnappt.

Die kurze Antwort darauf lautet, daß eine bestimmte Stimulation in einer bestimmten Situation ein bestimmtes Verhalten auslöst. Normalerweise dürften es Farbe und Form des Köders sein, auf die ein Fisch reagiert, jedoch können noch weitere Faktoren die »Entscheidung« beeinflussen. Je mehr »Schlüssel-Stimulationen« in einen Köder eingebaut sind, desto größer ist die Chance auf einen Biß. Genauso kann ein übertriebener Schlüsselreiz einen Köder zum Erfolgsmodell verwandeln. Das kann Form, Farbe, Bewegung oder das Erzeugen von Schallwellen betreffen. Einmal mehr stellt der Spinner dafür ein gutes Beispiel dar, dessen rotierendes Blatt starke Schallwellen aussendet und damit den Beißreflex des Fischs auslöst.

Hunger und Revier

Der wohl am meisten verbreitete Grund für einen Biß ist der Hunger. Denn ein jagender Fisch läßt sich recht einfach dazu verleiten, den Köder zu nehmen. In dieser Situation stellt irgendetwas freßbar Erscheinendes, das in der Nähe auftaucht, wiederum eine Stimulation dar.

Wie schon gesagt, kommt es vor, daß sich ein Fisch ohne Zweifel für den Köder interessiert, jedoch nicht beißt.

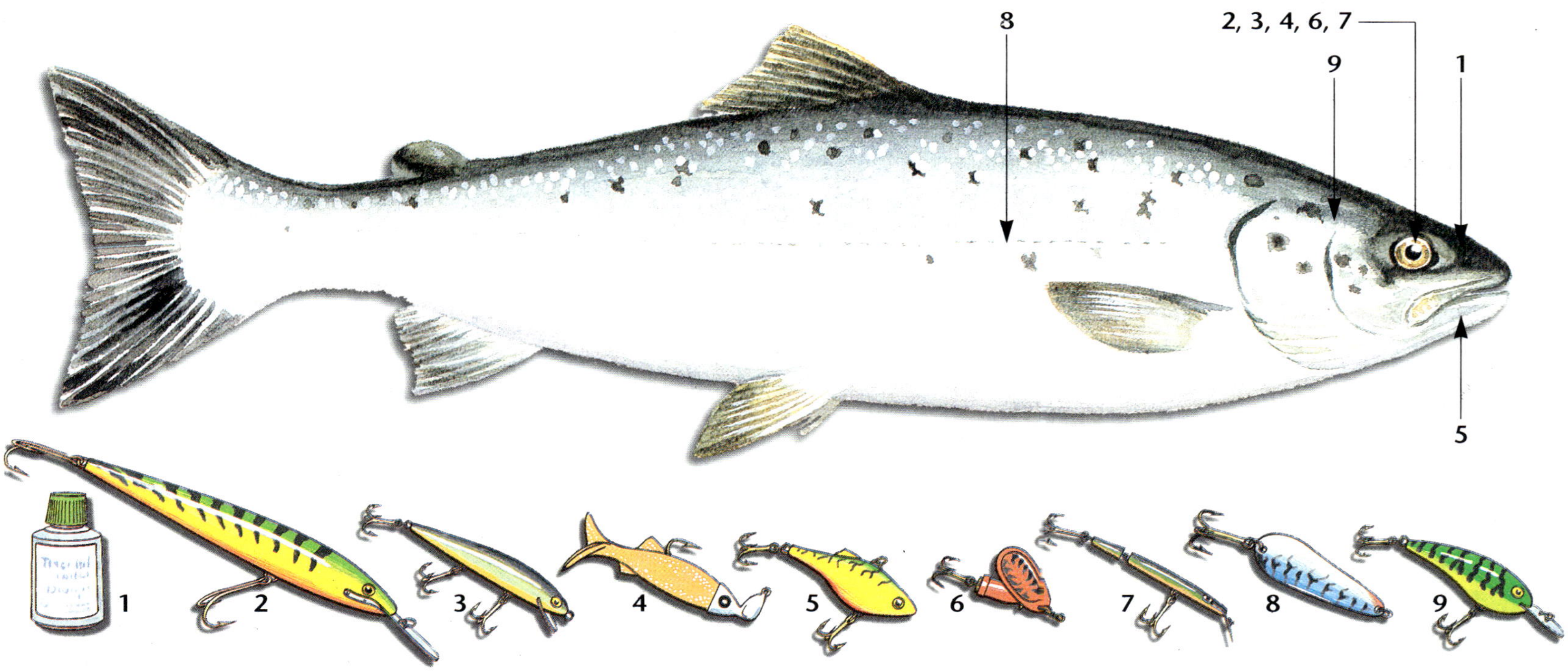

Verschiedene Arten von Kunstködern beeinflussen den Fisch auf unterschiedliche Weise – und je mehr der Sinnesorgane des Fischs stimuliert werden, desto besser stehen die Chancen auf einen Fang. Die hauptsächlichen Eigenschaften zum Auslösen eines instinktiven Beißreflexes sind: (1) Geruch, (2-3) Form, (4) Größe, (5) Konsistenz, (6) Bewegung, (7) Farbe, (8) Vibration und (9) Geräusch.

Dieses passive Verhalten läßt sich hauptsächlich mit einer geringen Aktivität erklären, die unter anderem von einer niedrigen Wassertemperatur, dem Luftdruck oder damit zusammenhängt, daß der Fisch gerade etwas anderes gefressen hat. In jedem Fall wird ein hungriger Fisch am besten fressen – und ein aktiver hungriger Räuber benötigt weniger Reize als ein satter, träger Fisch.

Ein weiterer Grund für einen Biß liegt in der Revierverteidigung. Jetzt jagt der Räuber kein Futter, sondern greift den Köder als Eindringling in sein Territorium an. Das kann unter anderem der Standplatz oder der Laichgrund sein. Das vielleicht typischste Beispiel für dieses Verhalten ist der Lachs, der das Fressen vor dem Aufstieg in den Fluß einstellt. Dort nimmt er trotzdem noch Köder – hauptsächlich in grellen Farben – die seinen Weg kreuzen. Hunger hat nichts mit dem Reflex zu tun. Immer wieder steigt die Angriffslust der Fische, wenn der Köder mit den Farbtönen ihres Laichkleides in etwa übereinstimmt. Das trifft etwa auf Rot zu, das jetzt den Schlüsselreiz bildet.

Regenbogenforellen sind durch einige Merkmale unter Anglern besonders beliebt. Die Fische erweisen sich immer wieder als sehr beißfreudig und lassen sich deshalb ziemlich einfach fangen, außerdem kämpfen sie hart um ihre Freiheit. Und nicht zuletzt schmecken sie hervorragend. Auf dem Foto ist ein wohlgenährtes Exemplar kurz vor dem Kescher zu sehen.

Das Wasser

Der Lebensraum Wasser kann so große Unterschiede aufweisen wie die Angelgewässer selbst. Allerdings teilen sie sich gleichzeitig viele Merkmale und lassen sich in Kategorien einteilen, die sich überall auf der Welt finden. Die gröbste Unterscheidung liegt zwischen Süß-, Brack- und Salzwasser, gefolgt von stehenden und fließenden Gewässern. Worin liegen die Unterschiede und wie beeinflussen sie die Fische? Diese Frage ist von großer Bedeutung für die Wahl von Angeltechnik und -taktik.

Das gesamte Wasser der Erde stammt aus den Meeren. Die Wärme der Sonne erzeugt Dampf und Wolken, die der Wind über das Land führt. Dort geben sie das lebenswichtige Naß in Form von Regen oder Schnee ab, worauf sich das Wasser wieder in Bächen und Flüssen sammelt. Sie strömen ins Meer, wo der Kreislauf von vorn beginnt. Allerdings führt das Wasser noch weitere Substanzen mit sich, die nicht über den gesamten Zyklus gleich bleiben. Dazu zählen unter anderem der Salzgehalt, der Anteil des Sauerstoffs oder der pH-Wert, die den Lebensraum der Fische beeinflussen.

Salz, Sauerstoff und Säure

Fast jeder Fisch könnte sich grundsätzlich von Süß- auf Salzwasser und umgekehrt umstellen. Das liegt daran, daß ein Salzwasserfisch einen geringeren Salzgehalt als die Umgebung besitzt, während die Exemplare aus dem Süßwasser gegenüber ihrem Lebensraum eine höhere Salzkonzentration im Körper tragen. Kurz gesagt unterscheidet sich der Salzgehalt in den Körpern der Fische weniger als der ihrer Gewässertypen. Diese nötige Balance reguliert der Fisch im wesentlichen über die Menge des Urins und die Kiemenfunktion.

Allerdings gibt es nur wenige Arten, die den Wechsel von Süß- zu Salzwasser oder in der anderen Richtung wirklich beherrschen. Dazu zählen Lachse, Meerforellen und Aale sowie in begrenztem Umfang auch Hecht, Zander, Barsch und Dorsch, die auch im Brackwasser leben können.

Lebende Organismen benötigen Sauerstoff, wobei das Wasser einen großen Teil des Gases aus der Luft erhält – durch Regen, Strömung, Wellen und Stürme, welche die Oberfläche aufwühlen. Besonders viel Sauerstoff reißen Stromschnellen und Wasserfälle in das Wasser, weshalb sich unterhalb davon häufig gute Angelstellen finden. Denn die Fische können sich hier am besten mit Sauerstoff versorgen. Trotzdem ist die Photosynthese die größte Sauerstoff-Quelle: Algen und grüne Wasserpflanzen wandeln die Energie des Sonnenlichts in Sauerstoff um.

Ein weiterer bedeutender Aspekt der Wasserqualität ist der pH-Wert, wobei der Härtegrad 7 als neutral bezeichnet wird. Ein niedrigerer Wert macht das Wasser sauer, ein höherer führt zu alkalischem Wasser. Elemente wie Kalzium sind alkalisch, weshalb Gewässer von Natur aus alkalisch sein können. Denn fließen sie durch Gebiete, die über reiche Mengen des Minerals im Gestein verfügen (wie Kalkstein), so schwemmt das Wasser es zwangsläufig aus. Bei pH-Werten unter 6 spricht man von saurem Wasser, wobei unter pH 4,5 fast alles Leben im Wasser erlischt. Mit der Industrialisierung von Teilen unserer Welt werden die Gewässer ständig saurer, da immer mehr Stickstoff und Schwefel in die Luft und schließlich in die Gewässer gelangt. Zur Rettung besonders betroffener Gewässer wird seit einigen Jahren versucht, die Wirkung dieser Substanzen mit großen Kalkmengen zu neutralisieren.

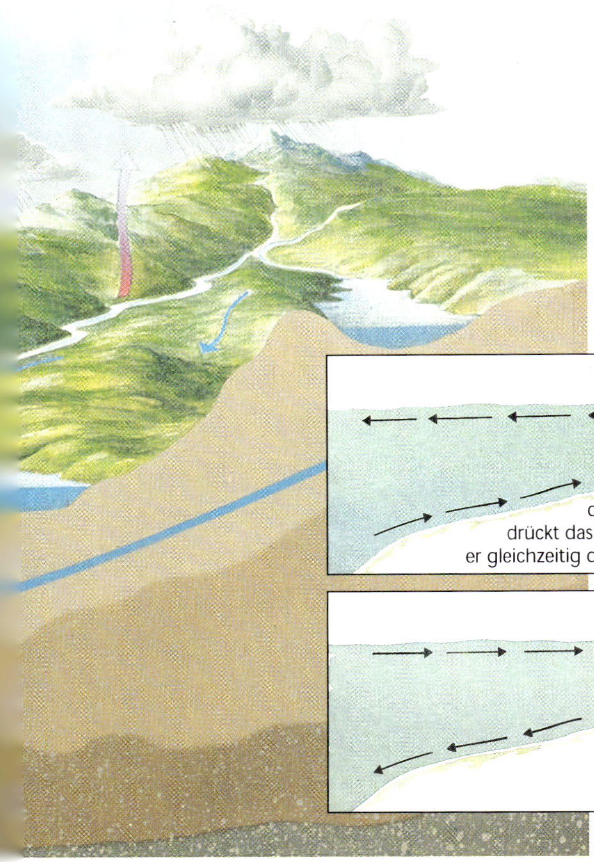

Links: Die Wärme der Sonne läßt aus den Ozeanen Wasser verdampfen. Beim Aufstieg in die Atmosphäre bilden sich Wolken, die über das Land treiben, abkühlen und als Regen oder Schnee auf die Erde gelangen. Über Bäche und Flüsse kehrt das Wasser ins Meer zurück und der Kreislauf beginnt erneut.

Rechts: Der pH-Wert ist ein wichtiger Indikator für die Wasserqualität. Werte unter 6 bedeuten saures Wasser, das die Fische gefährden kann. Am wenigsten kommen Forellen und Lachse damit zurecht. Aale können noch bis 4,5 überleben, niedrigere Werte töten jedoch annähernd alles Leben.

Hier ist die Wasserzirkulation an einer Küste unter verschiedenen Windbedingungen zu sehen. Ein ablandiger Wind drückt das Oberflächenwasser auf die See, wodurch er gleichzeitig das Wasser in Grundnähe zum Land zieht.

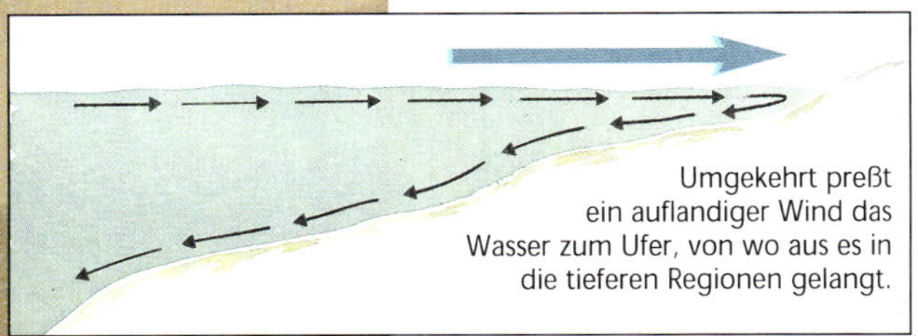

Umgekehrt preßt ein auflandiger Wind das Wasser zum Ufer, von wo aus es in die tieferen Regionen gelangt.

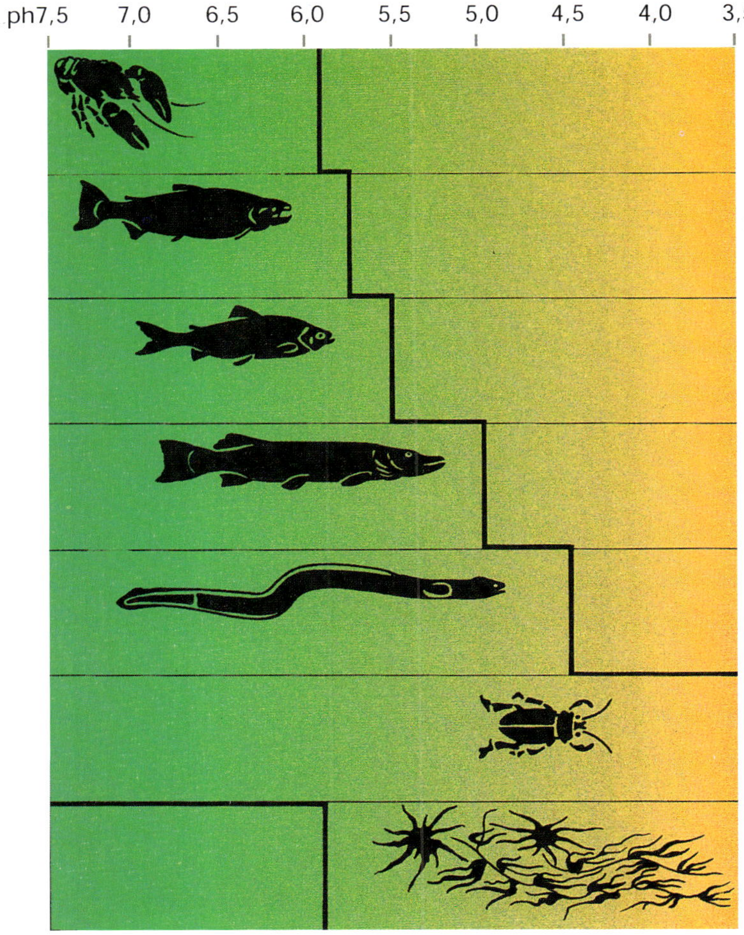

Licht und Geräusch

Völlig anders als in der Luft verhalten sich Licht und Schallwellen unter Wasser. So setzt sich ein Geräusch unter Wasser mit etwa 1500 Meter pro Sekunde fort, während es über Wasser nur auf 330 bis 340 m/s kommt. Somit ist Wasser absolut kein stiller Raum, was wir Angler häufig nicht beachten. Vielmehr ist das rasche Ausbreiten von Schall ein guter Grund, sich beim Angeln so leise wie nur möglich zu verhalten. Das gilt besonders für das Angeln vom Boot aus, jedoch sollte auch der Uferangler möglichst ans Ufer »schleichen« und die Fische somit nicht erschrecken.

Fische besitzen mit Flüssigkeit gefüllte Ohren im Körper, mit denen sie hochfrequente Schallwellen in ihrer Umgebung wahrnehmen. Das eigentliche Organ zum »Hören« ist jedoch die Seitenlinie. Dieser wiederum mit Flüssigkeit gefüllte Kanal kann Wellen von niedrigeren Frequenzen bemerken und ist so sensibel, daß dem Fisch selbst schwächste Wellen nicht verborgen bleiben. Unter Berücksichtigung dieser Tatsachen lautet das Rezept für erfolgreiches Spinnfischen etwa so: Verhalte dich so lautlos wie nur möglich, verwende aber einen »lautstarken« Köder. Er erweckt die Aufmerksamkeit der Fische und löst hoffentlich den Beißreflex aus.

Verglichen mit den Geräuschen sieht es mit dem Licht unter Wasser genau umgekehrt aus – es wird weitaus schneller absorbiert. Selbst in sehr klarem Wasser erreicht nur etwa ein Prozent des Lichts eine Tiefe von 150 Meter. Damit stehen die Chancen in trübem Wasser noch weitaus schlechter. Das ist für das Angeln von großer Bedeutung, da sich das Sehvermögen von »Augen«- Räubern unter diesen Bedingungen stark verringert.

Zum effektiven Jagen benötigen die meisten Raubfische einigermaßen helles Licht. So leben Hechte hauptsächlich in verhältnismäßig flachem, ein bis zwölf Meter tiefem Wasser und erwischen das meiste Futter bei gutem Licht sowie kräftigen Farben der Kleinfische.

Die Rolle der Farbe

Im Spektrum des sichtbaren Lichts besitzt Blau die meiste Energie und Rot die geringste. Deshalb ist Blau – gefolgt von Grün – mit zunehmender Tiefe am längsten zu erkennen, während Rot als erstes zu einem Grauton verblaßt. Deshalb sollte der Spinnfischer beim Angeln in tiefem Wasser blaue und grüne Köder wählen und die roten meiden. Allerdings ist Silber die »Farbe«, die in tiefem Wasser am besten Licht reflektiert, weshalb es die einleuchtendste Wahl für tiefes und/oder trübes Wasser mit schlechten Sichtverhältnissen darstellt.

Einige Fischarten sehen Farben besser als andere. Zu ihnen zählen die pelagischen Fische, die im Mittel- oder Oberflächenwasser hauptsächlich bei Tageslicht jagen. Ein schlechteres Farbsehen verlieh die Natur den Arten, die in tiefem Wasser am Grund leben. Hier ist das Licht so schwach, daß Farben kaum noch existieren und ein ausgeprägter Farbsinn hier deshalb keinen Sinn macht. Schon seit etlichen Jahren setzen sich fluoreszierende Köder immer mehr durch. Diese Farbtöne verstärken sich und sind über große Entfernungen zu erkennen, wenn sie von den ultravioletten Strahlen im Sonnenlicht getroffen werden. Die UV-Strahlen sind bei schwachem Licht besonders intensiv, weshalb fluoreszierende Köder am besten in der Dämmerung oder an trüben Tagen wirken.

Der Zander ist ein typischer Nachtjäger. Er lebt in tieferem Wasser, in dem verhältnismäßig schwaches Licht herrscht. Damit ist auch das Unterscheiden von Farben weniger von Bedeutung. Neben dem guten Sehvermögen bei Dunkelheit entwickelte der Zander außerdem eine spezielle Jagdstrategie für die Dunkelheit.

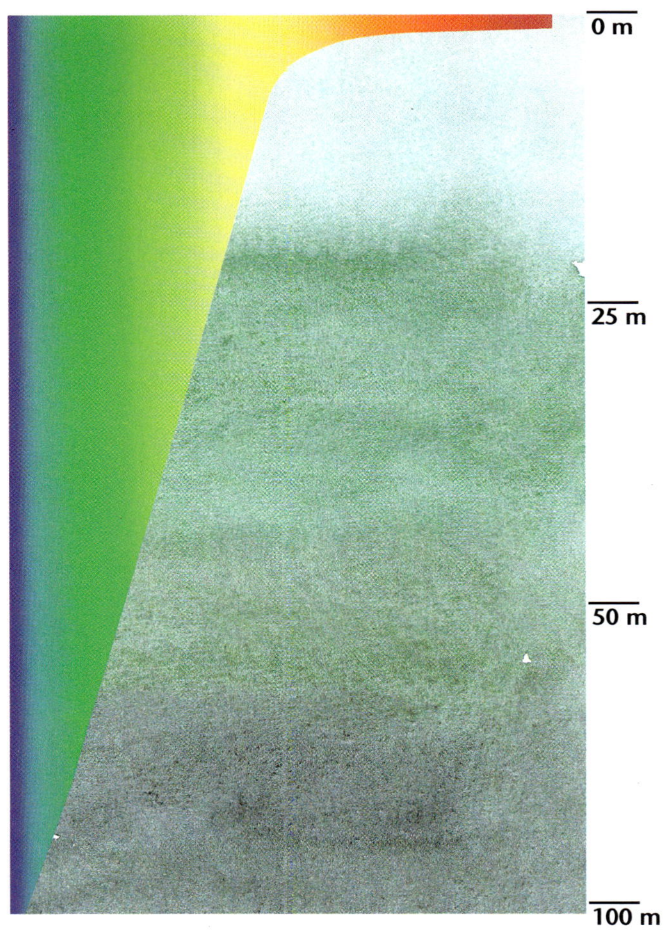

Rechts:
Unter Wasser wird Licht viel schneller als in der Luft absorbiert. Seine unterschiedlichen Wellenlängen durchdringen das Wasser mit unterschiedlichem Erfolg. So verschwindet Rot als erstes, gefolgt von Gelb, dann Grün und schließlich Blau. Somit erreichen die blau-grünen Teile des Farbspektrums die größten Tiefen. Jedoch ist das Licht unterhalb von 100 Meter auf jeden Fall zu schwach für die Photosynthese der Pflanzen.

Strömungen und Temperatur

In Seen, im Meer und nicht zuletzt in großen Flüssen herrscht eine beständige Zirkulation. Sie beeinflußt nicht nur stark die Versorgung mit Nährstoffen und Sauerstoff, sondern gleichzeitig die Temperatur. Strömungen stehen wiederum unter dem Einfluß von Wind, dem Wechsel von Luftdruck und Temperatur sowie den Mondphasen. Die Gezeitenströmungen werden dabei hauptsächlich von der Anziehungskraft des Monds und teilweise auch von der Sonne auf das Wasser hervorgerufen. Diese enormen Schwankungen der Wassermassen unserer Welt können einen Unterschied des Wasserstandes zwischen Ebbe und Flut von bis zu 15 Meter erreichen, was unter anderem an der nordwestlichen Küste von Frankreich sowie bei Neufundland zu beobachten ist.

Die Intervalle zwischen Ebbe und Flut betragen etwa 12 Stunden und 25 Minuten oder einen halben »Mondtag«. Da ein Sonnentag 24 Stunden dauert, verschiebt sich die Zeit für Ebbe und Flut täglich um 50 Minuten – diese Regelmäßigkeit gibt es schon so lange wie die Ozeane. Weiter kommt es zu einer Springtide, wenn Erde, Mond und Sonne an den Neu- oder Vollmonden in einer Reihe stehen. Dann ist der Unterschied der Wasserstände am größten, die Ebbe am niedrigsten und die Flut am höchsten.

Fische in Küstengewässern wandern auf ihrer Futtersuche im Rhythmus der Gezeiten, wobei die Zeiten vor und nach einer Ebbe oder Flut vergleichsweise günstig für das Angeln sind. Deshalb vertrauen viele Angler auf der ganzen Welt auf »Beißzeiten-Tabellen«, die aufgrund der Bewegungen des Mondes und seinen Auswirkungen auf die Gezeiten erstellt werden. Natürlich sind diese Tabellen für das Meeresfischen von größerer Bedeutung als für das Angeln in Binnengewässern.

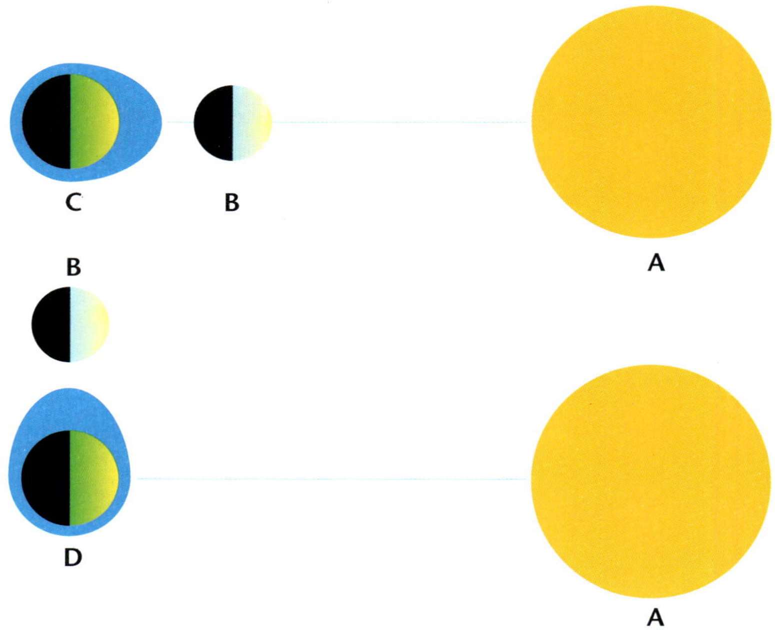

Oben: Das Fischen an der Küste unterliegt häufig stark dem Einfluß der Gezeiten, die unter anderem die Futterfische in Richtung Land schwemmen. Die Ursache für Ebbe und Flut liegt in der Anziehungskraft von Mond (B) und Sonne (A) auf die Meere. Die Springtiden sind am stärksten und ereignen sich zur Zeit von Neu- oder Vollmond, wenn Sonne und Mond mit der Erde (C) in einer Linie stehen. Nipptiden (D) sind viel schwächer und ereignen sich bei Halbmond, wenn die drei Himmelskörper einen rechten Winkel bilden.

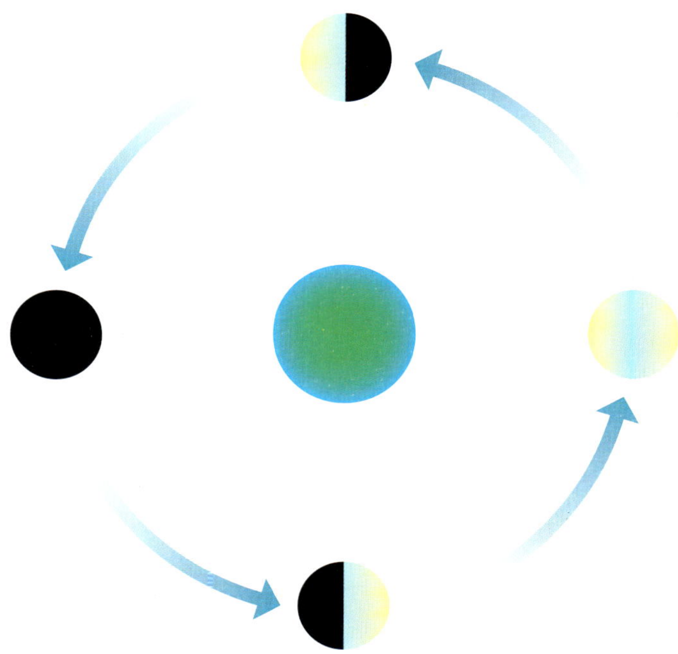

Rechts: In vielen Teilen der Welt ist es für Küstenfischer von Bedeutung, wann Ebbe und Flut auftreten. Beißzeiten-Tafeln werden aufgrund von Gezeitenzyklus und der Position des Mondes im Verhältnis zu Erde und Sonne errechnet. Hier sind die Mondphasen im Laufe eines Monats zu sehen. Zu einer Nipptide kommt es bei jedem Halbmond, die Springtide ist am höchsten und niedrigsten bei Neu- und Vollmond. Ein Mondtag ist 24 Stunden und 50 Minuten lang, weshalb sich die Gezeiten täglich um 50 Minuten verschieben.

Es liegt viel Wahrheit in der Aussage, daß 90 Prozent der Fische in zehn Prozent des Sees stehen. Nachdem Fische aufgrund von Wind, Temperatur und Nahrungsangebot jedoch wandern, lassen sie sich manchmal nur schwer aufspüren – eine besondere Überraschung für den Anfänger. Jedoch können Angler auf manche Stellen ziemlich sichere Wetten abschließen: Ein- und Ausläufe Untiefen, tiefe Kanten, Höhlen, Halbinseln, Inseln, Gräben und überwachsene Ufer.

Im Winter sind die Wassermassen verhältnismäßig stabil. Da das Wasser bei 4 Grad Celsius am schwersten ist, ist das die Temperatur am Grund. Sobald die Sonne im Frühjahr die Oberfläche erwärmt, setzt sich das Wasser in Bewegung und vermischt sich...

...bis die Temperatur an der Oberfläche so hoch ist, daß sich Schichten bilden. Das führt häufig zu einer Sprungschicht, die das warme, sauerstoffreiche Oberflächenwasser vom kalten Tiefenwasser trennt.

Kühlt das Wasser im Herbst ab und erreicht überall die gleiche Temperatur, vermischen sich die Schichten wieder. Schließlich erreicht das schwerste, 4 Grad kalte Wasser den Grund.

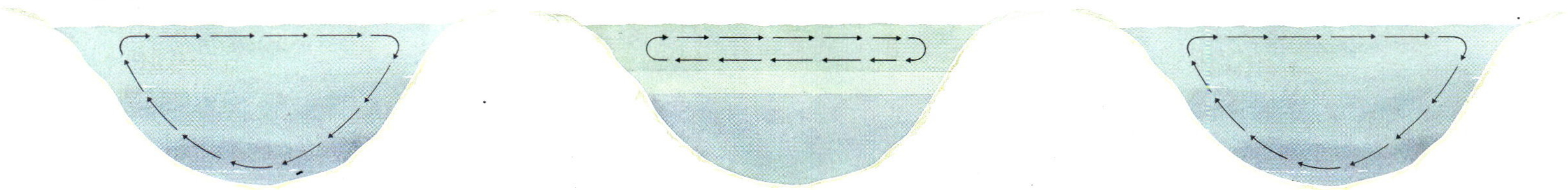

Wasser-Zirkulation

Hauptsächlich in den gemäßigten Klimazonen der Welt beeinflussen die Temperaturunterschiede die Dichte und das Gewicht des Wassers. Dadurch entsteht eine gleichmäßige Zirkulation mit waagerechten Wasserschichten, die in tiefen Seen am stärksten ausgeprägt sind. Im Sommer steigt das warme und damit leichte Wasser an die Oberfläche und bildet hier die Deckschicht. Nachdem Wasser bei 4 Grad Celsius allerdings am schwersten ist, geschieht im Winter das Umgekehrte: es sinkt auf den Grund. Daraus folgt, daß sich diese Schichten verlagern, wenn sich das Wasser in Frühjahr und Herbst erwärmt beziehungsweise abkühlt. Nach einiger Zeit besitzt das Wasser überall die gleiche Temperatur. Hauptsächlich im Sommer ergeben die Bewegungen der Wasserschichten große Temperaturunterschiede. Zwischen der Oberflächen- oder Deckschicht (Epilimnion) und der Tiefenschicht (Hypolimnion) liegt die Sprungschicht (Metalimnion). Dieser Bereich kann nur ein paar Meter dick sein, jedoch beträgt der Temperaturunterschied zwischen der obersten und der untersten Kante bis zu 10 Grad Celsius. Häufig finden sich jetzt wärmeliebende Fische wie Zander, Barsch, Schwarzbarsch und Hecht in der Deckschicht, während andere wie Forellen und Lachse in der Sprungschicht oder dicht darunter die für sie angenehmeren Temperaturen finden.

Auch in Seen kann der Wind die Temperatur und die Strömungen beeinflussen. Ein kräftiger Wind kann das Wasser auf eine Seite des Sees drücken, so daß beim Abflauen oder einer Richtungsänderung eine kräftige Unterströmung entstehen kann. Sowohl der starke Wind als auch die folgende Strömung erhöhen die Sauerstoffzufuhr ins Wasser, was wiederum die Beißfreudigkeit der Fische anregen kann.

Jäger und Gejagte

Wo die Raubfische zu den verschiedenen Jahreszeiten in unterschiedlichen Gewässerarten stehen, hängt von verschiedenen Faktoren ab. Neben der Wassertemperatur spielen Strömungen, Tiefe, Salzgehalt und Bodenstruktur dabei eine Rolle, wo die Räuber am einfachsten ihr Futter finden.

Die Uferzone eines Sees besitzt normalerweise den größten Artenreichtum. Allerdings ist die Nahrungskonkurrenz hier auch am größten. Die Arten, die am Ende der Nahrungskette stehen – also die Raubfische – suchen zumindest zeitweise das Flachwasser zur Futtersuche auf. So kommt die Forelle häufig nahe ans Ufer, außerdem Hecht, Barsch und Schwarzbarsch.

Während Hechte etwas kühleres Wasser bevorzugen und die Landnähe hauptsächlich im Frühjahr oder Herbst suchen, lieben Barsch und Schwarzbarsch warmes Wasser und jagen regelmäßig in warmen Buchten. Barsche suchen stets die wärmsten Regionen auf, was im Sommer dicht an der Oberfläche und im Winter kurz über dem Grund liegt.

Fließende Gewässer sagen einigen Arten besser zu als anderen. So ermöglicht der stromlinienförmige Körper unter anderem von Forelle und Äsche sogar das Leben in starken Strömungen. Ebenfalls in schneller fließendem Wasser finden sich Grundfische wie der Wels, deren Körperform eigentlich nicht richtig in diese Umgebung paßt. Allerdings stehen sie in Mulden oder hinter großen Steinen, die vor dem schnellen Wasser schützen. Auch Hechte sind keine typischen Fische für rasche Strömung, weshalb sie sich im Fluß eher in den langsameren Partien oder in Rückströmungen finden.

Aufgrund der sonst großen Tiefen findet der Spinnfischer im Meer sein Revier hauptsächlich in Flachwasserzonen und nahe dem Land. Hier hängt das Aufspüren von Raubfischen hauptsächlich vom Nahrungsangebot, der Wassertiefe und -struktur, dem Salzgehalt, den Strömungen und Gezeiten ab. Spindelförmige Arten wie Makrele oder Pollak leben im Mittelwasser, können jedoch auf der Jagd nach Futter rasch die Tiefe wechseln.

Viele Raubfische wie die Forellen, besitzen einen Tagesrhythmus, der in erster Linie vom Licht abhängt. Tagsüber stehen die Fische in verhältnismäßig tiefem Wasser ohne viel zu fressen (unten). In der Abenddämmerung wandern sie in seichtere Regionen und jagen aus der Deckung der Dunkelheit. Meist bleiben sie bis zur Morgendämmerung im Flachen. Deshalb gilt die Spanne zwischen Abend und Morgen unter Anglern häufig als die beste Zeit.

Richtige Grundbewohner, wie die Plattfische, stehen so tief unten wie möglich. Und zwischen diesen beiden Extremen gibt es noch viel mehr Arten, die sich auf ihre Weise an das Leben im Meer anpaßten.

Rechts: Unter anderem wird der Hecht in einigen Situationen zum Kannibalen – vor allem wenn andere Futterfische knapp sind. Außerdem kann der Hecht unglaublich große Brocken bis zur Hälfte seiner Körperlänge fressen. Dieses Verhalten findet sich gleichermaßen in Seen und Flüssen und führt immer wieder zu einem Bestand mit wenigen aber kapitalen Hechten.

Fische und Nahrung

Nahrungsketten verschiedener Arten gibt es in allen Unterwasser-Lebensräumen. Die Reihenfolge von Räuber, Futter, Futter des Futters und so weiter unterscheidet sich hauptsächlich zwischen Süß- und Salzwasser sowie innerhalb der beiden Welten. Für unsere Zwecke als Spinnfischer müssen wir jedoch nur wissen, daß die Raubfische immer am oberen Ende der Kette stehen. Das vielleicht beste Beispiel dafür ist der auch als Top-Räuber bezeichnete Hecht, der in jedem von ihm besiedelten Gewässer die Nahrungskette anführt.

Raubfische fressen andere Fische sowie gelegentlich Insekten, die jeweils weiter unten in der Hierarchie stehen. Wo, wann und wie sie jagen ist dabei für uns so wichtig zu wissen. Grundsätzlich suchen die Räuber mehr oder weniger aktiv in Schwärmen von Futterfischen wie Rotauge, Laube oder Hering. Bemerkt der Angler so einen Schwarm, dann sind die Räuber bestimmt ganz in der Nähe.

Kleinfische besitzen wie größere Arten ihre Vorlieben für bestimmte Temperaturen, unternehmen jahreszeitlich bedingte Wanderungen und suchen sich Stellen mit guter Deckung und reichem Nahrungsvorkommen. Mit dieser Tatsache im Hinterkopf kann der Fischer ziemlich gute Angelstellen finden. Futterfische leben häufig im Flachwasser oder über Untiefen sowie an Scharkanten. Als vergleichbar gute Plätze erwiesen sich tiefe Löcher, schnell fließende Strecken sowie Gebiete mit Quellen im Gewässergrund.

Die Nahrungsketten in Seen und im Meer bestehen aus vielen Gliedern. Genau betrachtet besteht das gesamte System aus einzelnen Organismen, die jeweils der nächsten Stufe als Nahrung dienen. Die ersten Konsumenten stellt normalerweise das Phytoplankton. Dieses pflanzenfressende Plankton wird wiederum von Planktonjägern aufgenommen. Sie bieten wiederum Nahrung für die Fischbrut, die schließlich zu einem Teil von erwachsenen Fischen wie Forelle oder Barsch gefressen wird. Und auf sie lauert unter anderem der Hecht.

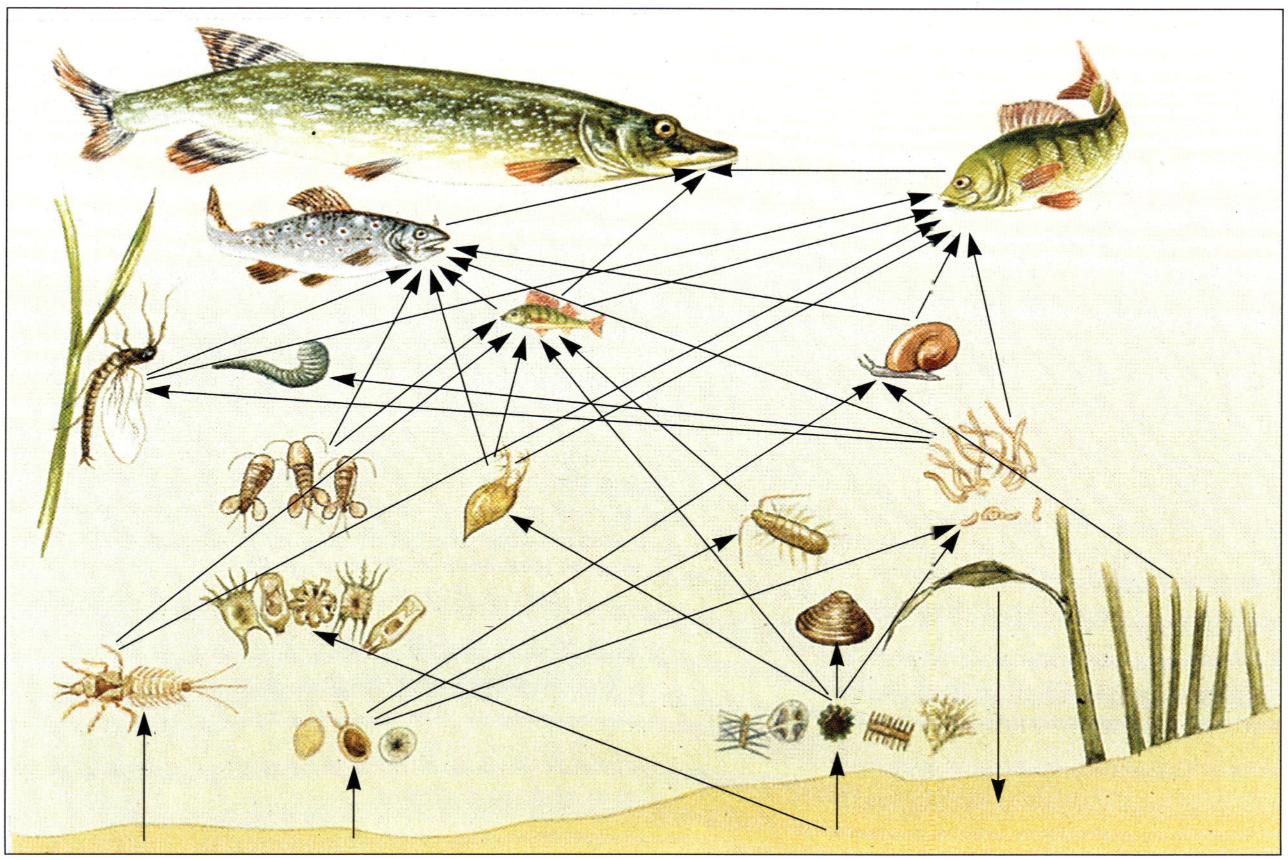

Das Absuchen wert sind weiter die Zuflüsse und Abläufe, die durch den höheren Sauerstoffgehalt und die von der Umgebung abweichenden Temperaturen zahlreiche Fische anlocken.

Wanderungen

Abgesehen von den weit ins Meer wandernden Arten unternehmen auch die Raubfische in Seen und anderen stehenden Gewässern regelmäßige Reisen beim Verfolgen der Futterfisch-Schwärme. Diese Wanderungen hängen vermutlich vom Tag oder der Jahreszeit ab, sicherlich stehen die meisten allerdings unter dem Einfluß von Nahrungsangebot, Wassertemperatur und Laichzeit.

Rechts: Ein Schwarzbarsch schießt unter der Oberfläche auf den sauber präsentierten Weichplastik-Salamander zu. Gleich hängt der Räuber am Haken...

Unten: Grundsätzlich versuchen die Raubfische ihren Hunger mit möglichst wenig Aufwand zu stillen. Anders gesagt bedeutet das, mit einem möglichst geringen Energieaufwand möglichst viel davon zu erhalten. Deshalb zieht ein Räuber in aller Regel einen großen Happen mehreren kleinen vor.

Solche Wanderungen finden außerdem in Flüssen, Strömen und anderen Wasserwegen statt, jedoch in geringerem Umfang. Das liegt unter anderem daran, daß die Raubfische hier eher auf ihr Futter warten, als es aktiv zu suchen. Das Lauern in einem »Hinterhalt« ist charakteristisch für im Fließwasser lebende Arten von Forelle bis Hecht.

Insgesamt gesehen wird der »alte« Spinnfischer allgemein mehr fangen als der Einsteiger – und das nicht aufgrund von Glück oder günstiger Gelegenheit. Der tatsächliche Grund dafür liegt in dem Wissen und der Erfahrung, die er im Laufe einer langen Angelpraxis sammeln konnte. Entgegen anderen Meinungen kann ein schlauer Angler einen großen Fisch fangen, wenn er sorgfältig auf Standplätze, Freßzeiten und die für die jeweilige Art und Umgebung am besten geeigneten Köder achtet. Zum Erfolg gibt es keine Abkürzung: Sie müssen möglichst oft angeln und von jedem Fang lernen – auch von dem, der sich vom Haken befreien konnte.

Der Ursprung der Oberläufe der Flüsse liegt häufig im Gebirge, wo das Wasser der Quellen klar und sauerstoffreich ist. In der schnellen Strömung fühlen sich unter anderem Forellen wohl.

Ein typisches Verhalten für Raubfische in Süß- und Salzwasser ist, daß sie tagsüber nahe dem Grund oder im Mittelwasser jagen...

... und mit Einbruch der Dämmerung die Futterfische zur Oberfläche treiben. Einige Arten stellen die Jagd bei Sonnenuntergang ein, während andere sie über die ganze Nacht fortsetzen.

Der obere Teil im mittleren Bereich eines Flusses ist verhältnismäßig tief und besitzt eine langsamere Strömung. Noch immer besitzt das Wasser einen hohen Sauerstoffgehalt, wobei mehr Arten als im Oberlauf den Fluß bevölkern.

Weiter stromab herrscht eine langsamere Strömung. Das Gewässer wird flacher und breiter. Typisch für diesen Bereich sind Aal, Barsch und möglicherweise anadrome (im Süßwasser laichende) Wanderfische.

Im Unterlauf scheint das jetzt trübe Wasser fast zu stehen. Der Grund ist oft schlammig und mit Schilf und anderen Wasserpflanzen bewachsen. Zum Fischbestand zählen Hecht und verschiedene Weißfische.

Fischen im Süßwasser

Es ist bekannt, daß die meisten sportlichen Fänge im Süßwasser auf das Konto weniger Angler gehen. Ihr Erfolgsrezept basiert auf dem Wissen um das Leben und Verhalten der Fische, was sie zu den besten Angelstellen führt. Darüber hinaus versuchen sie, sich auf ein bestimmtes Gebiet, eine Fischart oder Technik zu spezialisieren. Oder sie suchen die Herausforderung bei jeder Gelegenheit, wobei sie allerdings die jeweils beste Technik und den fängigsten Köder für die gegebenen Verhältnisse wählen.

■

Hecht

Der Hecht *(Esox lucius)* ist einer der größten Raubfische im Süßwasser und unter Anglern populärer als jemals zuvor. Er bewohnt Teiche, Seen, Bäche und Flüsse vom nördlichen Norwegen bis nach Italien und weit nach Asien hinein. Außerdem kommt er im Osten und Nordosten der USA, Kanada sowie in Alaska vor. Weniger wohl fühlt sich der Hecht in arktischen, tiefen und kalten Gewässern. Wie zahlreiche andere Süßwasserarten toleriert er einen gewissen Salzgehalt des Wassers. So verträgt er einen Salzanteil bis zu 0.7 Prozent und kommt deshalb unter anderem in weiten Teilen der Ostsee vor.

Hechte besitzen alle Merkmale eines beliebten Angelfischs. Ihre Lebensart, ihr Aussehen sowie ihre häufig imposante Größe faszinieren viele Angler. Übrigens erreichen die Räuber in Europa höhere Gewichte als in Nordamerika. Dort wiegen sie höchstens 15 bis 18 Kilogramm, während europäische Fischer jedes Jahr besondere Exemplare von über 20 Kilo auf die Schuppen legen. Allerdings erreichen die Fische in den meisten Gewässern lediglich sechs bis sieben Kilo.

Unser Hecht hat einige enge Verwandte. Da wäre zunächst der Kettenhecht, der höchstens um die anderthalb Kilo auf die Waage bringt. Dazu kommen zwei noch kleinere Arten in Nordamerika, der Muskellunge (Muskie) und Asien steuert den Amur-Hecht bei.

Spinnfischen auf Hecht

Ein hungriger Hecht läßt sich bereitwillig an den Haken locken, jedoch sollten grundsätzlich die Spinntechnik und der Köder stimmen. Zudem muß der Angler die Standplätze kennen. Im zeitigen Frühjahr, dem späten Herbst sowie im Winter ist das Wasser kalt und der Köder muß langsam geführt werden. Künstliche Köder sollten mit häufigen Stopps und in wechselnden Geschwindigkeiten dicht über dem Grund laufen. Zwischen dem späten Frühjahr und dem frühen Herbst erhöht das wärmere Wasser die Aktivität des Hechts, so daß die Köderführung lebendiger und noch abwechslungsreicher aussehen sollte.

Das Spinnfischen auf Hecht läßt sich in die befischten Tiefen einteilen. So eignen sich leichte, dünnblechige Blinker für seichtes Wasser. Generell sind kleinere Spinner von sieben bis zwölf Gramm klassische Hechtköder, allerdings erwiesen sich leichte Ausführungen mit großen Blättern ebenfalls als sehr wirksam.

Hechte gelten in zahlreichen Ländern als beliebte Angelfische. Schließlich erreichen sie beeindruckende Größen und leben in vielen Gewässern. Generell versprechen sie ein aufregendes und oft spektakuläres Fischen.

Lebensweise

Erwärmt sich im Frühling das Wasser, bereiten sich die Hechte auf das Laichen vor. Weibliche Tiere werden größer als die Männchen, die einzeln oder zu mehreren die Weibchen begleiten. Die kleinen Hechte schlüpfen nach zehn bis 15 Tagen, wobei sich die Jungfische nach Aufzehren des Dottersacks von kleinen Insekten und Larven ernähren. Bereits mit einer Länge von wenigen Zentimetern beginnen die Hechte mit dem Fressen von Fischbrut. Am schnellsten wachsen die Hechte in Gewässern mit reichlich Futterfischen. Der Hecht besitzt einen gewaltigen Appetit, wobei er Beutetiere mit zehn bis 15 Prozent seines Körpergewichts bevorzugt. Steht das Futter in reichen Mengen zur Verfügung, so hält der Hecht nur ein bis zweimal wöchentlich ein großes Mahl ab, anstatt ständig kleinere Mengen zu fressen. Dieses Verhalten kennzeichnet vor allem die Bestände großer Fische, während kleinere Exemplare noch schnell wachsen und entsprechend häufiger Nahrung suchen. Dabei ist der Hecht dafür bekannt, zu bestimmten Zeiten zu beißen. Er ist außerdem ein Kannibale und frißt neben Fischen auch Frösche, Mäuse oder junge Vögel.

Hechte jagen hauptsächlich auf Sicht, obwohl sie auch über einen gut entwickelten Geruchs- und Geschmackssinn verfügen – das zeigen schon die Fangerfolge mit toten Köderfischen. Am aktivsten ist Esox bei Tageslicht und Studien zeigten, daß er bei Dunkelheit so gut wie keine Aktivitäten zeigt.

Obwohl der Hecht meist dicht über Grund steht, ist er gelegentlich in wesentlich höheren Regionen zu finden: Deshalb stimmt es nicht, daß er ein typischer Grundfisch ist, der sich im Bereich von Schilf und Wurzeln aufhält. Besonders aktiv sind Hechte kurz nach dem Laichen sowie im Herbst, wobei sie zu diesen Zeiten häufig im Flachwasser auftauchen. Der Sommer führt sie in tieferes Wasser, unter anderem an Scharkanten und die Hänge von Untiefen. Allerdings finden sich die Räuber in den kalten Klimazonen von Skandinavien und Kanada auch über den ganzen Sommer im Flachen.

Wenn ein Hecht auf der Jagd ist, kann er kaum einem Spinner, Blinker oder Wobbler widerstehen. Trotzdem muß der Angler in aller Regel die Standplätze kennen und seine Angeltechnik darauf einstellen.

Rechts: Zu den wirksamsten Spinnködern auf Hecht zählen Wobbler, deren Form und Bewegung weitgehend dem natürlichen Futter entspricht. Zudem läßt sich ein Wobbler in fast allen Tiefen führen, weshalb er auch tief stehende Hechte an den Haken lockt.

Schwimmende Wobbler sind hervorragende Flachwasser-Köder. Sobald die Wasser-Temperatur steigt, lohnt sich der Einsatz von Oberflächen-Modellen im Bereich von Schilf, Seerosen und anderen Wasserpflanzen. Sogar die größten Modelle, wie der Suick, fangen im Flachen hervorragend.

In größeren Seen wandern die Hechte im späten Frühling in tieferes Wasser. Erreichen sie Tiefen unterhalb von drei bis vier Metern, muß der Angler stärkeres Gerät einsetzen. Bevor er nach dem Wurf mit dem Einholen beginnt, muß der Köder ausreichend Zeit zum Absinken auf die Höhe der Hechte erhalten.

Schwere Metallköder von 25 bis 35 Gramm sowie sinkende Wobbler eigen sich sehr gut für größere Tiefen. Beim Führen sollten Sie viele Pausen einlegen, damit der Köder stets in Grundnähe bleibt. Erfolge kann außerdem das Fischen mit beschwerten, schwimmenden Wobblern bringen. Das Gewicht auf Hauptschnur oder Vorfach hängt dabei von der gewünschten Tiefe, der Einhol-Geschwindigkeit sowie der Größe und dem Gewicht des Wobblers ab. So benötigen kleinere Ausführungen bedingt durch ihren geringeren Auftrieb natürlich weniger Gewicht als größere.

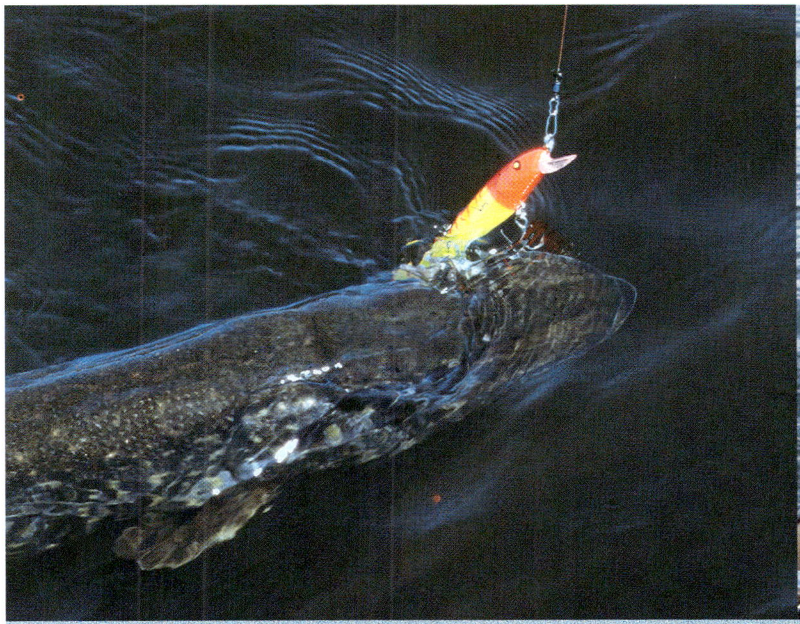

Stationär angebotene Naturköder können sich in einigen Gewässern als sehr fängig erweisen. Allerdings setzt diese Angeltechnik gegenüber dem Spinnfischen eine bessere Kenntnis der Standplätze voraus. Barsche und Rotaugen zählen zu den gebräuchlichsten Ködern, jedoch lassen sich Hechte auch mit anderen Arten überlisten.

Hechtfischen mit Naturködern

Das Stellangeln mit toten und lebenden Ködern ist hauptsächlich in Großbritannien und Mitteleuropa weit verbreitet, wo diese Angeltechnik schon lange existiert. Die größten Erfolge bringt sie in trüben und stark befischten Gewässern, besonders in den kalten Monaten und wenn die Standplätze der Hechte gut bekannt sind. Verglichen mit der hohen Mobilität des Fischens mit Kunstködern, kann jede Form des Angelns mit natürlichen Ködern lediglich eine begrenzte Wasserfläche abdecken. Allerdings stellte sich heraus, daß große Hechte häufig auf Köderfische beißen.

Der Großteil der lebenden Köder besitzt eine Länge von zehn bis 20 Zentimeter, wobei die Angler meist Rotaugen, Güstern und andere Weißfische einsetzen. Allerdings ist das Angeln mit dem lebenden Köderfisch in mehreren Ländern wie Deutschland, den Niederlanden und Norwegen inzwischen verboten. Das Angeln mit toten Ködern findet meist mit Rotaugen und Heringen am Haken statt, zudem bewiesen Aalstücke ihre Fängigkeit.

Es gibt zwei Arten, stationär mit Köderfischen zu angeln. Die erste funktioniert mit einer fest oder gleitend an der Hauptschnur befestigten Pose, was von der befischten Tiefe abhängt. Dabei lassen sich die Köder sowohl über dem Grund als auch im Freiwasser anbieten. Als zweite Technik bietet sich das Grundfischen mit wiederum einer gleitenden oder festen Montage an, eventuell in Kombination mit einem Gleitschwimmer.

Lebende und tote Köder werden gleichermaßen mit einer Spitze des Drillings im Schwanz gehakt. Bei toten Ködern verwenden viele Angler zwei Drillinge, wobei einer im Schwanz und der andere in der Flanke steckt. Die Hakenspitzen zeigen immer zum Schwanz hin, da die Hechte den Köder normalerweise quer ins Maul nehmen und ihn dann mit dem Kopf voraus schlucken. Für dieses Fischen empfiehlt sich ein 35 bis 40 Zentimeter langes Stahlvorfach. Beim Angeln mit totem Köderfisch wird häufig mit zwei Ruten gleichzeitig gefischt. Die Größe der Drillinge liegt zwischen 4 und 10, was in erster Linie von der Größe des Köders abhängt. Das optimale Ködermaß reicht von 15 bis 20 Zentimeter.

Auch das Spinnangeln mit toten Köderfischen erfreut sich in verschiedenen Ländern einiger Beliebtheit. Am einfachsten erfolgt das Montieren des Köders mit einem Drilling in Ober- und Unterkiefer und dem zweiten in der Flanke. Dann erhält das Vorfach eine Beschwerung mit Blei, das Einholen erfolgt langsam oder ruckweise. Für das einfache Spinnfischen lassen sich zudem Posen einsetzen.

Neben selbst gefertigten Montagen kann der Angler außerdem zu fertigen Systemen aus dem Fachhandel greifen. Sie bestehen aus zwei bis drei kleinen Drillingen, einem Bleikopf und einem Drahtwinkel, der in den Köderfisch hineinführt. Seit einigen Jahren gilt das Drachkovic-System als besonders beliebte Spinnmontage. Es stellt die Vereinfachung eines Systems dar, das schon seit Jahrzehnten in Mitteleuropa verwendet wird. Das Einholen erfolgt ruckweise nahe dem Grund mit wiederholten Stopps.

Drill und Landung

Während dem Drill kommt es auf einen gleichmäßigen und harten Druck auf den gehakten Hecht an, wobei er sich vor allem im Flachwasser allerdings mit Sprüngen zu befreien sucht – jetzt muß der Angler durch Senken der Rute etwas Zug von der Schnur nehmen, damit der Fisch den Haken nicht aus dem Maul hebelt. In einigen Ländern gehört das Zurücksetzen gefangener Hechte üblicherweise zum guten Ton. Für diesen Fall sollte der Hecht von Hand mit dem Kiemendeckelgriff oder mit einem großen Kescher gelandet werden. Allerdings können sich die Haken von großen Wobblern im Netz verfangen. Weiter ist das Gaff in verschiedenen Gegenden häufig anzutreffen, wobei der Fisch vorsichtig vorn am Unterkiefer gehakt wird. Kleine Exemplare kann der Angler im Genick fassen.

Kleine Hechte lassen sich gut mit einem festen Griff am Genick landen, für größere Fische empfiehlt sich ein Kescher oder Gaff. Wichtig ist das Ausdrillen des Fischs vor der Landung, da er sonst möglicherweise im letzten Augenblick an kurzer Schnur den Haken noch abschüttelt. Erst wenn er völlig ermüdet ist, führt der Angler ihn über das im Wasser liegende Netz, das er schließlich anhebt.

Muskie

Der Muskellunge oder kurz Muskie *(Esox masquinongy)* ist ein Verwandter unseres Hechtes und lebt im Nordosten der USA sowie im Südosten von Kanada vom Lake Abitibi bis hinunter zum Lake of the Woods. Weiter südlich bevölkert der Muskie die oberen Bereiche von Mississippi und Ohio in den Bundesstaaten New York, Pennsylvania, Tennessee, North Carolina und Georgia sowie den St. Lorenz-Strom und die Großen Seen. Er wird noch größer als der Hecht und wiegt gelegentlich über 25 Kilo. Allerdings sorgte intensives Angeln dafür, daß Fische über zehn Kilo heute nur noch selten vorkommen, jedoch gehen jedes Jahr unter anderem im St. Lorenz-Strom und seinen Zuflüssen stolze Exemplare zwischen zehn und 15 Kilogramm an den Haken. Da selbst »professionelle« Angler zum Haken eines Muskie mehrere Angeltage einplanen müssen, wird das Fischen auf diese Art häufig als die »Krönung des Hechtangelns« bezeichnet.

Die Namen für den Muskie reichen neben den bereits genannten von Muskalonge und Lunge bis zu Blue Pike und Muskallunge. Jedenfalls ist er ein langer, schlanker Fisch mit gegenüber dem Hecht etwas hellerer Färbung und deutlichen senkrechten Streifen auf den Flanken. Dabei existieren drei Unterarten innerhalb des Verbreitungsgebiets des Muskie. Man vermutet außerdem, daß der Muskie ursprünglich im Salzwasser lebte und schließlich den Mississippi hinauf wanderte. Dort führten die Bestände während der Eiszeit ein isoliertes Dasein und verbreiteten sich später von dort aus. Wie Versteinerungen zeigen, lebte der Muskie in der Zeit des Tertiär auch im südlichen Europa.

Lebensweise

Der Muskie laicht in seichtem Wasser, vorzugsweise auf weichem Grund mit Baumwurzeln und Zweigen. Die nötigen Temperaturen sind die gleichen wie beim Hecht – nur spielt sich das Laichgeschäft diskret bei Nacht ab. Danach stehen die Muskies im klaren Flachwasser im Bereich von Pflanzenbetten und nur selten in Tiefen von vier oder fünf Meter.

Gelegentlich ziehen die Fische in tieferes Wasser, wo ihr Fang nahezu unmöglich ist. In Flüssen bevorzugen sie die tiefen, ruhigen Bereiche, wobei sie hauptsächlich in der Nähe von Zuflüssen stehen. In den gleichen Gebieten halten sie sich während des Sommers auf, bei großer Wärme ziehen sie jedoch weiter stromauf.

Muskies wachsen schnell, weshalb ihr Hunger im Frühjahr kaum zu stillen ist. Als beste Zeit zum Fang von Muskies werden oft der Spätsommer und der frühe Herbst genannt. Die Weibchen werden größer als die männlichen Tiere, wobei das schnellste Wachstum im Norden des Verbreitungsgebiets zu beobachten ist. Das Alter eines gefangenen Exemplars von 31,6 Kilogramm wurde übrigens auf etwa 30 Jahre bestimmt. Die Art der Nahrung und das Jagdverhalten entsprechen dem Hecht.

Links: Der Muskie ist ein naher Verwandter des Hechts und lebt ausschließlich in Nordamerika. Sein Gewicht bewegt sich normalerweise zwischen fünf und zehn Kilogramm. Die Hauptfangzeit liegt im Herbst.

Oben: Ein »Süßwasser-Krokodil« hat den Köder genommen und versucht ihn noch in der letzten Phase des Drills abzuschütteln.

Spinnfischen auf Muskie

Wie der Hecht läßt sich der Muskie gleichermaßen beim Spinn- und Naturköderangeln fangen, wobei das Spinnfischen die übliche Methode darstellt.

Generell führen rasch geführte Köder zu den besten Erfolgen. Große »Bucktail«-Spinner, Spinnerbaits und Buzzbaits entstanden speziell für den Fang dieser Art. Das gilt genauso für viele Oberflächenwobbler, die sich heute gleichzeitig in den Köderschachteln vieler Hechtangler finden.

Die meisten großen Muskies sind Weibchen und werden normalerweise von September bis Oktober gefangen – und das oft am Nachmittag. Das Angeln auf Muskies erfordert eine Menge Geduld. Denn häufig sind unzählige Würfe erforderlich, um einen der Einzelgänger zum Biß zu verleiten. Vor dem Biß schwimmen sie ein bis zweimal neugierig dem Köder hinterher – ein für Muskies typisches Verhalten.

Zander

Das Verbreitungsgebiet des Zanders *(Stizostedion lucioperca)* reicht von Natur aus über Osteuropa, Rußland und das südliche Sibirien. Von diesem Gebiet breitete er sich nach Westeuropa aus, wo er heute vom Süden Skandinaviens bis in den Norden von Spanien und Italien vorkommt. Außerdem fanden Besatzmaßnahmen in Großbritannien statt, was die englischen Anglern jedoch nicht weiter würdigten. Weiter leben Zander im Brackwasser und finden sich deshalb in weiten Bereichen der Ostsee.

Ein enger Verwandter ist der Wolgazander, der in Südosteuropa und in großen Teilen von Rußland und Sibirien vorkommt. In Nordamerika leben außerdem Walleye und Sauger.

Der Zander bevorzugt trübes Wasser, in dem er nicht mit dem Hecht konkurrieren muß. Er jagt kleinere Fische wie Rotaugen, Güstern und Barsche und bevorzugt große Gewässer mit Tiefen von wenigstens vier bis fünf Meter.

Spinnfischen auf Zander

Sehen, hören und riechen – der Zander nutzt auf der Jagd alle drei Sinne. Allerdings bringen die Techniken vom Hechtfischen kaum etwas beim Zander, der nicht so schnell schwimmen und weniger gut sehen kann. Der Schlüssel zum Fangerfolg liegt vielmehr in einer langsamen Köderführung mit gutem Grundkontakt, wobei der Köder immer wieder kräftig auf den Boden schlagen sollte, was der Zander hört und sieht.

Wahrscheinlich ist der Jig einer der besten Zanderköder, darunter hauptsächlich die Ausführungen mit Weichplastik-Körper. Sein spezieller Körper mit nach oben gedrehtem Haken erleichtert außerdem das hängerarme Fischen am Grund.

Offensichtlich erzeugt das ruckweise Einholen ein Geräusch, auf das die Kammschupper reagieren. Zudem kann der mit einem Fischfetzen dekorierte Haken den Geruchssinn des Zanders reizen, wobei auch mit Duftstoffen behandelte Gummikörper sehr gut auf den Fisch wirken. Übrigens darf das Führen des Köders im Unterschied zum übrigen Jahr während der heißen Monate ruhig etwas zügiger erfolgen. Wie in stehenden Gewässern fängt der Jig auch im Fluß sehr gut, wo die Zander tiefe Rinnen mit Steinen und eine moderate Strömung bevorzugen.

Zander sind in der Dunkelheit aktiv und verbringen die meiste Zeit in tiefem Wasser am Grund. Der Angler sollte den Köder langsam führen und möglichst auf ständigen Bodenkontakt achten.

Lebensweise

Zander laichen in der Zeit von Ende März bis Mitte April bei höheren Temperaturen als der Hecht. Die klebrigen Eier haften an Zweigen und Steinen in seichtem Wasser. Außerdem gelten Flußmündungen als bevorzugte Laichgebiete. Das Laichgeschäft endet, sobald die Wassertemperatur 15 bis 16 Grad Celsius erreicht. Allerdings kann windiges Wetter den Grund aufwühlen und den Laichgrund sowie die Eier mit aufgewirbeltem Schlamm bedecken. Das ist ein Grund dafür, warum beim Zander starke und schwache Jahrgänge zu beobachten sind.

Bald nach dem Schlüpfen stürzen sich die jungen Zander auf Wasserflöhe und Plankton. Darauf folgen Fischbrut und Kleinfische. Wie der Hecht gilt auch der Zander als Kannibale.

Der Zander verfügt über eine spezielle Jagdtechnik, die sich schon durch seine Körperform und -struktur andeutet. Er schwimmt nicht so schnell wie der Hecht, dafür kann er bei Nacht und bei trübem Wetter, seiner aktiven Zeit, hervorragend sehen – im Schein der Taschenlampe leuchten seine Augen wie Reflektoren. Die Natur stattete den Zander für das Leben über dem Grund aus, wo er den Futterfischen über weite Entfernungen folgt. Der Zander greift sie schließlich von hinten an.

Im Sommer ziehen sich die Zander in tieferes Wasser an Abhänge oder den Rand von Untiefen zurück. Abends und nachts kehren sie zum Jagen ins Flache oder in geringere Tiefen zurück und verschwinden wieder in der Tiefe, sobald es hell wird. Diese tägliche Wanderung findet auch im Herbst statt. Zu dieser Zeit wie auch im Winter wandern sie häufig die Flüsse hinauf. Zander leben vorzugsweise auf hartem Grund mit Steinen, Felsen, Sand oder Kies. Kleinere Exemplare schließen sich gerne zu Schwärmen zusammen und bevölkern ein begrenztes Gebiet. Große Zander sind normalerweise Einzelgänger.

Es ist für einen Zanderbestand üblich, daß das Fischen über einige Jahre gut ist und dann stark abfällt. Diese Schwankungen liegen vermutlich am vorhandenen Futterangebot. Viele Gewässer enthalten meist Zander von ein bis drei Kilo, schwerere Stücke kommen nur selten vor. Andere bieten über wenige Jahre ein gutes Fischen auf mittlere und große Fische, worauf der Bestand scheinbar ausstirbt – um einige Jahre später wieder aufzutauchen. Normalerweise sind Zander ein bis 2,5 Kilogramm schwer, während Gewichte zwischen fünf und acht Kilo selten sind. Das Höchstgewicht liegt im Bereich von 14 bis 19 Kilogramm.

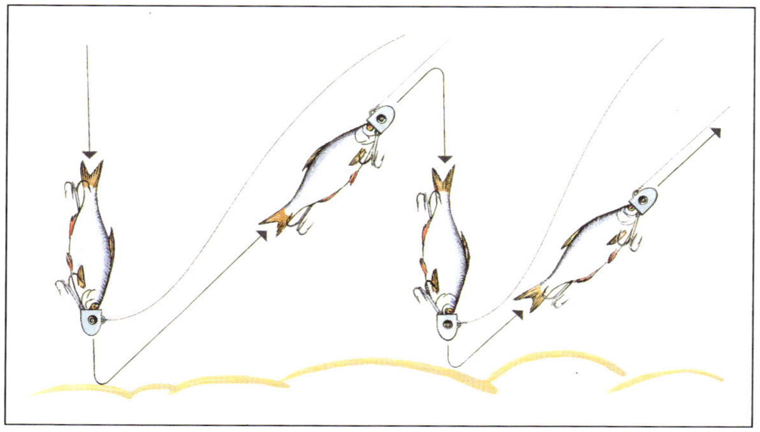

Beim Spinnfischen mit Naturködern wird der beschwerte Köderfisch mit wiederholten Spinn-Stopps und gutem Bodenkontakt geführt. Das obere Foto zeigt das Drachkovic-System, bei dem der V-förmige Draht im Bauch des Köders seinen Halt findet.

Zwar ist der Zander kein großer Kämpfer, was er jedoch mit seiner Eigenschaft als erstklassiger Speisefisch wieder wettmacht. Da er oft schwer zu haken ist, sind scharfe und dünne Haken zwei Voraussetzungen für den Erfolg beim Fischen.

Bleikopfspinner eignen sich sehr gut für das Spinnfischen auf Zander. Sie sorgen nicht nur für einen besseren Grundkontakt, sondern lassen sich sogar mit Sprüngen einholen. Dabei läßt der Bleikopf beim Absinken das Spinnerblatt rotieren. Darüber hinaus erzeugt das Gewicht beim Aufprall auf den Boden ein deutliches Geräusch.

Ein tieflaufender Wobbler mit einer Rasselkugel im Inneren sowie einer langen Schaufel ist auf Zander jedoch unschlagbar. Die Rassel erzeugt ein Geräusch, das den Fisch anlockt, während die Schaufel bei Grundkontakt den Boden deutlich sichtbar aufwühlt. Früher waren viele Angler der Ansicht, daß Zander kleine Futterfische bevorzugen. Allerdings zeigte sich in der Praxis, daß sie bis zu 20 Zentimeter lange Wobbler nehmen. Unabhängig von der Art Ihres Kunstköders kommen Fehlbisse vor und nur mit wachsender Erfahrung lernen Sie den Grundkontakt vom vorsichtigen, »spitzen« Biß zu unterscheiden.

Insgesamt sollten Sie zum leichteren Setzen des Hakens auf nadelscharfe Spitzen achten und wenn möglich starkdrähtige Haken durch feinere ersetzen, vor allem bei Gewässern mit kleineren Zandern.

Denken Sie immer daran, daß Zander im Dunkeln am aktivsten sind – also am Morgen, am Abend, bei Nacht oder an dunklen, windigen Tagen. Insgesamt ist ein niedriger Luftdruck am besten. An hellen Tagen müssen Sie die Fische in tieferem Wasser suchen. Besonders im Winter und kurz vor dem Aufbrechen des Eises können flache Gewässerbereiche schöne Zander liefern. Wenn der Zander auch in puncto Kampfkraft nicht mit Arten wie Forelle oder Hecht mithalten kann, so macht ihn doch sein unberechenbares

Als recht scheuer Fisch nimmt der Zander den Köder häufig mit einiger Zurückhaltung. Eine Gleitmontage ist deshalb die beste Wahl für das Naturköderangeln auf Grund oder einigen Metern darüber.

Verhalten bei Anglern äußerst beliebt. Und nicht zuletzt ist er ein herrlicher Speisefisch.

Zanderangeln mit Naturködern

Neben dem Spinnfischen bildet auch das stationäre Angeln mit Naturködern eine gute Möglichkeit, dem Zander nachzustellen. Wie beim aktiv geführten Köder ist er jedoch auch hier manchmal sehr mißtrauisch und beißt entsprechend vorsichtig. Somit bietet sich eine Gleitmontage als beste Wahl an. Dabei kann der Fisch beim Grundangeln mit dem Köder ohne den Widerstand des Bleis frei schwimmen. Jedoch können Sie die Grundmontage auch mit einem Gleitschwimmer kombinieren. Zur Ausrüstung des Naturköderanglers zählt neben einem elektronischen Bißanzeiger zwar nicht unbedingt ein Stahlvorfach, jedoch empfiehlt sich trotzdem ein widerstandsfähiges Material – etwa 0,35 bis 0,40 Millimeter starkes Monofil. In Gewässern mit Hechten sollte die Entscheidung jedoch zugunsten des Stahls fallen, den es auch in sehr weichen Ausführungen gibt.

Lebende Köder werden an Rücken, Schwanz oder zwischen Schwanz- und Rückenflosse mit einem Drilling gehakt. Bei toten Ködern oder Fischfetzen sitzt der Haken in der Schwanzwurzel beziehungsweise im dünneren Teil des Streifens. Die Hakengröße liegt zwischen 6 und 10, je nach der Länge der am besten zwölf bis 16 Zentimeter langen Köder.

Naturköder werden auf oder knapp über dem Grund angeboten. Während der Nacht schwimmen die Zander in höhere Wassertiefen, weshalb sich das Fischen an den Scharkanten und Hängen eines Sees in einigen Metern über dem Boden lohnen kann.

Walleye

Der amerikanische Zander oder Walleye *(Stizostedion vitreum)* ist im Nordosten der USA verbreitet, vor allem im Gebiet der Großen Seen, von wo aus er sich über weitere Gebiete der Vereinigten Staaten und Kanadas ausbreiten konnte. Dabei besitzt er eine Vorliebe für große Seen und Flüsse. Der Walleye findet sich mehr oder weniger wie der Zander gleichermaßen in klaren und trüben Seen. Das Gewicht des Amerikaners kann fast zehn Kilogramm erreichen, wobei der Durchschnitt etwa ein bis anderthalb Kilo beträgt.

Spinnfischen auf Walleye

Das Spinnfischen auf Walleye unterscheidet sich grundsätzlich nicht von den Zander-Techniken. Beide Arten führen das gleiche Leben und besitzen dasselbe Verhalten. Hauptsächlich wird mit Jigs, Bleikopfspinnern, Wobblern mit Rasselkugel und tieflaufenden Wobblern gefischt.

Lebensweise

Der Walleye laicht in seichtem Wasser bei höheren Temperaturen als der Hecht. Die Jungfische leben zunächst hauptsächlich von Insekten, Larven und Krustentieren, beginnen jedoch bald mit der Jagd auf Brutfische. Wie der Zander ist auch der Walleye ein typischer Grundbewohner. Tiefe Kanten, Plateaus, steinige Gebiete und felsige Uferzonen zählen zu seinen bevorzugten Lebensräumen. Abends oder nachts sucht er flachere Gebiete oder geringere Wassertiefen auf und ist jetzt am aktivsten. Allerdings läßt er sich auch tagsüber fangen. Generell liegt die beste Angelzeit im Frühjahr.

Walleyes leben in Gruppen und schwimmen selten tiefer als vier oder fünf Meter. Nur im Sommer suchen sie tiefere Regionen auf, die jedoch selten unter zehn Meter liegen. Zu dieser Zeit stehen sie wie der Zander einige Meter über dem Grund, besonders in der Dämmerung und bei Nacht. Jetzt kann das erfolgreiche Fischen mit Kunstködern schwerfallen, besser geht es mit Lebendködern. Im Herbst kehrt der Walleye ins Flache zurück und steht dort Tag und Nacht.

Eine andere Möglichkeit ist das Spinner-Rig, eine amerikanische Montage, die sich mittlerweile mit großem Erfolg auch auf Zander bewährte. Sie besteht aus einem Spinnerblatt auf einem Nylon-Vorfach von 0,40 bis 0,45 Millimeter Durchmesser mit einem Einzelhaken am einen Ende. Der »Körper« des Spinners besteht aus einer Reihe von Perlen. Die Entfernung zwischen Körper und Haken liegt zwischen fünf und sechs Zentimeter. Auf dem Haken steckt ein Naturköder, eventuell ein Wurm, ein Fischfetzen oder ein Blutegel. Die Länge des Vorfachs vor dem Spinnerblatt beträgt 60 bis 80 Zentimeter, wobei ein Blei das Ganze beschwert. Geführt wird der Köder langsam »kriechend«. Sie können die Montage vereinfachen, indem Sie auf das Blatt verzichten und nur mit den Perlen, dem Blei und dem Köder am Haken fischen. Allerdings sorgt gerade das Blatt für die Schallwellen im Wasser, welche die Fische zum Köder führen. Beim Spinner-Rig muß der Anhieb blitzschnell erfolgen, bei der vereinfachten Version können Sie jedoch sogar einige Sekunden warten. Beide Montagen eignen sich für das normale Spinnfischen und selbst zum Bootsangeln, wenn die Montage immer wieder über den Grund schleifen soll.

Für das Spinnfischen mit einem Naturköder eignen sich ebenfalls mit einem Einzelhaken versehene Bleikopfspinner. Als Köder kommen einmal mehr Blutegel, Fischfetzen oder Würmer in Frage.

Anders als beim Zanderfischen in Europa, angeln die Amerikaner nicht mit ganzen Köderfischen.

Links außen: Wobbler sind bekannte Spinnköder. Sowohl tief laufende als auch mit einer Rasselkugel versehene Modelle fangen ihre Fische, besonders wenn sie sich tagsüber im tiefen Wasser in Grundnähe aufhalten.

Links: Im Schutze der Dunkelheit ziehen Walleyes zur Jagd in flacheres Wasser. Jetzt kann der Spinnfischer sein Glück mit verschiedenen Ausführungen von Spinner-Rigs versuchen, die als zusätzlichen Reiz einen Naturköder auf dem Einzelhaken tragen.

Barsch

Der Barsch *(Perca fluviatilis)* kommt in ganz Europa, Asien und Nordamerika vor, außer in den arktischen Regionen und den klaren, kalten Hochgebirgsseen. Außerdem fühlt er sich im Brackwasser wohl und ist deshalb an der Küste der Ostsee verbreitet. Insgesamt leben Barsche gleichermaßen in schmalen Gräben wie auch in den größten Seen und Flüssen. Als einfache Erkennungsmerkmale besitzt der Barsch deutliche schwarze Streifen auf den Flanken sowie rote bis hellorangene Flossen. Seine schönen Farben scheinen in klarem Wasser am stärksten ausgeprägt zu sein. Sein Gewicht reicht von weniger als 100 Gramm bis zu drei Kilogramm.

Spinnfischen auf Barsch

Durch seine Beißfreudigkeit stellt der Barsch einen idealen Kandidaten für experimentierfreudige Angler dar. Am einen Tag greifen sie alles an, was sich bewegt, und schon am nächsten Tag können Sie ihnen den Inhalt der ganze Köderschachtel ohne jeden Erfolg vorsetzen. Verfolgt ein Barsch einen Blinker, Spinner, Jig oder Wobbler ohne zu beißen, ist das ein Zeichen des Widerwillens. Jetzt ist ein variantenreiches Einholen mit vielen Spinnstopps und Zupfern von großer Bedeutung.

Lebensweise

Barsche laichen während dem zeitigen Frühjahr im Flachwasser und schwimmen dann in tiefere Gebiete. Während sie in seichten Seen und Flüssen ein Wanderleben führen, gibt es in großen Seen sowohl pelagische Fische, die im tiefen Wasser jagen, als auch typische Flachwasser-Barsche, die sich über das ganze Jahr nahe dem Ufer finden.

Als Raubfisch zieht der Barsch klares Wasser vor. Jedoch findet er im Trüben häufig bessere Laichmöglichkeiten vor, zudem entdecken andere Fische hier nicht so schnell die Eier und Jungfische. Deshalb leben in trüben Gewässern oft Barsche, die aufgrund des zu großen Bestandes klein bleiben.

Normalerweise lebt der Barsch in Schwärmen unterschiedlicher Größe. Sie schwimmen gerne im Bereich von Scharkanten, Untiefen, in den tiefen Bereichen der Flüsse, an Bootsanlegern oder Brückenpfeilern. Der Zusammenschluß zum Schwarm schützt etwas vor höher in der Nahrungskette stehenden Raubfischen.

Charakteristisch für den Barsch sind die senkrechten, schwarzen Streifen vom Rücken bis zum Bauch sowie die roten bis orange-gelben Flossen. Je klarer das Wasser ist, desto kräftiger erscheinen die Farben.

Impulsive und ungewöhnliche Techniken verführen solche Barsche jetzt regelmäßig doch noch zum Biß. Es kann eine besondere Bewegung sein, die den Schlüsselreiz ausmacht – oder eine bestimmte Farbe des Köders, da das Farbsehen dieser Fische stark ausgeprägt ist. Nachdem der erste Fisch den Köder genommen hat, gibt es normalerweise eine Kettenreaktion und weitere Fische folgen ihm aufs Trockene.

Barsche stehen nicht unbedingt nahe dem Grund, sondern sind häufig zwei bis drei Meter darüber anzutreffen. Im Sommer jagen sie Kleinfische im Oberflächenwasser, wobei sich in großen Seen gerne Möwen der Jagdgesellschaft anschließen und durch ihre Anwesenheit den Angler auf die Barsche hinweisen. Insgesamt lohnt sich das Absuchen verschiedener Tiefen, wie den Grund, den Bereich kurz darüber, das Mittelwasser und die Oberfläche.

So wild der Barsch auch häufig beißt, so ist er manchmal beispielsweise durch Wettereinflüsse unmöglich zum Biß zu bewegen. Mittlerweile gibt es Hinweise darauf, daß der Luftdruck seine Freßlust beeinträchtigen kann. Dabei erweist sich ein gleichmäßig hoher oder niederer Druck allgemein als positiv, während rasch steigender oder fallender Druck die Barsche zum Einstellen der Jagd bewegt. Jedoch haben einige Angler genau den umgekehrten Eindruck.

Auf Barsche eignen sich fast alle Spinnköder, wobei einige besser als andere wirken. Spinner und kleine Blinker sind die traditionellen Köder für seichtes Wasser, allerdings bringt der Jig meist die besten Erfolge. In tiefem Wasser führen dabei häufig die schwereren Modelle, Bleikopfspinner oder tief laufende Wobbler zu guten Fängen.

Als guter Trick stellte sich ein Dropper in Form einer kleinen Fliege oder eines Mikro-Jigs oberhalb des Hauptköders heraus. Die ungewöhnliche Erscheinung oder der Futterneid kann jetzt den Biß auf den Zusatzköder auslösen. Dabei empfiehlt sich eine langsame, ruckartige Führungstechnik, wobei auch Würmer, Larven oder ein Stück Fischhaut als Köder dienen können. Darüber hinaus lieben Barsche starke Farbkontraste wie rot/schwarz, orange/gelb und weiß/rot. Aufgemalte Augen auf dem Jig können eine weitere Verlockung darstellen.

Barschangeln mit Naturköder

Barsche lassen sich gut mit Naturködern fangen – diese Erfahrung machten schon unzählige Angler zu Beginn ihrer Karriere. Eine Grund- oder Posenmontage fängt das ganze Jahr über ihre Fische.

Barsche sind typische Schwarmfische, die gerne an Scharkanten oder im Flachen stehen. Viele Gebiete verfügen über Bestände an Flachwasser-Barschen, die sich das ganze Jahr über nahe dem Ufer aufhalten. Im Sommer jagen Barsche oft kleine Fische direkt unter der Oberfläche, wobei häufig Möwen dazustoßen und so die Räuber verraten.

Obwohl das Jig-Fischen oft als beste Methode auf Barsche genannt wird, können sinkende Wobbler sie noch übertreffen. Besonders die großen Exemplare in tiefem Wasser sprechen darauf an.

Das zeitweise launische Beißverhalten des Barschs erfordert gelegentlich den tiefen Griff in die Trickkiste. Ein widerspenstiger Fisch läßt sich häufig durch wiederholte Spinn-Stops und abwechslungsreiches Einholen doch noch zum Biß verleiten.

Das gilt vor allem für den Winter, wenn die Fische weniger aktiv sind.

Grundsätzlich eignet sich die Pose am besten für das Fischen im Flachwasser und die Grundmontage für tiefere Gebiete – insbesondere in Verbindung mit einem Paternoster-System, das über einen oder mehrere Seitenarme verfügt. Beim Bootsfischen ist das eine sehr erfolgversprechende Taktik, wobei Würmer als Köder dienen.

Große Barsche fallen häufig auf lebende Köderfische herein, wiederum an Pose oder Grundblei. Ganze Fische vermeiden außerdem unerwünschte Bisse von Weißfischen und kleineren Barschen. Wie beim Hechtangeln mit totem Köderfisch, kommen auf große Barsche ebenfalls frisch geschnittene, größere Fetzenköder aus unterschiedlichen Weißfischarten in Frage. In diesem Fall wird eine Gleitmontage eingesetzt. Als Raubfische stürzen sich die Barsche gierig auf diesen vergleichsweise voluminösen Köder, der einmal mehr Aale oder kleinere Barsche vom Biß abhält und gezielt auf die dicken Barsche wirkt.

Drill und Landung

Das Maul der Barsche ist weich und oft findet der Haken keinen sicheren Halt. Deshalb sollte der Drill mit gleichmäßigem, allerdings nicht zu hartem Druck erfolgen. Kleine Barsche lassen sich an flachen Ufern stranden, während Bootsangler den Fisch in einer ruhigen Bewegung am Vorfach über die Bordkante heben können. Am sichersten ist allerdings der Kescher. Große Barsche kann der Angler mit dem Daumen über und dem Zeigefinger unter dem Unterkiefer sanft am Maul halten – dieser Griff eignet sich genauso für Schwarzbarsche.

Schwarzbarsche

Der amerikanische Schwarzbarsch ist vielleicht der beliebteste Angelfisch der Welt. Es gibt sechs Arten und vier Unterarten, wobei bei uns in der Praxis nur zwischen dem bis zu vier Kilo schweren Forellenbarsch *(Micropterus dolomieu)* und dem Großmaul-Schwarzbarsch *(Micropterus salmoides)* unterschieden wird, der bis zu zehn Kilo erreicht. Im Englischen werden sie als Smallmouth- und Largemouth-Bass bezeichnet. Sie leben jeweils in unterschiedlichen Gebieten. So stammt der Forellenbarsch ursprünglich aus dem Nordosten der USA und dem südöstlichen Kanada, von wo aus er sich nicht so weit wie sein großmäuliger Verwandter ausbreiten konnte. Denn er lebte zunächst im Osten der USA von den Großen Seen bis nach Florida und in die Prärien hinein, worauf Besatzmaßnahmen ihn in alle westlichen Bundesstaaten führten. Weiter gelangte er mit Erfolg nach Mexiko und Mittelamerika, wo er heute unter anderem in Guatemala und Costa Rica lebt. Dasselbe passierte bereits 1915 in Kuba, außerdem kommt er auf Hawaii vor. Das Großmaul erreichte 1926 sogar Brasilien und findet sich jetzt zudem in 16 afrikanischen Ländern wie Marokko und Südafrika.

Ein englischer Biologe brachte den Schwarzbarsch 1879 nach Europa, wo er in vielen Ländern wie Österreich, Ungarn, Rußland und der Schweiz besetzt wurde – aber dann ausstarb. Heute gibt es kleine Bestände in der Schweiz und im Süden von Frankreich, bedeutende Vorkommen finden sich aber nur in Italien und Spanien. Allerdings überschreitet sein Gewicht in Europa nur selten zwei Kilogramm. Nur in Spanien, das die besten Schwarzbarsch-Gewässer besitzt, kommen Exemplare bis fünf Kilo vor.

In den USA breiteten sich die Barsche zusammen mit den Menschen aus, die Barsche als »Farm-Fische« hielten. Heute leben die Fische in allen Kanälen, Flüssen, Seen, Staubecken und Teichen. Die Tiere ertragen hohe Temperaturen, vermehren sich rasch und wachsen schnell. Sollten sie irgendwo keine Heimat finden, so liegt das an ihrem Wärmebedürfnis von etwa 20 Grad Celsius beim Laichen im Mai und Juni. Kühlere Temperaturen verhindern die Vermehrung. Andererseits überleben sie in bis zu 30 Grad warmem Wasser. Wenig Gefallen finden sie an trübem Wasser, weshalb sie sich in den oft eingetrübten Flüssen vieler afrikanischer Länder nicht weiter durchsetzen.

Spinnfischen auf Schwarzbarsche

Das Spinnfischen auf Schwarzbarsche ist in tiefem Wasser nicht einfach. Die besten Fänge gelingen im flachen Wasser, wo das Haken der Fische leichter fällt. Sie sehen sehr gut, weshalb die

Vor allem in den USA sind Schwarzbarsche äußerst beliebte Angelfische. Sie leben in tiefem und flachem Wasser, wobei sie sich als typische Warmwasserfische normalerweise in den Gebieten mit der höchsten Temperatur finden.

Lebensweise

Nach dem Laichen im Flachwasser beginnen die Spinnfischer mit dem Angeln auf Schwarzbarsche. Der Erfolg hängt vom Wetter ab und wächst mit steigenden Temperaturen. Die Nahrung der Fische reicht von kleinen Würmern und Insekten über Fischbrut und kleine Fische bis zu Fröschen und Mäusen. Häufig leben sie in kleinen Schwärmen oder Gruppen, allerdings kommen genauso Einzelexemplare vor.

Grundsätzlich wandern Schwarzbarsche zwischen flachem und tiefem Wasser, bewegen sich jedoch nicht sehr weit aus ihrem Gebiet, in dem sie hauptsächlich am Grund leben. In flachem Wasser stehen sie in der Nähe von Pflanzen wie Schilf, Seerosen, Baumwurzeln oder was sonst noch Schatten, Deckung oder Futter bietet.

Das Angeln ist einfach, sobald Sie die Fische gefunden haben. Und genau das ist neben der Köderwahl das Hauptproblem. Zu Beginn der Saison stehen die Fische in flachem Wasser, wo die Temperatur am höchsten ist. Sobald sie 20 bis 21 Grad Celsius beträgt, steigen Ihre Chancen. Wird das Wasser später im Jahr zu warm, ziehen sich die Barsche in tieferes Wasser zurück. Dort stehen sie am Grund im Bereich von Riffen, Scharkanten, Untiefen, wo sich auch die Futterfische scharen. Nur sehr selten schwimmen Schwarzbarsche im Mittelwasser. Am Morgen und Abend kehren sie in die seichten Regionen am Ufer zurück, vorzugsweise in bewachsene Zonen. Am besten lassen sich Schwarzbarsche morgens überlisten. Im Herbst und Winter finden sich die Fische wieder an den wärmsten Stellen.

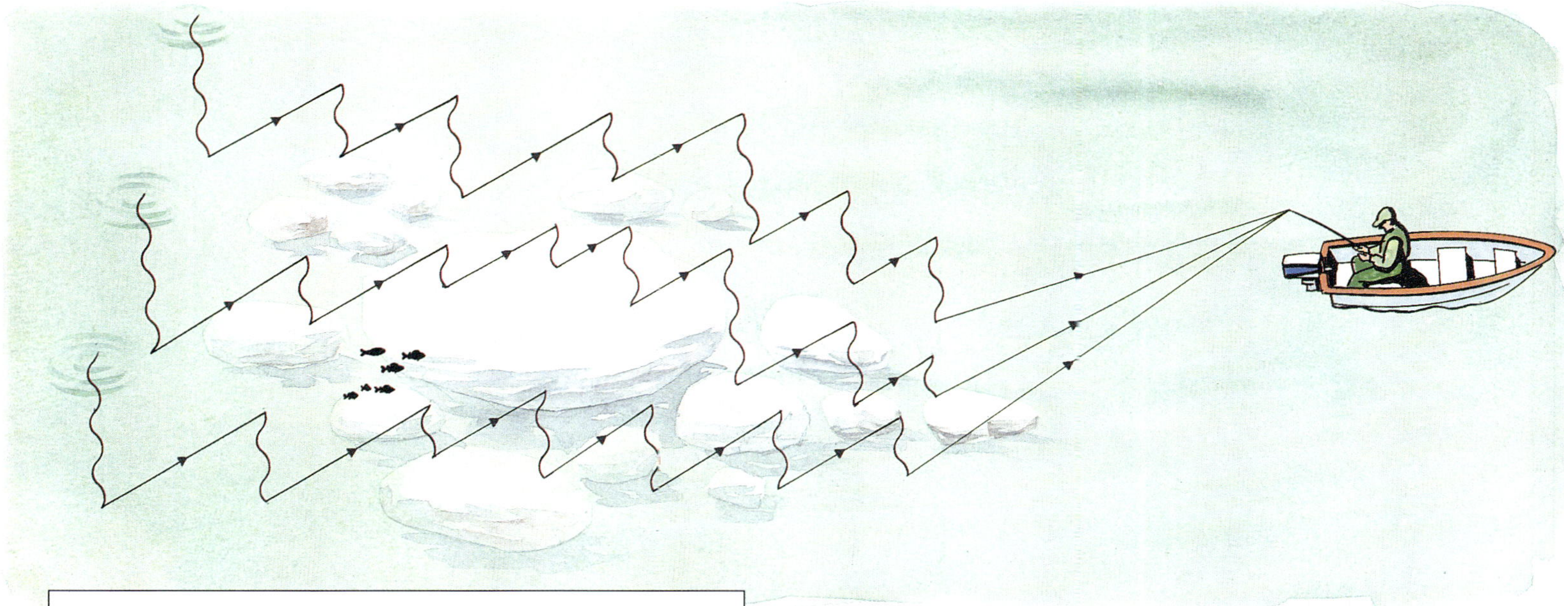

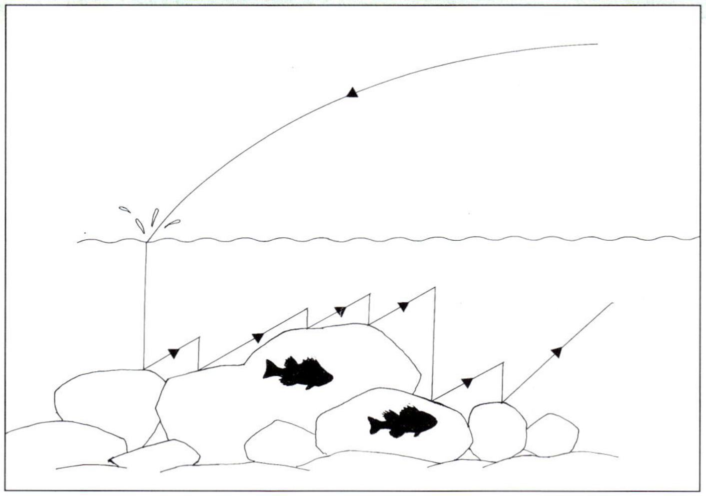

Oben: Schwarzbarsche halten sich meist in Gruppen oder kleinen Schwärmen am Grund auf und suchen Stellen wie Felsen, flache Ufer, Riffe oder Scharkanten auf. Suchen Sie die vermuteten Standplätze fächerförmig ab und holen Köder wie Spinnerbait oder Jig mit regelmäßigem Anheben und Senken der Rutenspitze ein. Dadurch hüpft der Köder verführerisch über den Grund.

Rechts: Am häufigsten werden Schwarzbarsche mit dem Griff von Daumen und Zeigefinger am Unterkiefer gelandet.

Köderfarbe eine Rolle spielt. Wichtiger ist jedoch das langsame Einholen dicht am Grund.

Das trifft jedenfalls auf vier von fünf Angelausflüge zu, während sich beim fünften eine höhere Geschwindigkeit als fängiger herausstellt. Grundsätzlich sollten Sie den Köder nahe dem Grund führen, obwohl die Fische sehr selten auch an der Oberfläche beißen – etwa am Morgen oder Abend. Natürlich ist diese Tiefe generell die richtige Wahl in klaren, seichten Seen, Teichen und Flüssen.

Das Spinnfischen mit dem Jig ist die älteste und am weitesten verbreitete Technik auf Schwarzbarsche. Allerdings muß der Angler den Köder ständig aktiv in Bewegung halten, da ein lediglich durchs Wasser gekurbeltes Modell nur wenig Eigenleben zeigt. Zum sauberen Jigfischen gehört deshalb das Führen mit kleinen Sprüngen – langsam oder mit schnell wechselnden Bewegungen.

Über hindernisfreiem, weichem Grund ist das Angeln kein Problem. Schwierig wird es, wenn Felsen, versunkene Bäume oder Wasserpflanzen rasch zu Hängern führen. Besonders auf den Forellenbarsch ist das grundnahe Führen des Köders wichtig, da diese Art direkt über steinigem und felsigem Boden steht. Die Großmäuler lassen sich dagegen auch mit einem etwas höher geführten Köder an den Haken locken.

Beim Bootsangeln ist der Einsatz eines Spinnerbaits manchmal von Vorteil. Er wird zunächst ein Stück an der Oberfläche eingeholt und darf dann absinken, womit er die Aufmerksamkeit der Barsche auf sich zieht.

BASS TRACKER

Blinker, Spinner und alle Arten von Wobblern (Oberflächen-, sinkende und schwimmende Modelle) eignen sich bestens für seichtes Wasser bis hinunter in mehrere Meter tiefes Wasser. Noch weiter unten fischen tief tauchende Wobbler und Bleikopfspinner. Ohne Zweifel finden die meisten Angler das Fischen im Flachwasser am aufregendsten, wo sie den Barschen mit Oberflächenwobblern und Kunststoffwürmern nachstellen. Diese langen Gebilde aus Weichplastik werden auf einen Haken gezogen und bilden zusammen ein sogenanntes Texas-Rig, das es in verschiedenen Ausführungen gibt.

Wie in vielen anderen Sparten des Angelns sollten Sie auch auf Schwarzbarsche bei hellem Wetter und klarem Wasser zu dünnen Schnüren und kleinen Ködern greifen. An heißen Tagen und überhaupt in der warmen Jahreszeit sollte sich der Angler auf die Morgenstunden konzentrieren, wobei das Fischen vor Sonnenaufgang beginnt. Weiter ist eine etwas vom Wind gekräuselte Oberfläche besser als eine spiegelblanke. Außerdem sollten Sie sich ruhig verhalten und vor allem im Boot Lärm vermeiden, was auch für den Motor gilt.

Auf Schwarzbarsche mit Naturködern

Läuft das Fischen schlecht, erweisen sich Naturköder in aller Regel als die fängigste Lösung. Dazu zählen kleine lebende Fische, Neunaugen, Bienenmaden, Grashüpfer, Krebse, Blutegel und Würmer. Sämtliche Köder sollten an einem Einzelhaken angeboten werden, so daß sie möglichst lebendig wirken. Verwenden Sie außerdem so wenig zusätzliches Gewicht wie möglich und falls gewünscht höchstens eine kleine Pose. Sobald der Köder absinkt, müssen Sie mit einem Biß rechnen. Strafft der Fisch die Schnur, setzen Sie den Anhieb.

Viele Angler betrachten Plastikwürmer als aufregendste Art des Schwarzbarsch-Fischens. Egal, ob Sie dabei ein Texas- oder Carolina-Rig einsetzen – die Fische können dem langen Weichplastik-Köder kaum widerstehen. Auch dieser Barsch nicht...

Rechts außen: Wie bei vielen anderen Arten, gelten auch beim Angeln auf Schwarzbarsche Morgen und Abend als die besten Zeiten.

Sonnenbarsch

Der Sonnenbarsch *(Lepomis macrochirus)* heißt in den USA »Bluegill« und besitzt dort als Massenfisch etwa die Bedeutung wie bei uns das Rotauge. Die Farbe des Barsches kann von Gewässer zu Gewässer stark variieren. Allerdings trägt er auf seinem Rücken und den Flanken häufig sechs bis acht Streifen, deren Farbe von gelblich bis dunkelblau reicht. Selten wiegt der Sonnenbarsch mehr als ein Kilogramm, obwohl einzelne Exemplare fast doppelt soviel auf die Waage bringen. Ursprünglich bevölkerte der Sonnenbarsch das Gebiet von Montana bis zu den Großen See und drang südlich bis Georgia und im Westen bis Arkansas vor. Heute leben die Fische durch Besatzmaßnahmen in vielen Teichen fast aller Bundesstaaten.

Spinnfischen auf Sonnenbarsche

Angelnde Kinder sammeln ihre ersten Erfahrungen in den USA meist mit dem Sonnenbarsch, wobei ihnen die Freude an ihnen häufig ihr ganzes Leben erhalten bleibt. Schließlich ist es ein unterhaltsamer, wild beißender Fisch, der die kleinsten Kunstköder nimmt – Spinner, Blinker und hauptsächlich Jigs. Normalerweise ergeben sich die besten Fänge mit einer langsamen, abwechslungsreichen Führung. Allerdings müssen Sie geduldig verschiedene Köder ausprobieren, bis Sie das Modell mit dem Schlüsselreiz finden. Bringt gelegentlich schon der erste Wurf einen Biß – so kann der Schwarm verschwinden, sobald der zweite Wurf aufs Wasser trifft. Trotzdem sind nach einem Biß meist noch mehrere Sonnenbarsche zu fangen. Mit leichter Ausrüstung macht der Fang dieser Fische jedenfalls eine Menge Spaß.

Lebensweise

Schwarzbarsche leben in klaren, kleinen Teichen und Seen mit Wasserpflanzen, überhängenden oder ins Wasser gefallenen Bäumen. Jedoch kommen sie genauso in den Teichen von Parkanlagen vor. Die Fische bilden kleine, verstreut schwimmende Gruppen und laichen im Mai, worauf die Männchen die Brutfische einige Tage lang bewachen. Sie wachsen sehr langsam, was häufig zu einem zu dichten Bestand führt. Zu ihrer Nahrung zählen Wasserinsekten, Larven, Krustentiere sowie gelegentlich Brut- und Kleinfische. Offensichtlich leben Sonnenbarsche hauptsächlich in flachem Wasser , obwohl große Exemplare manchmal in tieferen Schichten beißen.

»Panfisch«, also »Pfannenfisch« steht in den USA als Sammelbegriff für Sonnenbarsch, Crappie, Barsch und »White Perch«. Hier ist ein Sonnenbarsch zu sehen, der nicht nur gut schmeckt. Vielmehr ist er ein guter Angelfisch, der auf Kunst- und Naturköder beißt.

Naturköderangeln auf Sonnenbarsche

Die üblichste Weise zum Fang von Sonnenbarschen ist heute wohl das Angeln mit Pose, einfachem Vorfach, einigen Bleischroten sowie einem Wurm auf dem kleinen Haken. Besser fangen jedoch Kombinationen aus Kunst- und Naturköder, bei denen der Angler kleine Jigs mit Mehlwürmern, Erdwürmern oder Larven beködert.

Crappie

In den USA werden Sonnenbarsch, Barsch, der »White Perch« sowie der Crappie unter dem Begriff »Panfisch« (engl. für »Pfannenfisch«) zusammengefaßt. Der Name stammt von der Tatsache ab, daß sie alle wunderbar zu essen sind. Zu den populärsten Arten gehört dabei der Crappie, von dem es zwei Arten gibt: Den Black Crappie *(Pomoxis nigromaculatus)*, der auf den Flanken verteilte schwarze Flecken trägt, und den White Crappie *(Pomoxis annularis)*, dessen Flecken eher Streifen bilden und über den Rücken und die Seiten laufen. Häufig wiegen sie bis zu einem Kilo, wobei der Rekord über dem Doppelten liegt. Beide Arten sind so beißfreudig wie der Sonnenbarsch.

Spinnfischen auf Crappies

Wie der Sonnenbarsch bietet auch der Crappie eine große Herausforderung beim Fischen mit ultraleichtem Gerät. Die kleinsten Spinner, Blinker und Wobbler bringen gute Fänge, jedoch stellen Jigs wahrscheinlich die beste Wahl dar. Denn die Fische leben häufig in verwachsenen Gewässern sowie in weiteren Gebieten mit vielen Pflanzen, Zweigen und rauhem Grund. Generell stehen Crappies am Grund, wobei es keine Rolle spielt, ob sie in einer seichten, sonnigen Bucht oder in tiefem Wasser schwimmen.

Crappieangeln mit Naturködern

Diese Fische nehmen gerne Naturköder. Es genügt eine einfache Montage mit Schwimmer, Vorfach und einem Haken mit einem Kleinfisch oder Wurm darauf. Wiederum ähnlich dem Sonnenbarsch können Sie Kunst- und Naturköder kombinieren. Hauptsächlich wird der Haken eines Jigs mit einem Fischfetzen, einem ganzen kleinen Fisch, Würmern, Larven oder was sonst gerade greifbar ist beködert. Der Anhieb sollte mit etwas Verzögerung erfolgen, da Crappies den Köder trotz ihres großen Mauls etwas langsamer schlucken. Der Drill erfolgt mit gleichmäßigem Druck, ohne zu rucken.

Lebensweise

Crappies bevölkern Teiche, Seen und langsam strömende Flüsse in den gesamten USA. Allerdings lebt der Black Crappie meist in den nördlichen Staaten, während der White Crappie im Süden vorkommt. Beide lieben klare Gewässer mit reichlich Wasserpflanzen und überhängenden Bäumen, hauptsächlich Weiden, die Schatten und Deckung bieten. Begeisterte Crappie-Angler bauen deshalb häufig Unterstände im Wasser, die unter anderem aus Schilfstengel- oder Zweigmatten bestehen.

Die Fische lassen sich gleichermaßen bei Tag und Nacht fangen, wobei die Saison kurz nach der Laichzeit beginnt und im Herbst endet. Jedenfalls gilt die Abenddämmerung oft als beste Angelzeit. Nicht zuletzt sind Crappies unter Eisanglern beliebt. Übrigens kann es bei den Crappies wie mit den Sonnenbarschen zu einem überhöhten Bestand im Gewässer kommen. Crappies ernähren sich von Insekten, Würmern, Krustentieren, Brut- und Kleinfischen.

Wels

Ein Wels (engl. Catfish) ist leicht an seinem flachen Kopf zu erkennen, der etwa 20 Prozent der Körpermasse ausmacht. Dazu kommen die Barteln, deren Länge etwa zehn Prozent des gesamten Körpers betragen kann. Welse leben auf jedem Erdteil mit Hunderten von Arten. Zusammen mit dem Stör sowie Karpfenarten im Amazonasgebiet und Asien zählen einige Welsarten zu den größten Süßwasserfischen der Erde. Der europäische Wels oder Waller *(Silurus glanis)* ist darunter die schwerste Art, die ein Gewicht bis zu 200 Kilogramm erreicht. Darauf folgen Welse im Amazonas und im Gewässersystem des Mekong, wogegen einige andere Welse der Gruppe *Silurodei* nur wenige Zentimeter lang sind.

Ein weiteres Beispiel ist der Zitterwels *(Malapterus electricus)*, der Stromspannungen bis 350 Volt erzeugt. In den USA leben ebenfalls mehrere Arten wie der Flathead- und Blue Catfish, die etwa 25 bis 50 Kilo erreichen. Häufig ist dort auch der Channel Catfish, der jedoch selten mehr als acht oder neun Kilo auf die Waage bringt.

Ursprünglich bevölkerte der Waller viele Gebiete in Mittel- und Osteuropa sowie Asiens. Von dort aus gelangte er auf natürliche Weise oder durch Besatzmaßnahmen in viele Länder und lebt heute auch in Frankreich, Italien, Spanien und Deutschland. Die nördliche Verbreitungsgrenze verläuft durch den Süden von Schweden und Finnland sowie die baltischen Staaten.

Spinnfischen auf Waller

Eigentlich ist es kaum zu glauben, daß der Wels mit seinen schlechten Augen vor allem bei trübem oder schlammigem Wasser einen Blinker oder Wobbler nimmt – aber das ist tatsächlich der Fall. Der Grund dafür liegt darin, daß er sich für kranke Futterfische interessiert, die sich entsprechend seltsam bewegen. Und genau das läßt sich beim Spinnfischen nachahmen. Kunstköder sollte der Angler mit Sprüngen einholen, wobei es gleichzeitig immer zu Berührungen mit dem Grund kommt. Für diese Technik eignen sich Wobbler und Jigs, obwohl auch Blinker und Spinner ihre Fische fangen.

Die Farbe spielt kaum eine Rolle, jedoch erwiesen sich grell und fluoreszierend gefärbte Köder als wirksam. Genauso fängig sind große Jigs, eventuell mit Fetzen oder ganzen Fischen auf dem Haken. Auch Spinn-Montagen für ganze Köderfische, darunter das Drachkovic-System, besitzen einen guten Ruf unter Wallerfischern.

Welse besitzen keine »gefährlichen« Zähne, so daß ein Monofil-Vorfach zwischen 0,50 und 0,70 Millimeter ausreicht – es ist weniger als Schutz vor den Zähnen des Fischs gedacht, vielmehr soll es

Welse erreichen imposante Größen und können entsprechend große Futterfische fressen. Deshalb dürfen Köderfische bis zu anderthalb Kilogramm wiegen.

Lebensweise

Die Welse bevorzugen warmes Wasser und sind deshalb im Sommer am aktivsten. Das Laichen beginnt, wenn die Wassertemperatur wenigstens 20 Grad Celsius beträgt. Dabei setzen die Tiere ihre Eier auf Zweigen, Wurzeln oder Pflanzenresten ab. Die geschlüpften Jungwelse wachsen rasch und erreichen bereits in den ersten beiden Jahren Längen zwischen 30 und 40 Zentimeter, 50 bis 80 Zentimeter messen sie als Drei- oder Vierjährige.

Das Futter der kleinen Waller besteht zunächst aus Larven, Würmern und Fischbrut. Bald sind sie jedoch in der Lage, sogar Frösche und größere Fische erfolgreich zu jagen. Zwar gelten Welse auch als Kannibalen, jedoch hält sich ihre Gier im Vergleich mit dem Hecht in Grenzen. Aus dem Bereich der Fischzucht ist bekannt, daß ein Waller sechs bis sieben Kilo Fisch fressen muß, damit er ein Kilogramm Körpergewicht zulegt.

Erreicht der Waller eine bestimmte Größe, beansprucht er ein bestimmtes Revier für sich. Neben den Flüssen bevölkern Welse genauso Seen, wobei sie selten in sehr tiefem Wasser zu finden sind. In Flüssen leben sie hauptsächlich in den ruhigen Bereichen, allerdings wiederum kaum in den tiefsten Löchern. Generell suchen sie ihre Standplätze gerne unter überhängenden Bäumen, die ihnen Schatten und Deckung bieten. Weiter bilden die Mündungen von Zuflüssen weitere gute Standplätze.

Zwar lassen sich Welse auch bei Tag fangen, jedoch sind sie nachts besonders aktiv. Im Laufe der Zeit stellten sich Abend, Nacht und Morgendämmerung als besonders fängige Zeiten heraus. Die Aktivität der Räuber hängt deutlich von der Wassertemperatur ab und steigt mit der Wärme, während sinkende Temperaturen die Beißwilligkeit gegen Null führen können. Munter werden die Tiere wiederum bei Gewittern mit Regen und steigendem und eintrübendem Wasser. Jetzt suchen sie flachere Zonen zur Nahrungssuche auf. Sinkt der Wasserstand hingegen und werden die Fluten wieder klarer, schlägt den Wallern diese Situation offensichtlich auf den Magen. Die meisten Welse beißen auf lebende oder tote Naturköder, jedoch zeigt das Spinnfischen durch häufigeren Einsatz deutlich wachsende Erfolge.

bei Berührungen mit Steinen und anderen Hindernissen Widerstand leisten. Häufig verfolgt ein Wels den Spinnköder, bevor er ihn packt. Deshalb sollten Sie einen vermuteten Standplatz mehrmals anwerfen, zumal der Köder beim Aufschlag auf die Oberfläche ein ähnliches Geräusch wie das Wallerholz (siehe unten) verursacht und zusätzlich durch das wiederholte Auftreffen auf den Grund lockt. Ohne Frage kommt für das Spinnfischen auf Waller nur kräftiges Gerät in Frage, zu dem 0,40 bis 0,60 Millimeter starkes Monofil oder eine entsprechende geflochtene Schnur zählt.

Welsfischen mit Naturködern

Naturköder erwiesen sich als besonders wirksam auf nächtliche Jäger wie den Waller. In Frage kommen lebende und tote Köderfische, halbe Fische, Fetzen, Leber, Wurmbündel, Blutegel, Fleisch von Säugetieren, tote und lebende Frösche – falls der Köder im jeweiligen Land erlaubt ist. Zu den klassischen Ködern gehören außerdem Hühnerdärme und in osteuropäischen Ländern die Maulwurfsgrille. Normalerweise liegt das Gewicht der Köderfische zwischen 100 und 500 Gramm, was von der Größe der erwarteten Fische abhängt.

Am häufigsten wird das Grundangeln mit Gleitmontage oder das Fischen mit dem Gleitschwimmer eingesetzt, wobei nachts ein Bißanzeiger die Aktivitäten am Köder meldet. Beim Bootsangeln ist die Paternoster-Montage die richtige Wahl. Viele Standplätze der Waller sind mit Wasserpflanzen, Zweigen, Wurzeln und anderen Hindernisse überwachsen. Hänger lassen sich weitgehend mit Gleitschwimmer- oder Paternoster-Montagen vermeiden, bei denen der Köder zumindest ein Stück über dem Grund schwebt. Vor allem kleinere Welse steigen auf der Futtersuche häufig in höheres Wasser bis hin zur Oberfläche auf. Wie Beobachtungen zeigten, bewegen sich Waller zweimal täglich von ihrem Standort weg: kurz vor Sonnenauf- und Sonnenuntergang.

Vor allem an Stellen mit vielen Hindernissen ist kräftiges Gerät gefragt. Normalerweise liegt die Schnurstärke um 0,65 Millimeter (Monofil), wobei die Leine auf einer Stationär- oder Multirolle liegt. Ein sehr festes, meterlanges Vorfach aus Nylon, Stahldraht oder Kevlar widersteht schließlich rauhen Wurzeln oder Steinen.

Aus Osteuropa stammt das Wallerholz (»Kutjer«): ein kurzer Stab mit dem Hangriff am einen und einem flachen oder abgerundeten Kopf am anderen Ende. Sein Durchmesser entspricht etwa dem einer großen Münze. Es kommt hauptsächlich beim Bootsangeln zum Einsatz, wo es in einer bogenförmigen Bewegung neben der Bordwand ins Wasser gestoßen und wieder herausgedreht wird. Die Intervalle zwischen den Schwüngen betragen etwa 1,5 bis 2 Sekunden. Das Geräusch hört sich in etwa an, wie das Öffnen einer Sektflasche und weckt die Neugier der Welse. Inzwischen verwenden die Angler in vielen Ländern das wirkungsvolle Holz sowohl vom verankerten als auch vom treibenden Boot aus.

Anhieb, Drill und Landung

Beim Spinnfischen erfolgt der Anhieb sofort, wenn man den Biß oder das Ausspucken des Kunstköders fühlt. Dagegen sollten Sie beim Naturköderangeln einige Sekunden warten. Aufgrund des harten Mauls der Welse muß der Anhieb sehr hart erfolgen und

Links: Ein Wallerholz in Aktion. Das Lockinstrument wird wiederholt ins Wasser gestoßen, wobei das dabei entstehende Geräusch den Wels anlockt.

Oben: Der schwere Wels wurde nach einem langen, harten Kampf gelandet. Zur Landung solch kapitaler Exemplare sind wenigstens zwei Angler nötig. Ein einzelner ist hier schnell überfordert.

sollte wiederholt werden, so daß der Haken sicher sitzt. Waller flüchten sofort nach dem Anhieb in Richtung ihres Verstecks.

Der Angler sollte den kräftigen und ausdauernden Fisch stark unter Druck setzen. Während dem Drill setzt sich der Wels häufig auf einer Stelle fest, von der er sich nur schwer wieder fortbewegen läßt. Deshalb sollten Sie ihn am Schwimmen halten, indem Sie vielleicht Steine an seinen Standort werfen oder den Fisch auf andere Weise mit Geräuschen erschrecken.

Ein unerfahrener Angler kann den Waller mit einem großen Kescher landen oder ihn mit einem Gaff in der Mitte des Unterkiefers haken. Mit mehr Übung kann der Angler den Wallergriff einsetzen, bei dem die von einem Arbeitshandschuh geschützte Hand mit dem Daumen über den Unterkiefer greift und die übrigen Finger von unten dagegen halten. Bei einem großen Fisch ist dabei jedoch oft zusätzlich die zweite Hand gefordert, die den Fisch am Kiemendeckel hält. Jedenfalls erfordert die Landung manchmal sämtliche Kräfte.

Forelle

Die Forelle *(Salmo trutta)* bevölkert eine beeindruckende Zahl unterschiedlicher Lebensräume. Sie kommt in klaren, sauerstoffreichen Bächen, Flüssen und Seen vor, wobei sich mehrere Formen bildeten. Im biologischen Sinn gehören die Bachforelle *(Salmo trutta fario)*, die Seeforelle *(Salmo trutta lacustris)* und die Meerforelle *(Salmo trutta trutta)* der gleichen Art an. In vielen Gewässern stammen alle drei von den gleichen Fischen ab. Während ihres Lebens bleiben sie entweder im Fluß, bevölkern einen See oder wandern ins Meer ab. Sie unterscheiden sich schließlich in Verhalten und Färbung, jedoch klärt nur eine Untersuchung der Schuppen genau die Zugehörigkeit zu einer bestimmten Form.

Bach- und Seeforellen lebten ursprünglich in Europa – vom Mittelmeer bis in nördliche Norwegen und nach Island, westlich bis auf die Britischen Inseln und im Osten bis nach Sibirien. Besatzmaßnahmen führten die Bachforelle schließlich 1883 in den Osten der USA, dann nach Neuseeland und andere Länder in Südamerika, Afrika und Teile von Asien. Jedenfalls besitzen diese Forellen verglichen mit Regenbogenforellen keine so hohe Toleranz gegenüber den Wassertemperaturen. Die rund um die Welt besetzten Fische stammen aus dem Loch Leven, einem schottischen See nördlich von Edinburgh. Er ist berühmt für seinen Bestand gesunder, schnellwüchsiger Forellen.

Die Größe der Bachforellen hängt weitgehend vom Nahrungsangebot ab. So enthalten nur wenige europäische Flüsse Ausnahmeexemplare von zwei bis drei Kilogramm, während sie sich unter anderem in Neuseeland vergleichsweise häufig finden. Das Höchstgewicht in Flüssen beträgt etwa zehn Kilo, als schöne Fische gelten jedoch schon 0,5 bis ein Kilo schwere Tiere.

Spinnfischen auf Forellen

Die Lebensgewohnheiten der Forellen in klaren Gebirgsbächen und den Flüssen des Flachlands weichen voneinander ab. Während die Fische in den nahrungsarmen Bergregionen im Grunde alles packen müssen, was ihnen vors Maul treibt, so können die Tiere in den mit reichlich Futter gesegneten größeren Flüssen sich als ziemlich wählerisch erweisen. In Fließgewässern wird normalerweise stromab geworfen, wobei Spinner, Blinker oder kleine Wobbler als

In fließenden Gewässern beansprucht jede Forelle ein eigenes Revier. Sie lebt hauptsächlich von Insekten, frißt mit wachsender Größe jedoch auch kleinere Fische. Jetzt lassen sich die Rotgetupften einfacher mit Spinnern, Blinkern und Wobblern überlisten.

Lebensweise

Forellen laichen in der nördlichen Hemisphäre zwischen Oktober und Dezember. Bereits die Jungfische beanspruchen ein Revier für sich, wobei sie dieses Verhalten in Fließgewässern lebenslang beibehalten. Die Zeiten ihrer Aktivität hängen hauptsächlich vom Insektenangebot ab. Bachforellen gehen dabei hauptsächlich morgens und abends sowie kurz am Mittag auf Nahrungssuche.

Ihre Nahrung besteht aus Insekten, Larven, Würmer und Brutfische, zudem entwickeln sie einen gewissen Kannibalismus. In Bächen und Flüssen setzt sich ihre Nahrung zu 90 Prozent aus mit der Strömung antreibenden Insekten und zehn Prozent Oberflächeninsekten zusammen. Auf der Jagd orientieren sich Forellen mit den Augen und mit ihrer Seitenlinie, wie zahlreiche Studien belegen.

Ihre Standplätze wählen Forellen so aus, daß sie möglichst wenig Energie für das Anschwimmen gegen die Strömung aufwenden müssen. Außerdem sollte möglichst viel Futter zur Verfügung stehen. Deshalb sind Felsen, Gumpen und Rückströmungen ideale Angelstellen. Bachforellen suchen häufig nach Deckung, während Regenbogenforellen gerne im freien Wasser leben.

Nicht zuletzt leben Forellen in Seen aller Größen. In kleinen Seen ziehen sie herum und suchen häufig die Uferzonen auf. Hier fressen sie in erster Linie Insekten, Krustentiere, Würmer und Fischbrut. Bewachsene Gebiete, Felsen, Zu- und Abflüsse sowie Flachwassergebiete ziehen die Forellen offensichtlich am stärksten an. Im Sommer ziehen sie in tieferes Wasser, suchen jedoch häufig am Morgen und Abend wieder die seichten Regionen auf. Während Forellen in Flüssen manchmal schwer zu fangen sind, erweisen sich die Fische im See als beißfreudiger. Deshalb werden Forellen häufig in »Put-and-take«-Gewässer besetzt, wo der Spaß am Angeln im wesentlichen vom Bestand und vom Angeldruck abhängt. Wenn in großen Seen zumindest ein Zufluß den Aufstieg zum Laichen erlaubt, können sich Seeforellen-Bestände mit großen Fischen entwickeln. Sie leben in verschiedenen europäischen Seen und besitzen entweder silberfarbene Flanken mit schwarzen Punkten oder sehen eher bronzefarben aus.

Links außen: Ein Spinner bringt in fließenden Gewässern schöne Fänge, zumal er sich mit der Rutenspitze sehr gut nach oben, unten oder zur Seite dirigieren läßt.

Gehakte Forellen springen häufig oder schütteln sich an der Oberfläche. Damit sorgen sie für einen spannenden Drill, da der Angler den Fisch die meiste Zeit beobachten kann.

Köder dienen. Sie suchen schließlich vermutliche Standplätze ab, zu denen beispielsweise Gumpen, Krautbänke oder die Zuflüsse von Nebengewässern zählen. In einem großen Fluß werfen Sie schräg stromab auf das gegenüber liegende Ufer zu, lassen den Köder mit der Strömung zum eigenen Ufer herumschwingen und holen ihn ein. Gehen Sie nach jedem Wurf zwei oder drei Schritte weiter und werfen erneut zum anderen Ufer. Auf diese Weise suchen Sie systematisch die Flußstrecke ab.

Häufig erweisen sich die Fische im Fluß als sehr scheu und sehen den Angler schon auf eine große Entfernung. Deshalb ist vorsichtiges Fischen angesagt, wobei kein Schatten auf die Oberfläche fallen sollte – machen Sie sich also so klein wie möglich. Beim Fischen stromab passiert der Köder den Fisch von hinten, wobei er das Angebot nur kurz sieht. Häufig zielen Forellen deshalb bei einem Angriff daneben und es kommt zu einem Fehlbiß. Oder sie verfolgen den Köder und drehen dann verunsichert wieder ab.

Fischen Sie stromauf, kommt der Köder dem Fisch entgegen. Dadurch erkennt die Forelle das Kunst-Stück früh und kann gezielter angreifen. Dadurch sitzt der Haken dann in aller Regel sehr sicher. Das Führen des Köders sollte lebendig und etwas schneller als die Strömung erfolgen. Dabei muß der Angler jedoch viel aktiver führen, da hier nicht die Strömung die Arbeit weitgehend übernimmt.

Am besten eignet sich der Spinner für das Fischen in fließenden Gewässern. Sein rotierendes Blatt wirkt sehr anziehend auf Forellen und sein Widerstand ermöglicht einen sehr direkten Kontakt zwischen Rute und Köder. Verringern Sie die Geschwindigkeit oder senken die Rutenspitze, sinkt der Köder tiefer. Umgekehrt steigt er beim Beschleunigen oder Senken der Spitze. Seitliche Rutenbewegungen steuern ihn bei einem nicht ganz gelungenen Wurf oder einer Abdrift aufgrund der Strömung zum vermuteten Standplatz.

Außerdem eignen sich Blinker für das Flußfischen, obwohl sie verglichen mit dem Spinner keinen so guten Kontakt zur Rute halten. Deshalb hält der Angler den Köder eher in ruhigen Bereichen oder führt ihn nahe der Oberfläche.

Schwimmende Wobbler erweisen sich als hervorragende Köder für flaches Wasser. Zwar lassen sie sich nicht so weit werfen, jedoch können Sie den Wobbler ein Stück mit der Strömung über den Standplatz treiben lassen und erst dann mit dem Einholen beginnen. Darüber hinaus kann der Angler den Köder ein kurzes Stück oberhalb auch mit einem Blei auf der Schnur beschweren. Sinkende Wobbler fischen am besten in tieferen Gewässern mit ziemlich kräftiger Strömung.

Weniger üblich sind Jigs für Fließgewässer. Eigentlich zu Unrecht, da sich ein Jig leicht werfen läßt, schnell sinkt und bestens in Strömungsrinnen und tiefen Gumpen fischt.

Die Forellen fließender Gewässer sind scheu und wählerisch. An bekannten Flüssen ist es dabei durchaus üblich, daß Fliegenfischer besser fangen als die Spinnangler. Jetzt kann die Fliege am Spinngerät weiterhelfen, wobei Muster mit Einzel- oder Zwillingshaken sowie kleine Tubenfliegen in Frage kommen. Beschweren Sie die Schnur etwa 60 bis 80 Zentimeter oberhalb der Fliege beispielsweise mit Schrotblei. Der Köder kann nach dem Wurf schräg zum anderen Ufer in der Strömung herumschwingen oder der Angler holt ihn wie einen Spinner ein.

Forellen verfügen über ein gutes Farbsehen. Zwar sind Regeln immer für Ausnahmen gut, jedoch empfehlen sich Silber, Messing, Gelb und fluoreszierende Farben bei trübem und hohem Wasser, Dunkelheit sowie starkem Wind mit Wellen an der Wasseroberfläche. In klarem, niedrigem Wasser und bei hellem Wetter erweisen sich gedeckte Farben als fängiger. Dazu zählen dunkle Schattierungen, Schwarz und Kupfer.

Für Seen oder Put-and-take-Gewässer kommen die gleichen Köder in Frage, jedoch sind auch Blinker einen Versuch wert. Dazu kommen Fliegen an der Wasserkugel, die der Angler auf zwei Arten befestigen kann – gleitend und fest. Bei der ersten besteht der Stopper aus einem Wirbel, an dem ein 120 bis 350 Zentimeter langes Vorfach hängt. Das Maß hängt unter anderem von der Wassertiefe und dem Verhalten der Forellen ab. Nimmt ein Fisch die Fliege, kann er Schnur nehmen, ohne Widerstand von der Kugel zu spüren. Bei der von vielen Fischern bevorzugten zweiten Montage soll ein schneller Anhieb den Fisch sicher haken.

Beim Spinnfischen im Fluß ist normalerweise der Wurf leicht schräg stromauf am besten. Sobald der Köder den Grund erreicht, holt der Fischer ihn an gespannter Schnur dicht über dem Boden ein. Unter schwacher Strömung müssen Sie dem Köder mit der Rutenspitze etwas Leben einhauchen, wodurch er verführerisch über den Grund hüpft.

Der Forellen-Drill sollte mit gleichmäßigem Druck und vergleichsweise weich eingestellter Rollenbremse erfolgen, so daß der Fisch bei einer plötzlichen Flucht problemlos Schnur nehmen kann.

Forellenfischen mit Naturködern

In kleinen Fließgewässern gibt es keinen fängigeren Köder als den Wurm an der freien, unbeschwerten Leine. Allerdings ist er an vielen Gewässern verboten, da selbst kleine Forellen ihn meist sofort tief schlucken. Der Wurf erfolgt stromauf oder stromab, worauf die Strömung den Köder zum Fisch trägt. In größeren oder tieferen Gewässern können Sie die Montage mit ein paar Spaltbleien beschweren, die ein Stück oberhalb des Köders auf der Schnur klemmen.

Am einfachsten ist jedoch das Fischen mit dem Schwimmer und einem ziemlich langen Vorfach, das eine Beschwerung entsprechend der Strömung und der Gewässertiefe trägt. Als Köder dient wiederum der Wurm. Nach dem Wurf folgt der Angler der treibenden Pose oder spielt Schnur aus. Ein Zug am Schwimmer signalisiert den Biß, allerdings erfolgt der Anhieb erst beim Abtauchen.

Große Flüsse werden oft mit einer Montage befischt, die einen Dreiwege-Wirbel enthält. Am Ende des nach unten weisenden, etwa 80 bis 120 Zentimeter langen Vorfachs hängt das Blei, am Seitenarm der Wurmköder. Normalerweise wirft der Angler stromab und läßt die Montage zum oder über den Standplatz treiben, wobei das Blei stets den Kontakt zum Grund hält.

In Seen wird der Naturköder entweder an einer festen oder gleitenden Posenmontage gehalten, was von der befischten Tiefe abhängt, oder es kommt wieder die Wasserkugel zum Einsatz. Letztere holt der Angler aktiv langsam ein, wobei der Wurm verführerisch durchs Wasser taumelt. Beide Techniken erwiesen sich in den meisten Gewässern als sehr fängig.

Neben dem »klassischen« Wurm eigenen sich außerdem Larven, Heuschrecken, Krustentiere, Kleinfische und anderes als Köder. Während dem Spätsommer und im Herbst kann sich auch ein Versuch mit Lachseiern oder Forellenrogen lohnen – sofern erlaubt. Beides wird mit Schwimmer, an der freien Leine oder an der Grundmontage gefischt, die sich in der Strömung über den Boden bewegt.

Drill

Jeder Angler kennt die Sprünge der gehakten Forelle. Richtig wild werden die Fische jedoch, wenn die Bremse zu fest eingestellt ist. Deshalb sollte dem Anhieb ein gleichmäßiger Druck mit sachte eingestellter Bremse folgen. Dadurch kann der Fisch jederzeit Schnur nehmen, was die Sprünge in Grenzen hält. Die Landung erfolgt mit dem Kescher oder durch Stranden am flachen Ufer.

Meerforelle

Obwohl die Meerforelle *(Salmo trutta trutta)* biologisch die gleiche Art wie die Bachforelle darstellt, läuft ihr Leben völlig anders ab. Denn im Unterschied zur Bachforelle wandert die Meerforelle nach ihrem Aufenthalt im Meer wie der Lachs zum Laichen in ihren Geburtsfluß zurück. Ursprünglich beschränkte sich das Verbreitungsgebiet auf Nordeuropa. Heute findet sie sich auch in anderen Gebieten der Welt, was am Besatz verschiedener Gewässer mit Bachforellen liegt. Denn einige Exemplare bildeten anadrome Bestände, wie in Neuseeland, Argentinien und auf den Falkland-Inseln. Eine kleinere Population lebt im Osten von Nordamerika, beispielsweise auf Neufundland, Nova Scotia sowie in den US-Bundesstaaten Maine, New York und Connecticut. Ein richtiger Besatz mit Meerforellen gelangte jedoch erst 1958 in den Norden der Neuen Welt. In Europa leben sie auf den Britischen Inseln, auf Island und den Faröern, in Dänemark, Finnland, Norwegen und Schweden sowie in Polen und weiteren Staaten der Ostsee-Region. Kleinere Bestände finden sich in Deutschland und im Norden Frankreichs. Die Fische der Ostsee sind bekannt für ihr schnelles Wachstum, wobei die Flüsse Mörrum und Em als gute Adressen für kapitale Fische gelten.

Verschiedene Stämme der Meerforellen können sich auch in ihrer Entwicklung unterscheiden. An den meisten Stellen erreichen sie nur selten mehr als zwei oder drei Kilogramm. Große Exemplare kommen nur in wenigen norwegischen Flüssen, schwedischen Ostsee-Zuflüssen, dänischen Auen sowie Gewässern in Polen, Finnland und baltischen Staaten vor. Durchschnittlich wiegen sie drei bis sechs Kilo, einige Tiere erreichen jedoch zehn bis 14 Kilogramm.

Spinnfischen auf Meerforellen

Die Angeltechniken auf Meerforellen unterscheiden sich in nordeuropäischen Gewässern teilweise stark. Jedoch scheint das Fliegenfischen zu dominieren, je klarer und heller sich das Wasser präsentiert. Das Spinn- und Naturköderangeln kommt dagegen eher in ziemlich dunklen, trüben und tiefen Flüssen zum Zug.

Am liebsten angeln Spinnfischer mit Blinkern, Wobblern und Spinnern auf die silbernen, aufsteigenden und kräftig gefärbten Fische. Sie suchen die gleichen Standplätze wie die Bachforelle auf,

Meerforellen verbringen den größten Teil des Jahres in der See und steigen im Herbst zum Laichen in die Flüsse auf. Meist erreichen sie nur ein Gewicht zwischen zwei und drei Kilo, vor allem im Gebiet der Ostsee werden sie allerdings weitaus schwerer.

Lebensweise

Meerforellen laichen im Herbst, worauf die Jungfische ein bis drei Jahre im Fluß bleiben. Bei einer Länge von 16 bis 22 Zentimeter wandern sie im März oder April ins Meer und kehren im gleichen oder nächsten Jahr in ihren Heimatfluß zurück. Abgelaichte Fische schwimmen im zeitigen Frühjahr ins Meer zurück, allerdings sterben einige – vor allem männliche Tiere. In der See benötigen sie einige Wochen, bevor sie wieder einen guten Zustand erreichen. Sie glänzen wieder und besitzen eine kräftige Körperform. Gegen den Herbst legen sie auf ihrer Laichwanderung ihr Hochzeitskleid an, wobei die Milchner einen Laichhaken am Unterkiefer entwickeln.

Der Aufstieg beginnt früh in großen Flüssen, in kleineren Gewässern jedoch erst im Herbst. Anders als die Lachse steigen Meerforellen im Schutz der Dunkelheit auf und bevorzugen dunkle, geschützte Standplätze, wogegen Lachse häufig frei in der Strömung schwimmen. Meerforellen fressen normalerweise nicht im Süßwasser und wenn, dann nicht aus Hunger. Ihre Beißfreudigkeit hängt mehr von der Entwicklung der Laichfarben, des Rogens und der Milch ab. Je heller die Farbe des Fischs ist und je weniger stark die Laichprodukte entwickelt sind, desto eher wird die Forelle im Süßwasser beißen. Dagegen beißen gefärbte Fische eher unwillig – ausgenommen die kräftige Farben tragenden Tiere, die mit dem kurz bevorstehenden Laichen aggressiv werden.

Bei steigendem oder hohem Wasser steigen die Meerforellen in den größten Stückzahlen auf, deshalb ist das Fischen jetzt auch am besten. Frisch aufgestiegene, silberfarbene (blanke) Fische besitzen noch immer ihren Freßinstinkt aus dem Meer und beißen deshalb regelmäßig in größeren Flüssen. In kleineren Gewässern winkt das Glück eher am Abend, bei Nacht sowie am Morgen. Das Beißverhalten hängt insgesamt stark von der Umgebung ab. In Großbritannien und Norwegen ist das Nachtangeln durchaus üblich. Unter anderem in Dänemark und Schweden ergeben jedoch dunkle, windige Tage mit hohem Wasserstand hervorragende Fänge.

Steigendes oder hohes Wasser bringen die stärksten Meerforellen-Aufstiege. Je früher die Fische nach dem Verlassen des Salzwassers auf einen Köder stoßen, desto besser stehen die Chancen auf einen Biß.

wobei Meerforellen häufig beim Spinnen stromab an den Köder gehen. Generell werden kleine Kunstköder in kleinen Flüssen mit kleinen Fischen gefischt, während große Köder die großen Fische in breiten Flüssen verführen sollen.

Häufig fällt die Wahl auf einen fünf bis zwölf Gramm schweren Spinner. Ihr hoher Widerstand im Wasser macht sie zu einem idealen Köder für tiefes Wasser und eine langsame Führung. Sie ist häufig ausschlaggebend, da frisch aufgestiegene Fische wählerisch sind und einen zu schnell geführten Köder oft zurückweisen. Seltener kommt ein Blinker zum Einsatz. Zu Beginn der Saison bringen natürliche Farben wie silber/schwarz oder gelb/schwarz gute Erfolge. Färben sich die Fische schließlich und werden aggressiver, fangen kräftige und fluoreszierende Farben besser.

Über den Winter kommen Meerforellen in der See nicht mit dem normalen Salzgehalt und den niedrigen Temperaturen zurecht. Sie ziehen sich jetzt in wärmeres Wasser zurück oder suchen in den Fjorden den Unterlauf eines Flusses auf. Diese Fische sind häufig klein und noch nicht laichreif – in Skandinavien werden sie als »Grönländer« bezeichnet. Ihr Appetit ist aufgrund des kalten Wassers nicht allzu groß, ansonsten zeigen sie sich in guter Verfassung. Nur kleine Köder fangen jetzt, wie Spinner, Würmer oder am Spinngerät gefischte Fliegen, die wie bei den Bachforellen geführt werden.

In einigen Ländern wie Dänemark, Schweden, Polen oder den baltischen Staaten wird im Frühjahr auch auf abgelaichte Meerforellen gefischt. Die besten Fänge ergeben sich bei mildem Wetter, wobei die Fänge bei den kleinsten Veränderungen in Wasser- und Lufttemperatur jedoch zusammenbrechen können. Der Zustand der abgelaichten Fische darf in einigen Gewässern als akzeptabel gelten, in anderen wirken die Tiere allerdings ziemlich abgezehrt und sollten zurückgesetzt werden.

Naturköderangeln auf Meerforellen

Egal ob in einem norwegischen Fluß, einem kleineren Bach auf den Hebriden, einem dänischen oder polnischen Fluß – das

Fischen mit dem Wurm ist eine der sichersten Methoden auf Meerforellen. Das gilt sowohl für die frisch aufgestiegenen Exemplare und die verfärbten Forellen bis zu den Grönländern und den abgelaichten Tieren.

Die einfachste Technik besteht im Fischen an der unbeschwerten, freien Leine. Für größere Flüsse empfiehlt sich eine Posenmontage, wobei die Bleibeschwerung je nach Strömung und Tiefe zwischen einem und 15 Gramm liegt. Mit dem Blei am kurzen Seitenarm und dem Köder am vorderen Ende des langen Vorfachs erreicht der Wurm den Fisch vor dem Blei – eine sehr unverdächtige Technik. Der Abstand zwischen Seitenarm und Haken sollte beim Fischen in vergleichsweise großer Tiefe und mit ordentlicher Strömung zwischen einem und anderthalb Meter betragen.

Neben dem Wurm bietet sich die gekochte Garnele als Köder an, der seine Fängigkeit besonders im Frühjahr und auf Grönländer unter Beweis stellt. Während der kalten Jahreszeit und im Frühjahr lockt außerdem Lachs- und Forellenrogen die Meerforellen an den Haken, wobei der Angler den Köder am Zwilling oder Drilling

Rechts: Ein Bündel aus drei bis vier lebendigen Würmern auf dem Einzelhaken kann sich auf Meerforellen in fließenden Gewässern als äußerst fängig erweisen. Etwas rote Wolle am Eisen macht den Köder noch unwiderstehlicher.

Der Wurf erfolgt beim Wurmangeln etwas gegen die Strömung, worauf das Blei den Köder verführerisch über den Grund springen läßt. Verfolgen Sie die Montage mit der Rute an etwas lockerer Schnur. Die Montage besteht aus einem Dreiwege-Wirbel mit einem kurzen Seitenarm zum Blei und dem Haken, der an das lange Vorfach in der Verlängerung der Hauptschur angeknüpft wird. Die gleiche Technik läßt sich genauso mit einer Fliege als Spinnköder einsetzen, wobei Sie nur das Wurmbündel unter anderem durch eine Tubenfliege ersetzen.

Regenbogenforelle

Die Regenbogenforelle *(Oncorhynchus mykiss)* lebt von Natur aus in Nordamerika, von den Bergen im Norden von Mexiko bis hinauf ins südwestliche Alaska und zu den Aleuten. Außerdem kommt sie auf der russischen Pazifik-Halbinsel Kamtschatka vor. Die ersten Fische gelangten 1880 nach Europa. Nach dem ersten Besatz in Deutschland erreichten sie Fischzuchten in Dänemark sowie vielen anderen Ländern. Außerdem gelangten sie in verschiedene Flüsse. So ging es auch auf anderen Kontinenten, da die Regenbogner sich als ziemlich robuste Fische herausstellten, die höhere Temperaturen und schlechtere Wasserqualitäten als Bachforellen aushalten. Heute leben sie in Afrika – unter anderem in Kenia, Marokko und Südafrika – als auch in Japan, Neuseeland, Tasmanien, Australien und in südamerikanischen Ländern wie Ecuador, Chile, Peru und Argentinien.

Als besondere Kennzeichen trägt die Regenbogenforelle auf ihren Flanken einen violetten bis pinkfarbenen Streifen und auf dem Rücken sowie den Flossen zahlreiche schwarze Punkte, besonders auf der Schwanzflosse. Von dieser Fischart existieren 30 Unterarten, wobei als Urahn der Regenbogenforelle die Cutthroat-Forelle *(Oncorhynchus clarkii)* gilt. Sie lebt wiederum in Nordamerika, vom Prinz-William-Sund in Alaska bis hinunter nach Nordkalifornien und in zahlreiche Staaten der Rocky Mountains. Zudem existieren verschiedene Mischlinge zwischen Regenbogen und Cutthroat, die selbst wenigstens über sechs Unterarten in Westamerika verfügt. Weiter gibt es anadrome Cutthroats. Während die Binnenfische bis zu 20 Kilogramm erreichen, bringen es die wandernden Fische selten über sechs oder sieben Kilo. Trotz der guten Größen gelten Cutthroats gegenüber der Regenbogenforelle als weniger interessant für den Angler.

Die Regenbogenforelle lebt stationär in Flüssen, wo sie allerdings kaum über zwei oder drei Kilo erreicht. Darüber hinaus leben Regenbogner in Seen, die nur zum Laichen oder Fressen in Zu- und Abflüsse wandern. Dabei vergreifen sie sich gerne an Lachseiern. Vielleicht am berühmtesten sind die Forellen des Lake Iliamna in Alaska, die auf mehr als zehn Kilo heranwachsen. Die Kamloops-Forelle, ein Stamm der Regenbogenforelle, wird sogar noch größer.

Als »Steelhead« (Stahlkopf) werden die Regenbogner bezeichnet, die ähnlich der Meerforelle zwischen Fluß und Ozean wandern. In ihren Heimatgewässern im amerikanischen Westen und Nordwe-

Regenbogenforellen sind leicht an den breiten pinkfarbenen oder violetten Streifen auf den Flanken und den vielen schwarzen Punkten auf Rücken und Flossen zu erkennen. Ursprünglich stammt die Art aus Nordamerika und gelangte durch Besatzmaßnahmen unter anderem nach Europa.

sten existieren in einigen Flüssen stolze Exemplare bis etwa 20 Kilogramm, der Durchschnitt liegt zwischen vier und acht Kilo.

Spinnfischen auf Regenbogenforellen

Regenbogenforellen bevorzugen kleine Köder, während Bachforellen gleichermaßen auf große Modelle beißen. Nachdem Regenbogner freier in der Strömung stehen, lassen sich auf beide Arten jedoch die gleichen Techniken einsetzen. Das gilt genauso für Seen und »Put-and-Take«-Gewässer. Ohne Zweifel besitzen Regenbogenforellen eine Vorliebe für fluoreszierende Farben sowie kräftiges Rot und Orange. Die Palette der Köder reicht dabei vom kleinen roten Spinner bis zur am Spinngerät geführten orangenen Fliege.

Lebensweise

Anders als bei Bach- und Meerforelle reicht die Laichzeit der Regenbogenforellen von Januar bis zum frühen Mai. Leben in einem Gewässer sowohl Regenbogen- wie Bachforellen, herrscht ein starker Konkurrenzkampf. Dabei unterliegt meist die Bachforelle. Wurden Regenbogner bewußt besetzt oder entkamen aus einer Zucht, können wir zwar ein normales Laichverhalten beobachten – jedoch gibt es keinen Nachwuchs.

Immerhin besetzt die Regenbogenforelle nicht die gleichen Standplätze. Sie steht lieber an Strömungskanten und in der Hauptströmung seichterer Gewässerabschnitte, zudem bewegt sie sich gegenüber der Bachforelle mehr. In vielen nordamerikanischen Flüssen verfolgen die stationären Regenbogner gewissermaßen die aufsteigenden verschiedenen Lachsarten, indem sie zeitweise von ihrem Rogen leben. Im Unterschied zur Bachforelle schließen sich Regenbogner häufig zu kleinen Gruppen zusammen. Sie ernähren sich von Insekten, Egeln, Schnecken und so fort und neigen weniger als die Bachforelle zum Fressen von Fischbrut und Kleinfischen.

Als idealer Besatzfisch betrachtet, bevölkern Regenbogenforellen zahlreiche »Put-and-Take«-Gewässer, wo sie im Freiwasser den Ufern entlang ziehen. Häufig stehen sie außerdem im Bereich von Zuflüssen und selbst in ziemlich großen Tiefen.

Oben: Verglichen mit anderen Forellen ziehen Regenbogner in einem Gewässer mehr herum und bilden oft kleine Gruppen. Außerdem wirkt seichtes Wasser anziehender auf sie, wo sie sowohl an Strömungskanten als auch in der Hauptströmung stehen. Außerdem beißen sie am besten auf kleine Köder in kräftigen Farben.

Links: Obwohl Regenbogenforellen normalerweise Insekten oder Schnecken fressen, lassen sie sich genauso mit Köderfischen wie der Groppe überlisten. Weiter erwiesen sich Würmer, Lachseier und –rogen als fängige Köder.

Naturköderangeln auf Regenbogenforellen

Die Techniken zum Fischen mit Naturködern auf Bachforellen lassen sich genauso auf die Regenbogenforelle anwenden. Jedenfalls lohnt es sich, den Wurmhaken mit einer Perle oder einem Stückchen orangenen oder roten Wollfadens zu dekorieren. Genauso stellten sich Lachseier und –rogen als fängige Köder auf Regenbogenforellen heraus, die im Winter gerne Fischeier fressen. Und das ist überall der Fall, egal ob in westamerikanischen oder skandinavischen Gewässern.

In »Put-and-take«-Gewässern gehen Regenbogenforellen häufig auf rote oder orangene Teigkugeln, die mit Lachsei-Lockstoff behandelt sind. Dabei stellte sich das »Power Bait«-Sortiment von Berkley als sehr fängig heraus. Entweder fischen Sie den Teig stationär am Grundblei oder mit der Posenmontage. In beiden Fällen verbessern sich die Fänge durch langsames Einholen, das von langen Pausen unterbrochen wird.

Steelhead

Die wandernde Form der Regenbogenforelle bevölkert Flüsse im Westen von Nordamerika. Wie sie bezeichnen Angler auch die unter anderem in den Großen Seen lebenden Regenbogenforellen als Steelhead (Stahlkopf). Jedoch besitzt die wandernde Steelhead sowohl im Ozean als auch beim Aufstieg in den Fluß einen eher silberfarbenen Körper. Auf den ersten Blick läßt sich die Steelhead nur an den vielen schwarzen Punkten auf Schwanz-, Rücken- und Fettflosse erkennen. Nach kurzer Zeit im Süßwasser zeichnet sich der charakteristische, pinkfarbene Streifen auf den Flanken deutlicher ab. Kurz vor dem Laichen ist er schließlich hell violett gefärbt.

Anders als Meerforellen und Lachse stellen Steelheads im Süßwasser das Fressen nicht ein – ganz im Gegenteil. Und im Unterschied zu allen Arten der Pazifiklachse überleben sie das Laichen. Durchschnittlich bringen Steelheads zwei bis sechs Kilogramm auf die Waage, Ausnahmeexemplare erreichen vor allem in den Gewässern von British Columbia jedoch 15 Kilo.

Die nach Europa gebrachten Regenbogner wurden durch Kreuzungen genetisch so verändert, daß sie die perfekten Fische für Zuchtanlagen darstellen. Trotzdem behielten einige ihren Instinkt, ins Meer zu wandern. Deshalb schwimmen viele besetzte oder entkommene Regenbogenforellen in Noreuropa in Richtung Meer, sobald sie eine bestimmte Größe erreichen. Außerdem entwischen immer wieder Regenbogenforellen aus Netzanlagen an der Küste und wandern schließlich an den Ufern entlang. An vielen Stellen steigen sie sogar die Flüsse hinauf, obwohl sie sich nicht fortpflanzen können.

Spinnfischen auf Steelheads

Fast über das ganze Jahr steigen Steelheads in die Flüsse der westamerikanischen Pazifikküste sowie in die Zuflüsse der großen Seen auf. Dabei gibt es getrennte Frühjahrs-, Sommer- und Winteraufstiege. An den pazifischen Flüssen sind Varianten festzustellen, die vom Breitengrad abhängen.

Die Angel-Literatur ist voll des Lobes über die Steelheads, vor allem wenn es um die kleinen Flüssen in den US-Bundesstaaten Washington und Oregon geht. Allerdings nehmen sie abweichende Typen von Spinnern und insbesondere Rogen, wobei sich das gleiche bei den »Steelheads« in skandinavischen Flüssen beobachten läßt. Steelheads wandern in kleinen Gruppen den Fluß hinauf und suchen Standplätze, die auch Lachse ansprechen. Grundsätzlich stehen die Stahlköpfe weder in völlig ruhigem Wasser noch in der schärfsten Strömung. Vielmehr lieben sie Strömungskanten und mittlere Rinnen.

Steelheads sind die Wanderform der Regenbogenforelle. Frisch aufgestiegene Fische sind äußerlich leicht mit Lachsen zu verwechseln, jedoch tragen nur Steelheads die schwarzen Punkte auf Schwanz-, Rücken- und Fettflosse.

An diesen Stellen kann der Angler sie unter anderem auf einen kleinen Spinner fangen, den er quer über die Strömung wirft und dann langsam über dem Grund einholt. Gerade das Führen dicht über dem Boden spielt vor allem im Norden von British Columbia eine Rolle. Und in vielen westamerikanischen Flüssen wird stationär mit dem »Spin-N-Glo« gefischt. Diese leichten Spinner hängen an einem Vorfach und ein Blei verankert die Montage am Grund. Der Angler spannt die Schnur und stellt die Rute in einen Rutenhalter. Kommt eine Steelhead am Köder vorbei oder sieht ihn von ihrem Standplatz aus, dann beißt sie normalerweise. Vor dem »Parken« kann der Fischer den Drilling des Spinners zusätzlich mit Rogen beködern.

Einige Flüsse in Oregon und Washington werden mit kleinen, Shrimp-ähnlichen Krustentieren befischt, wobei einige kleine Bleie für Gewicht sorgen. In anderen Flüssen und um die Großen Seen ist das Angeln mit einzelnen Lachseiern oder Klumpen davon sehr beliebt. Es ist eine einfache und elegante Technik, die Steelheads mit zwei oder drei Eiern auf dem Einzelhaken zu überlisten. Falls nötig beschweren einige Bleischrote die Montage. Rogenklumpen werden von den Anglern an entsprechend größeren Haken gefischt.

In skandinavischen Flüssen gehen Steelheads meist als »Beifang« während dem Fischen auf Lachs, Meer- oder Bachforelle an den Haken – und das gleichermaßen auf Spinner, Blinker, Wobbler und Fliegen. Außerdem wird Rogen in den dänischen Auen und südschwedischen Flüssen verwendet, die für ihren reichen Regenbogen-Bestand bekannt sind.

Auf Steelheads wird am besten mit kleinen Spinnern am Grund gefischt. Die kräftigen, kämpferischen Fische können am richtigen Gerät einen haarsträubenden Drill liefern.

Namaycush-Saibling

Große, tiefe, kalte Seen in Kanada sowie die Großen Seen sind das Hauptverbreitungsgebiet des Namaycush-Saiblings (*Salvelinus namaycush)*, der im Englischen als Lake-Trout (Seeforelle) bezeichnet wird. Das führt immer wieder zu Verwechslungen mit unserer einheimischen Forelle, weshalb hier die ebenfalls gängige Bezeichnung Namaycush verwendet wird. Die Art lebt außerdem in kanadischen Flüssen, die durch Seen mit Beständen dieser Fische strömen. Zudem erfolgte ein Besatz in einigen Seen der Rocky Mountains und der Saibling gelangte auf diese Weise ebenfalls nach Europa. Hier wurden Seen unter anderem in Norwegen, Schweden und der Schweiz besetzt, allerdings konnten sich die Fische nicht einbürgern.

Namaycushs erreichen in ihrer Heimat Gewichte bis etwa 30 Kilogramm, wobei in Netzen sogar einige Exemplare von 50 Kilo gefangen wurden. Die Art lebt in Tiefen bis 70 oder 80 Meter. Leider reichen die Angelmöglichkeiten nur bis um die 20 Meter, wo die Fische beim Schleppen an den Haken gehen.

Spinnfischen auf Namaycushs

Während andere in Seen lebende Salmoniden zum Laichen in die Flüsse ziehen, pflanzt sich der Namaycush im stehenden Gewässer fort. Die Tiere legen die Eier während dem Herbst auf steinigem Grund im Flachwasser ab. Ansonsten ziehen sie nur im Frühjahr in Ufernähe, wenn das Eis schmilzt und sich das Oberflächenwasser erwärmt. Somit ist es zeitweise unmöglich, einen Fisch an den Haken zu locken. Eine Ausnahme bilden die sehr kalten Gletscherseen, an denen sich Namaycushs über den ganzen Sommer vom Ufer aus befischen lassen. In anderen Seen bevorzugen sie während der warmen Jahreszeit das tiefere Wasser und weichen damit normal Spinngerät aus. Erst im Herbst bestehen wieder Chancen im Flachwasser. Sinnvollerweise stehen die Fische in vielen Staaten und Provinzen während der Laichzeit jedoch unter Schutz.

Namaycush-Saiblinge leben in kaltem Wasser und kommen hauptsächlich in großen, tiefen Seen vor. Häufig fällt das Befischen mit der Spinnrute schwer, da die Fische über den größten Teil des Jahres zu tief stehen. Nur im Frühjahr und Herbst tauchen sie in flacheren Gebieten auf und gehen jetzt bereitwillig an den Kunstköder.

Huchen und Taimen

Zwei wirklich unterschiedliche Entwicklungen aus einer einzelnen Art führten zum Huchen *(Hucho hucho)* und dem Taimen *(Hucho taimen)*. Der Taimen lebt im Gebiet von den Flüssen Wolga und Amur nach Norden durch Sibirien bis nach Katschatka und Japan. Er lebt in sauerstoffreichen Flüssen sowie in einigen Seen und erreicht ein Gewicht bis zu 80 Kilogramm. Er steht in Gumpen, an Strömungskanten und an den tiefsten Stellen des Gewässers, wo er gerne alle Arten von Kunstködern nimmt.

Die Heimat des Huchen liegt in der Donau und ihren Nebenflüssen. Ursprünglich erreichte er bis zu 50 Kilo, jedoch reduzierten Gewässerverschmutzung und Überfischung die Bestände, weshalb sich der Angler heute schon über fünf bis zehn Kilo schwere Exemplare freut. Jedoch werden immer wieder Fische von 20 oder 25 Kilo gelandet. Erfolgreiche Besatzmaßnahmen gab es im marokkanischen Atlasgebirge. Die wichtigsten Angelgebiete liegen in Österreich, Deutschland sowie in Slowenien und im früheren Jugoslawien.

Spinnfischen auf Huchen

Der Huchen laicht im zeitigen Frühjahr, wobei er flußaufwärts Stellen mit starker Strömung und sauberem Grund aufsucht. Im Donaugebiet ist der Fisch dann geschont. Die beste Zeit für das Fischen auf Huchen liegt im Winter, wobei Angler eiskaltes Wetter mit Schneefällen in Kauf nehmen und trotz vielen Stunden intensiven Fischens meist doch keinen »Donaulachs« haken. Als wichtigster Köder galt bis vor einigen Jahren der Huchenzopf, der ursprünglich aus einem Bündel Neunaugen bestand, die an einem System mit Bleikopf und zwei Drillingen gefischt wurden. Später wurden die heute seltenen Neunaugen durch Lederstreifen, Gummischläuche oder Weichplastik»würmer« ersetzt. Als moderne, fängige Huchenköder gelten heute große Weichplastikfische sowie Wobbler oder Köderfische am Spinnsystem. Darüber hinaus fangen auch Blinker, Spinner oder Imitationen von Mäusen einige Fische. Schlechtere Fangaussichten bestehen im Frühjahr und Sommer, erst ab dem zeitigen Herbst bessert sich die Situation.

Huchen finden sich hauptsächlich in der Donau und mehr noch in ihren Zuflüssen. Dort leben sie in Gumpen und anderen tiefen Stellen. Gute Fangaussichten bestehen nach dem Laichen, im Spätherbst und vor allem im Winter.

Seesaibling

Im deutschsprachigen Raum beschränkt sich das Verbreitungsgebiet des Seesaiblings (*Salvelinus alpinus, engl. Arctic char*) auf die Alpenregion. Seine gesamte Heimat reicht jedoch über weite Gebiete der nördlichen Hemisphäre wie Alaska, Kanada (unter anderem Baffin Island), Grönland, Island, Norwegen, Schweden, Finnland und Nordrußland. Dazu kommt der Lake District in England und Schottland. Grundsätzlich gibt es stationär lebende Binnenfische, wie die Tiere der Alpen, und Wanderformen, die zu weitaus größeren Exemplaren heranwachsen. Eine Ausnahme bildet der Sommen-See in Schweden, in dem acht bis neun Kilo schwere Seesaiblinge leben. Das normale Gewicht reicht jedoch von 250 Gramm bis drei Kilo. Seesaiblinge zählen zu den vielen Lachsartigen, die auf den selben Urahnen zurückzuführen sind. Damals bestand noch die Landverbindung zwischen Alaska und Sibirien. Diese Brücke ermöglichte die Entwicklung eines südlichen Stammes der Saiblinge – des Dolly Varden-Saiblings *(Salvelinus malma)* – sowie eines nördlichen, der sich über Kanada, Europa und Sibirien ausbreitete. Die beiden Arten ähneln sich sehr und sind mit dem Bachsaibling verwandt, der zusammen mit dem Namaycush-Saibling wiederum auf den gleichen Ahnen zurückgeht.

Spinnfischen auf Seesaiblinge

Saiblinge leben von kleinen Bodentieren, fressen jedoch gelegentlich auch Fischbrut, Jung- und Kleinfische. Da sich ihr Futter auf wenige Arten beschränkt, erweist sich der Seesaibling als etwas wählerisch. Während des Sommers steigt er übrigens auch an der Oberfläche nach Insekten. Zu den Eigenheiten der Saiblinge zählt, daß sie sich recht leicht von Kunstködern beeindrucken lassen. Jedoch beißen sie nicht so energisch wie Forellen.
Seesaiblinge lassen sich offenbar weniger schrecken und beißen häufig noch nach einigen Würfen hintereinander. In den Seen werden Saiblinge gleichermaßen im tiefen Wasser bis etwa 30 Meter und in seichteren Regionen nahe dem Ufer befischt. Im ersten Fall ist die Hegene eine gute Wahl, wobei meist vom Boot aus gefischt wird. Die Montage besteht aus einem etwa 5 bis 15 Gramm schwe-

Oben rechts: Stationär lebende Seesaiblinge finden sich hauptsächlich in Regionen mit arktischem Klima. Typisch für diese Art sind ihr rot-orangener oder rot-pinkfarbener Bauch sowie der dunkelgrüne Rücken mit seinen gelblichen Punkten. Diese recht kräftigen Farben verstärken sich vor dem Laichen deutlich.

Unten rechts: Die Wanderform des Seesaiblings zeigt eine wesentlich hellere Färbung, wenn sie frisch in den Fluß aufsteigt. Schon nach kurzer Zeit im Süßwasser werden die Farben jedoch kräftiger und erinnern jetzt an die der Binnensaiblinge.

Innerhalb ihres Verbreitungsgebiets kommen Seesaiblinge hauptsächlich in Seen vor, leben jedoch zeitweise auch in Flüssen und ihren Nebengewässern. In den Seen ziehen die Saiblinge häufig an den Scharkanten zum tiefen Wasser entlang. Mit farbenfrohen Spinnern oder Blinkern lassen sie sich im seichteren Wasser fangen. Im tieferen Wasser bis etwa 30 Meter gelingen Fänge an der Hegene, einem mit künstlichen Nymphen versehenen Paternoster-System.

ren Blei am unteren Ende des Vorfachs, von dem je nach den geltenden Bestimmungen drei bis fünf Seitenarme mit einer Länge von acht bis zehn Zentimeter abstehen. Die Entfernung zwischen den einzelnen Armen liegt zwischen 40 und 100 Zentimeter. Als Schnurstärke empfiehlt sich 0,16 bis 0,18 Millimeter. Steifes Material läßt die Arme dabei besser abstehen. Die vergoldeten Haken der Größen 16 bis 12 an den Auslegern sollen kleine Futtertiere wie Zuckmücken- oder andere Insektenlarven imitieren und sind deshalb meist dünn einfach mit Garn oder einem anderen künstlichen Material in einer oder verschiedenen Farben umwickelt.

Zum richtigen Führen der Hegene benötigt der Angler eine spezielle 1,5 bis 2 Meter lange Rute. Als Hauptschnur dient 0,18er

Lebensweise

Seesaiblinge laichen im Herbst und im frühen Winter. Solange die Fische bis etwa 300 oder 500 Gramm wiegen bilden sie Schwärme, größere Exemplare sind Einzelgänger. Ihre Nahrung besteht aus Insekten, Schnecken, Mückenlarven und Muscheln. Der Bauch des Saiblings ist rot-pinkfarben oder rot-orange gefärbt, der Rücken präsentiert sich dunkelgrün mit gelblichen Punkten. Die Farben verstärken sich in der Laichzeit. In Seen ziehen sie oft entlang der Ufer oder stehen über dem Grund, gelegentlich finden sie sich auch an der Oberfläche oder schwimmen in Mündungen oder sogar in die Flüsse hinein.

Die Wandersaiblinge verbringen die ersten drei bis sieben Jahre ihres Lebens im Fluß. Schließlich wandern sie zwischen Februar und Mai ins Meer ab, wo sie weiter wachsen – jedoch häufig nur über ein paar Monate. Dann kehren sie in den Fluß zurück, zunächst noch in heller Meeresfärbung, die jedoch bald kräftigeren Farben weicht. Männchen entwickeln einen Laichhaken, der Bauch färbt sich orange-rot und der Rücken dunkelgrün. Dabei sind die Farben der Weibchen schwächer ausgeprägt. Anders als Lachse und Meerforellen treten Seesaiblinge stets im Sommer ihre Laichwanderung an, wobei sie im Fluß nur wenig fressen.

Mono, das der Angler mit Farbmarkierungen für unterschiedliche Tiefen versehen kann. Die Angeltechnik funktioniert denkbar einfach. Der Angler läßt die Montage auf den Gewässergrund hinunter. Er hebt die Rutenspitze in einer sanften, gleichmäßigen Bewegung mit mehreren kurzen Zwischenstopps an und senkt sie wieder entsprechend. Der Biß macht sich meist mit einem deutlichen Zucken an der Schnur bemerkbar. Ähnlich, jedoch stets dicht über dem Grund wird die tote Elritze am Bleikopf-System geführt. Sie fängt gelegentlich noch besser als die Hegene.

Spinner und Blinker fangen gut im flacheren Wasser, wobei das Führen mit vielen kurzen Rucken und zahlreichen Spinnstopps erfolgt. Kleine, rote Köder scheinen den größten Reiz auszuüben. Noch besser ist es, den Drilling eines Spinners oder Blinkers durch ein 20 bis 40 Zentimeter langes Vorfach zu ersetzen, an dessen Ende eine Forellenfliege wie der Red Tag Palmer oder die Black Zulu hängt.

Steigen Seesaiblinge nach Insekten, kann das Fischen mit Wasserkugel und einer Fliege am Vorfach schöne Fänge bringen. Das Einholen muß langsam und gleichmäßig erfolgen. Saiblinge beißen vorsichtig, weshalb der Anhieb schon bei leichtem Widerstand erfolgt.

In Gebirgsbächen und -flüssen suchen Saiblinge die ruhigsten Bereiche auf. Das Führen des Köders erfolgt wie bei den Forellen. Suchen Sie die Standplätze ab oder werfen schräg stromab und lassen den Spinner beim Einholen in der Strömung spielen.

Der Dolly Varden-Saibling verhält sich genau wie der Seesaibling und läßt sich mit den gleichen Techniken überlisten. Wie beim Wandersaibling variiert ihre Beißfreudigkeit innerhalb der arktischen Region. So nehmen sie in Kanada, Sibirien, auf Grönland und Island gerne Blinker, während sie in den klaren Flüssen von Nordnorwegen nur selten auf Spinner oder Blinker beißen.

Grundsätzlich schwimmen die Saiblinge in den ruhigeren Bereichen des Flusses. Spinner eignen sich bestens auf Wandersaiblinge. Das Einholen erfolgt langsam und tief, wobei der Köder knapp über dem Grund läuft. Die Fische steigen übrigens bei hohem Wasser auf, weshalb der Angelerfolg normalerweise von den Gezeiten und der Schneeschmelze abhängt.

Wandern sie dann durch Seen, wächst ihr Interesse an Kunstködern. Ihr Verhalten und die Lebensweise entspricht dabei immer mehr den stationär lebenden Seesaiblingen.

Neben Kunstködern lassen sich Seesaiblinge genauso auf Naturköder fangen, zu denen Würmer, Larven und Maden zählen.

Obwohl Seesaiblinge in erster Linie Insekten fressen, nehmen sie gerne einen Blinker. Das gilt besonders, wenn ein etwa zehn Zentimeter langes Vorfach mit einer Fliege am Ende den Drilling ersetzt.

Bachsaibling

Der Bachsaibling *(Salvelinus fontinalis)* stammt wie der Namaycush-Saibling und der Seesaibling vom gleichen Ahnen ab. Sein natürliches Verbreitungsgebiet reicht vom Osten Nordamerikas bis nach Westen in die Rocky Mountains, wobei er stellenweise von Regenbogen- und Bachforellen verdrängt wurde. Die reichsten Bestände finden sich in Labrador, wobei der Fluß Minipi mit seinen Nebenflüssen über die stärkste Population mit Fischen bis zu drei Kilo verfügt. Ein weiterer berühmter Fluß für diese Art ist God´s River in Manitoba.

Ende der 1880er Jahre kam der Bachsaibling als Zuchtfisch nach Europa, jedoch lief ihm die Regenbogenforelle rasch den Rang ab. Da er jedoch ohne Frage zu den schönsten Fischen zählt, erhielten viele Gebirgsflüsse einen Besatz mit dieser Art. Sie konnten sich bis heute dort halten. Nur selten erreichen sie hier Längen über 30 Zentimeter, während sie in Teichen auf etwa zwei Kilo abwachsen. Dabei werden sie noch immer gezüchtet, wobei es zu Kreuzungen mit Regenbogen- und Bachforellen kam. Aus der Verbindung mit letzterer stammt die sogenannte Tigerforelle, die herrlich aussieht und unfruchtbar ist. Ein Besatz mit Bachsaiblingen fand übrigens auch in Argentinien statt.

Spinnfischen auf Bachsaiblinge

Auf den Bachsaibling lassen sich alle traditionellen Spinnköder und Forellentechniken erfolgreich anwenden. Kapitale Fische im nordöstlichen Amerika gehen allerdings am besten auf große Köder, hauptsächlich Spinner und Blinker. Der Köder wird ziemlich tief und langsam geführt, da die Saiblinge gegenüber Regenbogen- und Bachforellen seltener an der Oberfläche fressen.

Die prächtigen Farben des Fischs und sein fein schmeckendes Fleisch machten ihn zu einem beliebten Besatzfisch für Put-and-

Lebensweise

Das Laichgeschäft findet im Herbst und Winter statt. Die Jungfische wachsen langsam und leben von Insekten oder Krustentieren, größere Fische jagen zudem Kleinfische. In Minipi und God´s River nehmen sie außerdem Lemmlinge und Mäuse. Typischerweise leben Bachsaiblinge in größeren Flüssen mit ruhigerer Strömung. Kleine Bestände dieser Art stellten sich als anadrome Wanderfische heraus, die zum Laichen vom Meer in den Fluß ziehen. Sie werden jedoch kaum so groß wie die stationär lebenden Fische und sind eher blaß und glänzend gefärbt.

take-Gewässer, sofern das Wasser ausreichend klar und kühl ist.

Neben Spinnködern beißt der Bachsaibling genauso auf Würmer und andere Naturköder, wobei die Angeltechniken einmal mehr den Methoden auf Regenbogen- und Bachforellen entsprechen.

Der Bachsaibling ist mit Seesaibling und Namaycush-Saibling verwandt. Seine Heimat liegt in Nordamerika, jedoch wurde er unter anderem in Europa besetzt. Große Blinker und Spinner eignen sich normalerweise gut als Köder, die tief und langsam laufen. Auf dem rechten Foto ist ein wunderbar gefärbtes Paar beim Laichen zu bewundern.

Von Mitte des 19. Jahrhunderts bis einige Jahrzehnte in das 20. hinein reisten gut betuchte Engländer zum Lachsfischen nach Norwegen. Dieses zeitgenössische Schild hängt noch immer in einem der sogenannten »English houses«, in denen die Gäste wohnten.

Atlantiklachs

Der atlantische Lachs *(Salmo salar)* führte uns zu einer Angelkultur und einer Geschichte, die keine andere Art für sich verbuchen kann. Vor über 100 Jahren existierte die Art in den Flüssen fast aller europäischer Länder, verschwand dann jedoch aus vielen Gewässern. Als Gründe dafür sind vor allem Gewässerverschmutzung, Verbauungen, Krankheiten und Überfischung durch Berufsfischer zu nennen. Dadurch lebt der Lachs in Mitteleuropa heute nur noch in einigen Flüssen in Nordspanien und Frankreich. Wiedereinbürgerungs-Maßnahmen in Deutschland zeigen in Rhein und Elbe ebenfalls erste, wenn auch noch sehr bescheidene Erfolge. Dagegen steigt er noch in viele Flüsse von England, Schottland, Irland, Island, auf den Faröern und in ein grönländisches Gewässer auf. Dazu kommen Hunderte von Flüssen in Norwegen, Schweden und Finnland sowie verschiedene russische Gewässer.

Die Ursachen für Lachskrankheiten sind vor allem in den Lachsfarmen zu suchen. Obwohl es verschiedene Versuche zum Einschränken der Anlagen gibt, droht den Wildlachs-Beständen in Europa in naher Zukunft möglicherweise das Erlöschen. Vermutlich mischen sich die Gene von Wildfischen mit denen entkommener Zuchtlachse, was schwerwiegende Folgen für das Überleben der ursprünglichen Stämme hat. Das gilt besonders für Skandinavien und Schottland. Weitere Probleme stellen die in der Nähe der Lachsfarmen massenhaft vorkommenden Meerläuse sowie der Lachsparasit *Gyrodactylus* dar, die den Lachsen höchst gefährlich werden können.

Der Atlantiklachs wird häufig als »König der Fische« bezeichnet. Schließlich ist er ein sehr schöner und hart kämpfender Fisch, der Gewichte über 30 Kilogramm erreicht. Frisch aufgestiegene Lachse besitzen silberfarbene Flanken, die oberhalb der Seitenlinie mit wenigen kreuzförmigen Flecken gesprenkelt sind. Bei Meerforellen sind auch darunter viele Punkte zu sehen.

Außerhalb von Europa leben Atlantiklachse in Nordamerika, wo sie in Flüsse von New Brunswick, Quebec, Maine und Nova Scotia aufsteigen. Nur in dieser Region war über die letzten Jahre eine Ver-

Lebensweise

Atlantische Lachse laichen im Herbst und frühen Winter in den Flüssen. Die Jungfische bleiben zwei bis drei Jahre im Fluß, worauf die silberfarbenen Tiere von März bis April ins Meer wandern. Nach ein bis zwei Jahren in der See steigen sie in ihren Heimatfluß auf und das genau zu dem Ort ihrer Geburt. Das ist eines der erstaunlichsten Rätsel der Natur, das die Menschen seit Jahrhunderten fasziniert.

Der Lachsaufstieg reicht vom zeitigen Frühjahr bis weit in den Herbst, wobei der Zeitraum vom Breitengrad abhängt. Nach einiger Zeit im Fluß verfärben sich die Fische und die Milchner entwickeln einen starken Laichhaken. Für sie ist der Kampf um Rogner und Laichplätze hart und einige Männchen sterben wie einige Weibchen nach der Eiablage. Wie hoch die Ausfallquote ist, steht nicht sicher fest.

Die überlebenden Lachse kehren ins Meer zurück und steigen in den Folgejahren hoffentlich noch ein- oder zweimal zum Laichen auf. Im Unterschied zu anderen Arten liegt die Überlebensrate der Lachsbrütlinge recht hoch. Allerdings kann ihnen vieles passieren: Vielleicht schon beim Laichen oder vielleicht bleibt der Dottersack des Neugeborenen im Laichbett hängen. Weiter können unter anderem Regen, Schneeschmelze und hohe Gezeitenströme die Laichbetten zerstören oder mit Schlamm bedecken, so daß Eier und Jungfische sterben. Und die heranwachsenden Lachse müssen beispielsweise mit stationär lebenden Forellen um Standplätze konkurrieren. In vielen Flüssen stellt unter anderem der Hecht den Junglachsen nach, vor allem wenn sie ins Meer wandern. Kraftwerksturbinen und andere Hindernisse reduzieren die Bestände noch weiter.

besserung der Bestände zu beobachten. Und das war nur durch das Aufkaufen von Lachsfangquoten im Nordatlantik möglich, was den Fang durch die Berufsfischer verringert. Vielleicht eine der unberührtesten Gegenden mit intakten Lachsflüssen ist die russische Halbinsel Kola, obwohl seit der Entdeckung des erstklassigen Lachsgebiets im Jahr 1990 ein geringer Rückgang der Fänge zu beobachten ist.

Lachsstämme entwickeln sich unterschiedlich. Einige Lachse besitzen Gene, die gegenüber anderen für ein schnelleres Wachstum sorgen. Kleine Lachse (Grilse) dominieren zusammen mit mittelgroßen Exemplaren zwischen vier und sieben Kilo alle Flüsse, während große Lachse nur in wenigen Gewässern regelmäßig vorkommen. Zu den bekanntesten Großlachsflüssen gehören Alta und Namsen in Norwegen, die Mörrum in Schweden, der Derwent im Nordwesten von England und der Tweed an der Grenze zwischen England und Schottland. Dazu kommen einige Flüsse der Halbinsel Kola.

Spinnfischen auf Atlantiklachs

Das Lachsfischen ist eigentlich ein Paradoxum: Wie bringt man einen Fisch der nichts frißt dazu, auf einen Köder zu beißen? Seit dem Beginn des Angelns denken die Fischer darüber nach, wobei es viele Theorien gibt. Häufig beißen frisch aufgestiegene, blanke Lachse zu Beginn der Saison fast schon wie wild. Einige von uns glauben, daß einige Exemplare ihren Beißinstinkt beibehalten. Andere sind der Meinung, daß die Fische nach einem Standplatz im Fluß suchen und den Köder als vermeintlichen Konkurrenten angreifen.

Im Sommer nehmen Lachse kleine Köder wie Blinker oder Fliege an der Oberfläche. Das soll ein Reflex aus der Jugendzeit sein, als der Lachs noch nach Insekten stieg. Sobald sich die Fische verfärben, steht das Laichen kurz bevor. Jetzt werden sie aggressiv und nehmen deshalb den Köder.

Natürlich spielen weitere Faktoren wie das Wetter ebenfalls eine Rolle, außerdem ist der Wasserstand von Bedeutung. Steigt oder

Links: Steigen die Lachse zum Laichen in die Flüsse auf, sind sie in sehr guter Verfassung und bilden damit eine besondere Herausforderung für Angler. Auf ihrem Weg zu den Laichplätzen müssen sie häufig schwierige Hindernisse wie Stromschnellen überwinden. Entsprechende Gewässerabschnitte sind häufig gute Angelreviere, da die Lachse vor den Hindernissen Kräfte sammeln und sich danach ausruhen.

Rechts: Es existieren viele Theorien, warum Lachse im Fluß beißen, obwohl sie hier nichts fressen. Jedenfalls lassen sie sich mit Kunst- und Naturködern an den Haken locken. Ein schon lange Zeit bewährter Köder ist das Wurmbündel auf dem Einzelhaken, den der Angler zusätzlich mit einem Abschnitt roter Wolle verziert.

fällt er, stehen die Chancen für den Angler gut – obwohl sinkendes Wasser normalerweise die besten Möglichkeiten eröffnet. Sowohl Niederschläge als auch Schmelzwasser beeinflussen das Fischen auf diese Art. Die unteren Bereiche des Flusses stehen zudem bis zu einem gewissen Grad unter dem Einfluß der Tide, wobei die Lachse bei Flut in kleinen Schwärmen oder Gruppen aufsteigen. Dabei stellt der Angler häufig fest, daß sich bei den Lachsen der unteren Strecken bestimmte Beißperioden abzeichnen.

Die Standplätze können sehr unterschiedlich aussehen. Große Lachse suchen die günstigsten Stellen auf, die normalerweise in tiefem Wasser liegen. Kleine und mittlere Fische müssen mit seichterem Wasser vorlieb nehmen. Häufig stehen Lachse an Strömungskanten, jedoch sind die Ausläufe von Rauschen und lange Furchen in der Strömung ideal.

Einige Stellen eignen sich besser zum Fliegenfischen als für die Spinnrute. Ein guter Platz für sie liegt vor, wenn das Wasser am gegenüberliegenden Ufer oder mitten in der Strömung nur etwa zwei bis drei Meter tief ist und am eigenen Ufer etwa einen Meter.

Ist das Wasser zeitig in der Saison kalt und hoch, sollten Sie so tief fischen, daß der Spinner oder Wobbler immer wieder den Grund berührt. Werfen Sie deshalb zum anderen Ufer oder etwas stromab, worauf Sie die Rute heben oder senken. Auf diese Weise hält der Köder Grundkontakt. In aller Regel beißen blanke Lachse während den ersten zwei oder drei Würfen. Längeres Fischen an einer Stelle ist normalerweise Zeitverschwendung.

Gegen Mitte der Saison ist der Wasserstand gesunken und die Standplätze haben gewechselt. Da Lachse selten in völlig ruhigem Wasser beißen, sollte der Köder in der Strömung spielen und das in der gleichen Geschwindigkeit oder etwas schneller. Läuft er etwas zu langsam, hebt der Angler die Rute an oder kurbelt etwas Schnur ein. Das Umgekehrte wirkt gegen einen zu schnellen Köder – obwohl eine schnelle Führung besser ist als eine zu träge.

Bei niedrigem Wasserstand und Temperaturen über 10 bis 14 Grad Celsius ziehen Lachse häufig ins schnellere Wasser. Wie die Standplätze im Laufe der Saison wechseln, so ändert sich außerdem die Größe der aufsteigenden Fische. Die großen Lachse treffen häufig zu Beginn ein, worauf mittlere und kleine Exemplare folgen. Zudem steigen einige große Tiere in einigen Gebieten sporadisch gegen Ende der Saison auf. Jetzt verfärben sich die Fische zudem stärker, zeigen ein aggressiveres Verhalten und beißen oft schon nach einigen Würfen an die gleiche Stelle.

Das Lachsfischen in einem durchschnittlich großen Fluß verlangt bereits nach einer kräftigen Ausrüstung. Auf der Stationär- oder Multirolle sollte 0,40 bis 0,45 Millimeter starkes Monofil liegen, wobei später in der Saison 0,35 bis 0,40 Millimeter ausreichen können. In kleineren Gewässern genügt leichteres Gerät, wobei in diesen Monaten Spinner, Blinker und Wobbler gleichermaßen gut fangen. Zu Saisonbeginn setzt der Lachsfischer häufig 20 bis 40 Gramm schwere Blinker ein, da die Fische tief stehen und hohes Wasser herrscht. Viele Leute angeln außerdem mit 11 bis 13 Zentimeter messenden Wobblern. Und nachdem der Pegel gefallen ist, empfehlen sich darüber hinaus Spinner von acht bis 15 Gramm.

Wie die Erfahrung zeigt, nehmen Lachse während der fortgeschrittenen Saison kleine Köder – in erster Linie Fliegen. Die Muster entsprechen denen beim Fliegenfischen, die auf Einzelhaken und Zwillinge der Größen 2 bis 10 gebunden werden. Das Spinnfischen mit diesen Ködern erfolgt als erste Möglichkeit mit der Wasserkugel als Wurfgewicht. Das Vorfach besitzt eine Länge zwischen 3,5 und vier Meter und der Köder sollte wie beim Fliegenfischen in der Strömung herumschwingen. Die Wasserkugel ist die beste Wahl in großen, ruhigen Flüssen, wo Sie die Fliege während der Drift durch Einholen der Schnur beschleunigen können.

Außerdem läßt sich die Fliege beispielsweise an einem nur ein bis zwei Meter langen Vorfach anknüpfen, wobei das Blei an einem rund 20 Zentimeter langen Seitenarm hängt. Die Montage fängt hervorragend über die gesamte Saison und das Führen läuft wie mit dem Blinker. Zu Saisonbeginn bei kaltem Wasser werden häufig buschige, gelb-rote und 12 bis 16 Zentimeter lange Tubenfliegen in einfachen Mustern eingesetzt. Später fangen dunkle oder schwarze Ausführungen am besten. Eigentlich können Sie die Fliege nur in der Strömung stehenlassen oder ihr Leben einhauchen, indem die Rute sie phantasievoll mit schnellen Bewegungen etwas heranzupft und sie dann wieder mit raschen Sprüngen zurückfallen läßt. Diese Technik ermöglicht dem Anfänger einen leichten und oft sehr erfolgreichen Einstieg ins Lachsfischen. Allerdings ist das Spinnfischen mit der Fliege unter anderem in Norwegen verboten.

Naturköderangeln auf Lachs

Lachse nehmen neben künstlichen Ködern auch Naturköder, wobei das Fischen mit Garnelen unter anderem in Norwegen verboten ist. Immerhin bestehen dafür Möglichkeiten in Großbritannien. An einigen Stellen wird der Köder auf einen Einzelhaken gezogen, an anderen wird mit einem System und zwei Drillingen

Oben ist eine typische Flußstrecke zu sehen, die unten im Querschnitt abgebildet ist. Lachse stehen meist am Zufluß und Auslauf der tiefen Abschnitte (engl. Pools). In verhältnismäßig langen und breiten Pools stehen die Fische am liebsten an den Strömungskanten. In seichteren oder schnellfließenden Strecken suchen sie meist Schutz vor der Strömung hinter großen Felsen.

gefischt. Außerdem wurden tote Köderfische am System erfolgreich auf Lachs gefischt, was heute nur noch selten praktiziert wird.

Abgesehen von künstlichen Ködern wird heute meist mit dem Wurm auf Lachs gefischt. In verschiedenen Ländern wie Irland ist das Fischen mit Pose weit verbreitet, während Grundmontagen in anderen Ländern üblich sind. Üblicherweise liegen die Hakengrößen zwischen 1/0 und 3/0, wobei ein Wurmbündel als Köder dient. Die Vorfachlänge beträgt ein bis zwei Meter, wobei das recht schwere Blei an einem Seitenarm hängt. Somit kann der Köder wie ein Blinker oder eine Fliege mit der Strömung herumschwingen.

Anhieb, Drill und Landung

Lachse beißen unterschiedlich. Einige nehmen den Köder in einer wahren Explosion und haken sich selbst, während andere vorsichtiger zu Werke gehen und einen Anhieb erfordern. Beim Fischen mit Garnele oder Wurm fühlen Sie entweder einen gewaltsamen Biß oder nur, wie der Fisch auf dem Köder für einige Sekunden »herumkaut« – das kann sogar bis zu eine Minute dauern, bevor er schluckt. Jetzt muß der Anhieb erfolgen. Unerfahrene Angler können meist den richtigen Zeitpunkt für den Anhieb beim Naturköderfischen nicht richtig einschätzen. Nach dem Biß sollte der Lachs zunächst noch etwas laufen können. Das trifft auf das Angeln allgemein zu, doch gerade beim Lachs ist Geduld absolut unumgänglich. Erstaunlich ist auch, wie manche Leute nach dem Biß ihres ersten Lachses reagieren. Sie wollen den Fisch so schnell wie möglich an Land bringen, da sie ihn nicht verlieren wollen – oft passiert dadurch jedoch genau das. Richtig ist es, den Fisch austoben zu lassen und währenddessen nach einer Stelle für die Landung Ausschau zu halten. Erst wenn der Lachs völlig abgekämpft ist und beispielsweise auf der Seite liegt, darf der Angler an das Landen denken.

Das funktioniert mit einem festen Griff um die Schwanzwurzel. Er stellt den Fisch ruhig und wehrt sich nicht gegen das Herausheben aus dem Wasser. An flachen Ufern läßt sich der Fisch außerdem stranden. Laufen Sie rückwärts und ziehen den Fisch immer dann ein Stück weiter ans Ufer, sobald er schlägt. An solchen Stellen kann der Angler den auf der Seite liegenden Fisch auch an der Schwanzwurzel halten und aufs Ufer schieben. Viele Fischer verwenden zudem große Kescher, obwohl die Handhabung vor allem in stärkerer Strömung schwerfallen kann. Auch das Gaff wird in einigen europäischen Ländern eingesetzt. Weiter ist der Tailer ein gutes Landungsgerät, das jedoch einige Geschicklichkeit erfordert. Unter anderem in Amerika und auf der Halbinsel Kola gibt es Bestimmungen, die das Zurücksetzen der Fische vorschreiben. So müssen auf Kola alle Lachse wieder in ihr Element entlassen werden.

Bei plötzlichen Fluchten kann der Lachs den Haken abschütteln oder die Schnur sprengen. Je kürzer die Schnur dabei ist, desto eher kommt es zum Abreißen. Das Senken der Rute vermindert jetzt den Druck. Grundsätzlich sollte die Schnur jedoch stets unter Spannung gehalten werden und die Bremse nicht zu hart eingestellt sein.

Setzt der Lachs zu einem Sprung an, senkt der Angler am besten die Rutenspitze und hält die Rute parallel zur Oberfläche. Dadurch reduziert sich der Druck auf die Schnur und möglicherweise sieht der Fisch von seinem Vorhaben ab.

Oben: Im Unterschied zu anderen Arten läßt sich der Lachs sicher an der Schwanzwurzel greifen. Dann hält er still und kann ohne Hektik an's Ufer befördert werden.

Links: An flachen Ufern kann der Angler den Lachs stranden. Gehen Sie langsam rückwärts und ziehen den Fisch nach und nach aufs Trockene.

Königslachs

Der Königslachs *(Oncorhynchus tshawytscha)* ist der größte Fisch aller sechs pazifischen Lachsarten. Fünf davon leben auf der amerikanischen Seite des Pazifik, während der Kirsch- oder Masulachs nur in Kamtschatka und Nordjapan vorkommt. Andere Namen für den Königslachs (engl. King salmon) sind Chinock, Quinnat, Spring und Tyee. Exemplare von 30 Kilogramm sind nicht ungewöhnlich und Klopse über 40 Kilo wurden bereits in Flüssen wie dem Kenai in Alaska oder dem Skeena in British Columbia gefangen. Das Durchschnittsgewicht liegt zwischen acht und zwölf Kilo.

Anders als die anderen Lachsarten wandert der Königslachs weit in die Flußsysteme hinauf, im Yukon sind das annähernd 3000 Kilometer. Im Meer sind die Kings silbern gefärbt und tragen vor allem auf Rücken und Schwanzflosse unregelmäßige schwarze Flecken. Schwarze Pigmentierungen finden sich außerdem auf Maul und Kehle.

Das Verbreitungsgebiet der Königslachse reicht vom Norden Alaskas bis Kalifornien und auf der asiatischen Seite von Kamtschatka bis Nordchina. Außerdem wurde er in die Großen Seen besetzt, wo er bis auf zwölf oder 13 Kilo heranwächst.

Spinnfischen auf Königslachs

Die Kings sind wesentlich beißfreudiger als Atlantiklachse – vom Beginn des Aufstiegs bis zum Laichen. Schleppangler stellen ihnen bereits auf See und in den Flußmündungen nach. In den Flüssen beißen sie dann auf Kunstköder und Lachseier. Als Standplätze suchen sie sich tiefe Gumpen, Strömungs- und Uferkanten sowie Rückströmungen. Anders als die atlantischen Lachse stehen die Kings gerne in tiefem, dunklem und ruhigem Wasser. Viele Flüsse sind trüb und teilweise schlammig, so daß der Bereich klarer Zuflüsse als Standplatz angesprochen werden muß – vor allem, wenn die Lachse in dem betreffenden Nebengewässer laichen. Nur junge Königslachse zwischen zwei und drei Kilo steigen an die Oberfläche und nehmen kleine Köder wie die Fliege.

Atlantiklachse verraten ihre Anwesenheit im Fluß häufig durch Sprünge, wogegen Kings fast immer zum Grund streben und dort

bleiben. Häufig stehen die Tiere in Schwärmen dicht zusammen, während die mittleren und großen Lachse sich nur vor schwierigen Strecken oder Stromschnellen zusammenschließen.

Im Drill ist der King beträchtlich stärker und ausdauernder als der Atlantiklachs – jedoch kämpft der Königslachs längst nicht so wild und unberechenbar. Direkt nach dem Biß zeigt er sich in aller Regel einmal an der Oberfläche, während der Atlantiklachs im Drill mehrmals springen kann.

Zum Fischen auf Kings ist schweres Gerät nötig, wobei eine sehr starke Rute und 0,40 bis 0,60 Millimeter starkes Monofil zusammenpassen. Zu den erfolgreichen Kunstködern zählen Pixie, Spin-N-Glo, Tee Spoon und verschiedene tief tauchende Wobbler, die idealerweise mit einer Rassel ausgestattet sind. Meist fangen alle Arten künstlicher Köder gut, sofern sie nur tief und langsam geführt werden – sie »kriechen« am besten über den Boden, entwe-

Links: Der Gigant unter den Pazifiklachsen ist der Königslachs, der über 40 Kilogramm erreicht. Frisch aufgestiegene Fische besitzen im Frühjahr und im zeitigen Sommer eine silberne Färbung, die bei den späteren Fischen bereits den dunkleren Laichfarben weicht.

Oben: Zum Fang der Kings ist kräftiges Gerät gefragt, da sie sehr stark und ausdauernd kämpfen. Sie stehen an tiefen Stellen, weshalb der Köder knapp über dem Grund laufen muß.

Lebensweise

Es gibt unter den Königslachsen verschiedene Stämme. Sie wandern von Januar bis in den Spätherbst, jedoch erfolgt der stärkste Aufstieg in den meisten amerikanischen Flüssen zwischen Mai und dem frühen Juli. Im Unterschied zum Silberlachs steigt der King in große Flüsse auf und laicht von Juli bis November. Die Frühjahrs-Aufsteiger wählen häufig Nebenflüsse, während die Herbstfische den Hauptfluß hinauf schwimmen. Übrigens sind die im Frühsommer wandernden Lachse silbern gefärbt, wogegen die späten Aufsteiger schon etwas verfärbt sind. Wie die übrigen Lachse im westlichen Nordamerika sterben auch sämtliche Kings nach dem Laichen.

Die Jungfische ernähren sich in den Flüssen von Insekten und Krustentieren. Im folgenden oder übernächsten Sommer ziehen sie ins Meer. Die Körper der toten Lachse düngen die sonst nährstoffarmen Flüsse, weshalb ihr Schicksal der Natur nützt. Im Meer wachsen die jungen Lachse rasch heran und kehren nach zwei bis acht Jahren in ihre Geburtsflüsse zurück.

der hinunter zu den Lachsen oder durch den Schwarm. Die Lachse stehen eng zusammen, weshalb in vielen Flüssen nur Einzelhaken erlaubt sind. Das verhindert zu einem großen Teil, daß Fische von außen gehakt werden.

Niemand stellt die Kraft der Königslachse in Frage – sie sind stark ohne Ende. Da sie Schwärme bilden, kann der Angler sogar mehrere Fische an einer Stelle fangen. Offenbar sind sie verglichen mit Atlantiklachsen weniger scheu.

In den Großen Seen wird an den Flußmündungen vom Ufer aus auf Königslachs geangelt. Vom Frühsommer bis in den zeitigen Herbst gibt es außerdem die Möglichkeit, die in die Zuflüsse aufsteigenden Fische zu fangen. Üblicherweise wird watend gefischt, vorzugsweise am Morgen und Abend. Denn tagsüber ziehen die Fische zum Fressen in tieferes Wasser. Für dieses Fischen empfehlen sich schwere Spinnruten sowie 0,30 bis 0,36er Schnüre. Dazu kommen Blinker zwischen 20 und 40 Gramm. Bootsanleger und Wellenbrecher sowie Sandbänke und Halbinseln im Mündungsbereich der Lachsflüsse sind ebenfalls gute Angelstellen auf Königslachs.

Naturköderangeln auf Königslachs

Sobald die Lachse das Mündungsgebiet erreichen, sind sie das Ziel von intensivem Schleppangeln, das auch als »Mooching« bezeichnet wird. Meist wird mit Kunstködern gefischt, jedoch stehen auch halbe Heringe am Haken hoch im Kurs. Steigen die Lachse schließlich in den Flüssen auf, ist Lachsrogen der sicherste Weg zum Fang, besonders wenn alles andere versagt. Eine Walnuß-große Menge Lachsrogen wird häufig in ein feines, orangefarbenes Nylonnetz gegeben und an einem Einzelhaken befestigt. Der Angler führt den Köder entweder an der Posenmontage, an der freien Leine oder an der Grundmontage, wobei der Köder in der Strömung zum Lachs schwingt. Während der Atlantiklachs regelmäßig bei der ersten Gelegenheit den Naturköder nimmt, verführt den Königslachs normalerweise erst wiederholtes Anbieten zum Biß.

Links: Der King springt nicht so oft wie der Atlantiklachs. Während des Drills zeigt er sich nur bei wenigen Gelegenheiten, meist zu Beginn des Kampfs.

Rechts: In den Flüssen stellt Lachsrogen einen hervorragenden Königslachs-Köder dar. Eine Portion der Eier wird in ein feines Nylonnetz gepackt, das durchaus aus einem Feinstrumpf stammen darf. Das Paket wird an einem Einzelhaken befestigt.

Silberlachs

Der Silberlachs oder Coho *(Oncorhynchus kisutch)* ist unter Anglern neben dem King der beliebteste Pazifiklachs. Seine Heimat reicht von Kalifornien bis Alaska und von Kamtschatka die Küste hinunter bis Japan. Sein Körper ist mit Schattierungen vollständig silberfarben und trägt über der Seitenlinie, dem Rücken und auf den Flossen kleine schwarze Flecken. Sein Durchschnittsgewicht liegt zwischen drei und sechs Kilogramm, wobei einige Exemplare zwölf bis 14 Kilo erreichen. Im Jahr 1967 erhielten die Großen Seen einen erfolgreichen Besatz mit Silberlachsen, wo sie zusammen mit anderen Forellen und Lachsen einen schönen Beitrag zum eindrucksvollen Fischen in der Region leisten. Cohos steigen von Juli bis in den zeitigen Oktober in die Flüsse auf.

Spinnfischen auf Silberlachs

Wie der Königslachs lassen sich auch Cohos beim Meeresangeln fangen, wobei das Schleppfischen eine wichtige Technik bildet. Sie nehmen an Flußmündungen und in der Nähe liegenden Meeresgebieten gerne Blinker oder Heringe. Wie im Fall der Königslachse wird auf Silberlachse in den Großen Seen in den Flußmündungen, von angrenzenden Ufern, Halbinseln, Bootsanlegern und Wellenbrechern aus gefischt.

Lebensweise

Wie die Königslachse steigen Cohos in große Flüsse auf, jedoch bevorzugen sie meist kleinere Küstengewässer. Zudem wandern sie über kürzere Entfernungen, wodurch sie sich weniger Gefahren und Schwierigkeiten gegenüber sehen.

Während ihres Aufstiegs besitzen Silberlachse ihr helles Äußeres, später in der Saison zeigen wandernde Fische jedoch eine leichte Verfärbung. Das Laichen findet zwischen Oktober und Februar statt. Die Jungfische wandern entweder im nächsten Sommer oder ein bis zwei Jahre später ins Meer. Dort bleiben sie zwischen zwei und vier Jahren, wobei sie sich selten so weit von ihrer Heimat entfernen wie der King. Im Ozean fressen Cohos unter anderem Shrimps, Fische und Kuttelfische. In den letzten Jahren ging der Bestand der Silberlachse in den westamerikanischen Gewässern zurück.

Generell ist der Silberlachs noch beißfreudiger als der King. Häufig in bedeutenden Schwärmen steigen die Cohos in kleinere Küstenflüsse auf, wo sie ruhige Strecken oder Strömungskanten als Standplätze wählen – jedoch halten sie sich von anderen Lachsen wie dem Ketalachs fern. Im Unterschied zum Königslachs stehen Cohos in vergleichsweise flachem Wasser. Und strömt der Fluß durch einen See, stehen immer wieder große Schwärme an den Ausflüssen.

In erster Linie stellen Silberlachse eine wunderbare Herausforderung für den Fliegenfischer dar. Jedoch beißen sie auch gerne auf kleinere Spinner der Größen 2 und 3 sowie fünf bis zwölf Gramm

schwere Blinker. Während sich Königslachse gerne von rot-orangenen Blinkern und Spinnern betören lassen, eignen sich diese Köder auf Cohos besser in Silber oder Messing. Kleine Köder sollten langsam eingeholt werden und bei gleichbleibender Geschwindigkeit so nahe wie möglich am Grund laufen. Der Biß erfolgt vorsichtig aber trotzdem mit einigem Nachdruck. Nur wenn Sie starken Druck im Drill ausüben, beginnt der Silberlachs zu springen und das häufiger als der King. Gegenüber dieser Art wird auf Silberlachse fast nie mit Rogen gefischt. Damit ist er ein typischer Fisch für Fliegen- und Spinnfischer.

Links: Der Silberlachs wiegt im Regelfall unter zehn Kilogramm. Er steigt in kleinere Flüsse an der Westküste von Nordamerika auf, von Alaska bis Kalifornien. Meist stehen die Fische dann in verhältnismäßig flachem Wasser, wo sie gerne kleinere, glänzende Blinker und Spinner nehmen.

Oben: Zwar beißen Cohos recht energisch, jedoch werden sie erst richtig lebendig, wenn sie einen kräftigen Zug an der Schnur spüren. Häufig kämpfen sie dann mehr in der Luft als im Wasser.

Keta-, Rot- und Buckellachs

Diese drei Arten sind unter Anglern bei weitem nicht so beliebt wie Königs- und Silberlachs. Der Ketalachs (*Oncorhynchus keta, engl. Chum)* wird auch als Hundslachs bezeichnet und wiegt im Normalfall zwischen drei und fünf Kilo, jedoch wurden bereits sechs und sieben Kilo schwere Exemplare gelandet. Seine Heimat reicht vom nördlichen Kalifornien bis Alaska, zudem wurde er1956 erfolgreich in Sibirien besetzt.

Ketalachse sind leicht an ihren Streifen zu erkennen, die über Rücken und Flanken reichen. Nach einiger Zeit im Fluß treten sie deutlicher hervor. Ketalachse wandern im Sommer und Herbst in die Flüsse, wo sie im November oder Dezember laichen.

Der Rotlachs *(Oncorhynchus nerka, engl. Sockeye, Red salmon)* stellt im Meer nach dem Buckellachs die wichtigste Art dar, da er die gleiche Größe sowie tiefrotes, wohlschmeckendes Fleisch besitzt. Während seinem Aufenthalt im Ozean ist der Rotlachs silberfarben, macht jedoch ab dem Aufstieg seinem Namen alle Ehre. Die Rogner werden leicht oder kräftig rot, die Milchner tragen leuchtendes Rot mit einem leichten Buckel. Rotlachse kommen südlich des Columbia River nicht vor, vielmehr reicht ihr Verbreitungsgebiet von Alaska über Kamtschatka bis nach Japan.

Im Gegensatz zu anderen Lachsarten steigt der Rotlachs fast ausschließlich in Flüsse auf, die durch einen See fließen. Dort laichen sie im See selbst oder in seinen Zuflüssen. Zudem wandern die Fische schon von April bis Juli. Dabei können die Aufstiege in einigen Flüssen, wie Bristol Bay, so stark sein, daß der Grund streckenweise rot aussieht. Das Gewicht der Tiere liegt zwischen 2,5 und drei Kilogramm.

Häufig findet der Angler die Rotlachse in ruhigen, tiefen Flußabschnitten sowie im Bereich von Flußmündungen in Seen. Anders als andere Lachse durchbrechen Rotlachse immer wieder die Oberfläche. Im Grunde lassen sie sich nicht so leicht an den Haken locken, jedoch bringen kleine Köder wie Spinner oder Blinker häufig den ersehnten Biß. Als erfolgreiche Farben stellten sich Rot und Orange heraus. Führen Sie den Köder langsam und möglichst nahe am Grund.

Der Buckellachs *(Oncorhynchus gorbuscha, engl. Humpback, Pink salmon)* ist für Berufsfischer der wichtigste Lachs, jedoch spielt er

Ketalachse können bis zu 15 Kilogramm auf die Waage bringen, wobei das Durchschnittsgewicht zwischen drei und fünf Kilo liegt. Sie werden auch als Hundslachse bezeichnet, was an den langen herausstehenden Zähnen liegt, die bei den Milchnern nach dem Aufstieg zu sehen sind. Frisch aufgestiegene, blanke Ketalachse kämpfen hart am leichten Gerät.

beim Freizeitangeln eine untergeordnete Rolle. Sein Verbreitungsgebiet liegt zwischen Nordkalifornien und dem nordwestlichen Alaska, wobei die größten Bestände in British Columbia zu finden sind. Weiter lebt die Art in Kamtschatka, Korea und Japan. Generell wiegen die Fische selten über 1,5 bis 2,5 Kilo. Wie andere Lachse ist der Buckellachs im Meer silbern gefärbt und steigt von Ende Juni bis in den Juli in die Flüsse auf. Nach kurzer Zeit im Süßwasser bilden die Milchner einen deutlichen Buckel und erhalten eine rötliche Färbung. Sie besitzen einen großen Appetit und gelten als die am verrücktesten beißenden Lachse des Pazifischen Ozeans.

Der Fang von Buckellachsen gelingt mit Fliegen, kleinen Spinnern oder Blinkern, die langsam und tief geführt werden. Ihre Standplätze liegen an Strömungskanten, in ruhigen Bereichen sowie in kleinen Furchen und Gumpen im Flachwasser. Dabei finden sie sich in klaren Flüssen häufig in nur einen halben Meter tiefem Wasser. Als Ausrüstung eignet sich ultraleichtes Gerät, mit dem der Fang des guten, häufig springenden Kämpfers wirklich Freude bereitet.

Oben: Zu Beginn seiner Laichwanderung ist der Rotlachs noch silbern gefärbt, jedoch wechselt seine Farbe bald zu Rot über. Da er sich hauptsächlich von kleinen Krustentieren ernährt, kann der Fang dieser Art schwerfallen. Trotzdem lassen sie sich mit kleinen Ködern überlisten, die tief und langsam geführt werden.

Unten: Der Name des Buckellachses stammt von eben dem deutlichen Buckel, den die Milchner nach dem Aufstieg bilden. Nur selten erreicht der Buckellachs Gewichte über fünf Kilo und wird als Angelfisch wenig beachtet. Jedoch bietet er am ultraleichten Gerät aufregende Kämpfe, wobei sich als Köder kleine Spinner und Blinker sowie Fliegen eignen.

Fischen im Meer

Das Reich des Meeresanglers besitzt eine gewaltige Größe. Er muß immer dort seinen Köder auswerfen, wo die Raubfische ihre Nahrung suchen. Da viele Küstengewässer über recht wenig Nahrung verfügen, konzentrieren sich die Fische jedoch häufig auf wenige Stellen. Das Wissen über diese Plätze sowie das Leben und das Verhalten der Fische ist eine wesentliche Voraussetzung für die Auswahl der richtigen Ausrüstung. Die besten Geräte und Köder sind ohne dieses »Gewußt wie« nutzlos. Nebenbei sollte der Fischer über bewährte Techniken Bescheid wissen.

■

Dorsch

Über den ganzen Winter stellen britische Brandungsangler dem Dorsch *(Gadus morhua)* entlang der englischen Südküste nach. In Schottland wird er das ganze Jahr über gefangen. Und die amerikanischen Künstenfischer versuchen ihr Glück im Herbst und Winter zwischen Cape Cod und Nova Scotia. Außerdem ist der Dorsch ein beliebter Fisch in Dänemark, Deutschland, Schweden und Norwegen, wobei das Spinnfischen das Hochseeangeln wunderbar ergänzt.

Das Hauptverbreitungsgebiet des Dorschs läuft über die gesamte Nordsee über die Faröer nach Island und Grönland, zudem kommt er häufig an der amerikanischen Ostküste vor. Seine Färbung reicht von dunklem Braun in flachem Wasser mit marmoriertem Grund bis zu helleren Farben bei sandigem Grund oder tiefem Wasser. Dazu kommt eine kräftige rotbraune bis tief orangene Färbung, die selbst über den Bauch reicht. Solche Fische leben in flacherem Wasser.

An den Küsten bringen Dorsche selten mehr als drei bis vier Kilo auf die Waage. Ausnahmen finden sich an einigen Stellen in Norwegen, wo starke Gezeitenströmungen selbst Fische zwischen acht und zehn Kilo anlocken. Richtig schwere Exemplare finden sich jedoch erst auf See, wo Dorsche in Nordeuropa oft 20 Kilo erreichen und 30 Kilo schwere Fische bereits gefangen wurden – unter anderem am Gelben Riff vor Jütland, im Öresund und bei den Lofoten. In Nordamerika landeten einige Boote sogar 40 Kilo schwere Dorsche.

Spinnfischen auf Dorsch

Mit dem Spinngerät lassen sich Dorsche im Bereich von Häfen, Bootsanlegern, langen seichten Ufern und felsigen Küsten fangen. Häufig ziehen sie tiefes Wasser und abwechslungsreichen Grund vor. Die stabile Ausrüstung muß weite Würfe ermöglichen. Insgesamt empfiehlt sich eine 275 bis 330 Zentimeter lange Rute mit Stationärrolle oder Multi, 0,30 bis 0,40 Millimeter starkes Monofil sowie 20 bis 40 Gramm schwere Blinker oder Pilker in Silber, Kupfer, Rot oder in fluoreszierenden Farben. Nachdem der Dorsch am Grund lebt und nach dem Biß häufig in Seegras oder Tang flüchtet, sollte der Angler den Drilling gegen einen Einzelhaken tauschen. Damit verhindert er viele Hänger.

Der am häufigsten zu beobachtende Fehler ist, daß der Angler nach dem Wurf sofort mit dem Einholen beginnt. Jetzt läuft der Köder weit über dem Grund, wo ihn kein Dorsch zu Gesicht bekommt. Deshalb muß der Blinker oder Pilker vor der ersten Kurbelumdrehung erst bis ganz nach unten sinken. Die Rute wird wechselweise angehoben und gesenkt, sodaß der Köder ständig über den Boden schrammt. Auch in den seichten Zonen nahe dem

In vielen Teilen von Nordamerika und Europa wird der Dorsch regelmäßig beim Spinnfischen gefangen. Dabei kommt der Fisch besonders in Nordeuropa in einigen Regionen so häufig vor, daß das Küstenfischen auf andere Arten auf den Dorsch-Techniken basiert.

Ufer sollte der Angler diese Bewegungen beibehalten, die Geschwindigkeit allerdings etwas erhöhen. Diese Methode läßt sich noch verfeinern, sobald Sie ein Gefühl für die Tiefe am Platz und die Grundbeschaffenheit entwickeln konnten: Das Einholen unmittelbar über dem Grund wird bald natürlich wirken.

Hänger lassen sich kaum vermeiden, die schlimmsten lassen sich jedoch durch das richtige Gewicht von Pilker oder Blinker und der richtigen Geschwindigkeit vermeiden. Trotzdem bedeutet Dorschfischen häufig den Verlust von wertvollen Ködern. Erhalten Sie trotz richtiger Führung keinen Biß, gibt es an der Stelle wahrscheinlich keine Dorsche. Möglicherweise ist der Boden zu weich, sandig oder schlammig. Dorsche leben meist über strukturiertem Grund mit Steinen, Seegras, Muscheln und ähnlichem.

Als Beifänger montierte Fliegen oder Ähnliches ergeben gelegentlich ebenfalls gute Fänge. Weniger, weil zwei Fische gleichzeitig an Beifänger und Hauptköder hängen, vielmehr stimuliert die

Lebensweise

Unter den Küstendorschen existieren viele verschiedene Stämme, die sich in ihrem Wander- und Laichverhalten unterscheiden. Naht die Laichzeit, ziehen sie in bestimmte Meeresgebiete mit passender Temperatur und dem richtigen Salzgehalt. Das Laichen findet von Januar bis März statt, wobei es an einigen Stellen bis in den April dauern kann. Später verteilen sie sich auf Flachwassergebiete und Untiefen im Meer oder ziehen an die Küste, wo sie sich von Muscheln, Krabben, Sandaalen und Heringen ernähren.

Der Dorsch besitzt hoch entwickelte Sinne für Riechen, Sehen und Fühlen und nutzt sie gemeinsam bei der Nahrungssuche am Grund. Außerdem schwimmen Dorsche manchmal im Mittelwasser oder nahe der Oberfläche, wo sie Sandaale und Heringe jagen. Die beste Zeit für das Küstenfischen auf Dorsch reicht vom Herbst bis ins zeitige Frühjahr. Allerdings erweisen sich in nördlichen Gebieten wie Norwegen die wärmeren Monate und besonders der Herbst häufig als am fängigsten.

Fliege den Fisch zum Biß. Sie können Beifänger aus Federn, Plastikwürmern oder Jigschwänzen fertigen, die jeweils an einem Einzelhaken befestigt werden. Beim Fischen mit Beifängern müssen Sie starke Vorfächer von 0,40 bis 0,60 Millimeter Mono verwenden, entsprechend starke Hauptschnüre empfehlen sich zudem in Gebieten mit großen Dorschen.

Jagen die Dorsche entlang der Küste Heringe oder Sandaale, bringt eine schnelle Einholgeschwindigkeit die meisten Bisse. Denn jetzt jagen die Räuber kurz über dem Grund oder im Mittelwasser. Zu anderen Zeiten sind Dorsche wählerischer und halten sich nur am Grund auf, wo sie Krabben fressen. In diesem Fall muß der Köder wie schon gesagt mit gutem Bodenkontakt laufen, wobei der Blinker oder Pilker fast wie eine Krabbe über den Grund »kriecht«. Unter diesen Bedingungen fangen rote Blinker hervorragend. Generell ziehen Dorsche in tiefem Wasser Pilker und Blinker in hellem Gelb oder in Rot vor.

Die oben genannte Einholtechnik versagt jedoch an flach ins Wasser laufenden Ufern, wo die Tiefe nur zwei bis vier Meter beträgt und der Boden mit Pflanzen und Steinen strukturiert ist. Immerhin bleibt das starke Gerät samt der Schnurstärke erhalten, nur liegt das Gewicht der Blinker und Pilker lediglich zwischen 15 und 30 Gramm. Sobald der Köder auf das Wasser trifft, beginnt das Einholen mit gleichmäßiger Geschwindigkeit und ein paar Spinn-Stopps. Auf diese Weise läuft der Köder im Mittelwasser und nicht zu nahe an Oberfläche oder Grund.

Ungeachtet der Tiefe, stehen nach dem Fang eines Dorsches häufig noch mehrere an der Stelle. Sie können einen Platz fächerförmig absuchen oder entlang gleichförmiger, flacher Ufer und Klippen nach einem Wurf ein paar Schritte weitergehen und dann parallel zum vorangegangenen Versuch auswerfen. An solchen Stellen verspricht die Zeit vor und nach Sonnenuntergang gute Erfolge, da die Dorsche jetzt zum Land schwimmen.

Fischen Sie über einem Flachwasserbereich vom Boot aus, lassen Sie es am besten über Strömungskanten oder andere für Dorsche bekannte Bereiche treiben. Zum Führen des Köders gibt es dabei zwei grundsätzliche Techniken. Zunächst können Sie den Pilker oder Blinker auf Windseite (Luv) des Bootes einfach bei geöffnetem Bügel oder Freilauf ins Wasser gleiten lassen. Sobald der Köder auf den Grund trifft und der Bügel der Rolle geschlossen, beziehungs-

Das Spinnfischen auf Dorsche wird häufig an rauhen, felsigen Küsten betrieben. Die Basisausrüstung besteht aus einer langen Rute, einer stabilen Rolle sowie 0,30 bis 0,40 Millimeter starker Schnur. Dazu kommt ein langstieliger Kescher. Rechts außen ist eine ruhigere Methode des Spinnfischens zu sehen. Hier sucht der Angler bei ruhigem Wasser nahe dem Ufer vom Belly-boat aus die Fische.

HH

weise das Getriebe wieder eingerastet ist, heben und senken Sie die Rutenspitze. Während diesem »Pilken« muß der Köder immer wieder auf den Grund treffen. Als zweite Möglichkeit können Sie auf der Leeseite mit dem Wind werfen und den Köder wiederum mit der Rutenspitze arbeitend bewegen und dabei einholen – denn das Boot treibt immer weiter auf den Köder zu, weshalb der Kontakt durch Einkurbeln gehalten werden muß.

Dorschangeln mit Naturködern

Während die Skandinavier den Dorschen traditionell mit Kunstködern nachstellen, werden in andern Ländern wie Deutschland, England oder den Niederlanden auch sehr gerne natürliche Köder eingesetzt.

Dabei gibt die Meeres- oder Küstenumgebung die Techniken und Köder vor. Einfaches Gerät reicht für das Grundangeln an Klippen, Piers und in Häfen. Es besteht aus einer 275 bis 330 Zentimeter langen Rute, 0,35er oder 0,45er Schnur, einem passenden Wurfgewicht sowie einem Paternoster mit einem oder zwei Seitenarmen mit Haken der Größe 1/0 bis 3/0 – das reicht schon.

Dorsche sind Allesfresser, die allerdings einige Köder bevorzugen. Dazu zählen Wattwürmer, Borstenwürmer, Heringsstreifen, Muschelfleisch, Garnelen und Tintenfische. Nach dem Anködern und Auswerfen halten Sie die Rute entweder in der Hand, lehnen sie an eine Klippe oder stellen sie in einen Rutenhalter. Grundsätzlich muß die Rute immer unter Aufsicht stehen und der Anhieb erfolgen, sobald der Dorsch beißt.

An freien Küsten mit sandigem Grund, starker Strömung und Wellen geht kein Weg an der Brandungsausrüstung vorbei. Die Ruten sind 330 bis 390 Zentimeter lang und wurden speziell für diese rauhe Umgebung entworfen. Viele Angler fischen am liebsten mit Multirollen, weniger geübte kommen beim Werfen jedoch besser mit der Stationärrolle zurecht. Aufgrund der meist schweren Bleie sollte eine dickere Schlagschnur das harte Beschleunigen im Wurf auffangen, was das Reißen der feineren Hauptschnur verhindert. Von der Schlagleine sollten über der normalen Schnur etwa fünf bis sechs Wicklungen auf der Spule liegen. Der Wurf selbst verlangt einige Übung und Erfahrung mit dem Gerät.

Drill

Nach dem Biß strebt der Dorsch zum Grund, wo er zwischen Seegras und Steine flüchten will. Stehen zwei Spitzen eines Drillings jetzt weit vom Maul ab, verfangen sie sich schnell in den Pflanzen. Deshalb muß der Angler den Fisch sofort unter Druck setzen und

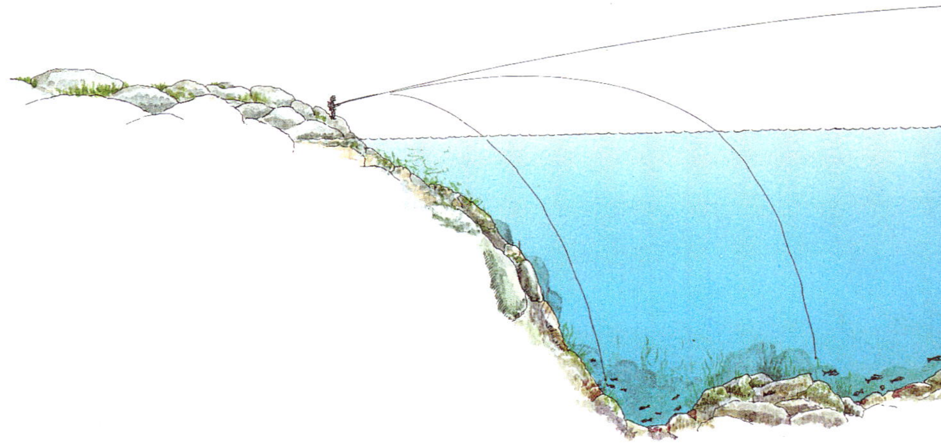

ihn vom Boden heben. Das wird als »Pumpen« bezeichnet. Kräftiges Hochziehen der Rute bringt den Dorsch näher an die Oberfläche, worauf beim Senken der Spitze Schnur eingeholt wird. Sie können den Dorsch mit Gaff oder Kescher landen oder ihn einfach auf das flache Ufer ziehen, falls möglich.

Links: Dorsche leben häufig an Stellen, wo das Wasser dicht am Ufer bereits recht tief ist und deshalb am Grund kaum von Wetter, Wind und Gezeiten beeinflußt wird. Hier können sie bis dicht unter Land jagen, wobei der Angler die Fische mit recht kurzen Würfen erreicht.

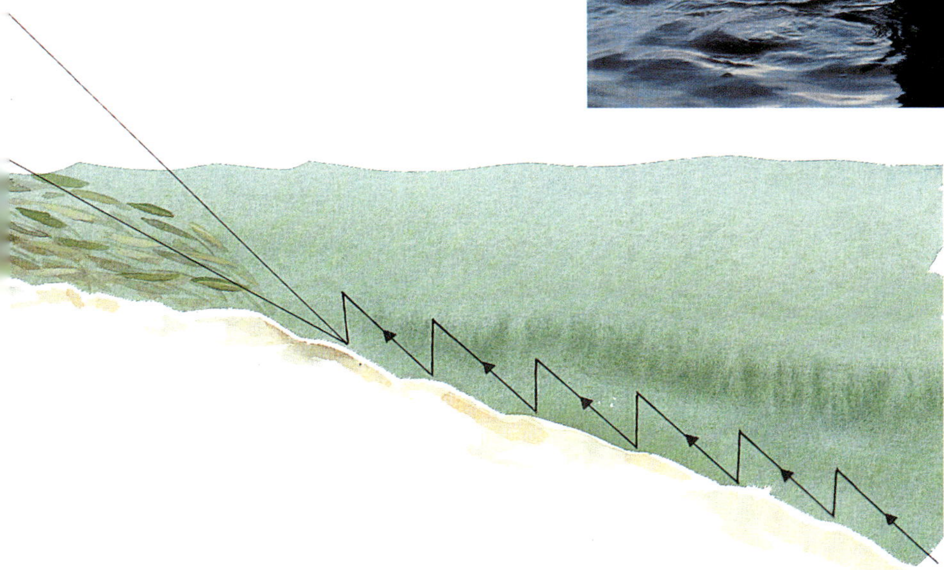

Oben: Durchschnittlich wiegt ein Dorsch ein bis fünf Kilo. Er ist kein großer Kämpfer, jedoch wird er als Speisefisch geschätzt. Durch »Pumpen« hebt der Angler den Fisch vom Grund und bringt ihn an die Oberfläche.

Links: Da der Köder dicht über dem Grund laufen muß, lassen sich Hänger kaum vermeiden. Wie auf der Grafik zu sehen, hält eine lange Rute gegenüber einem kürzeren Modell die Schnur besser von Seegras und anderen Pflanzen ab – besonders wenn sich der Köder dem Ufer nähert.

Pollack

Der Pollack *(Pollachius pollachius)* bietet eine der größten Herausforderungen an den felsigen Küsten des nordöstlichen Atlantik, wo die Chancen auf diesen schönen Fisch am besten stehen. Er läßt sich leicht an seinem torpedoförmigen, bronze-gelben Körper, den großen Augen, dem oberständigen Maul erkennen. Zudem unterscheidet ihn die dunkle Seitenlinie vom Köhler. Obwohl auch der Pollack zur Familie der Dorsche gehört, trägt er keinen Bartfaden am Unterkiefer.

Seine Heimat reicht von den Faröern und den Norden von Norwegen bis nach Marokko und ins Mittelmeer, jedoch liegt sein wichtigstes Verbreitungsgebiet um die Britischen Inseln herum bis hinauf nach Süd- und Mittelnorwegen. Pollacks bevorzugen felsige Küsten mit ordentlicher Strömung und Wasserzirkulation. Meist schwimmen die Fische in Tiefen zwischen vier oder fünf bis hinunter auf 50 Meter, jedoch finden sie sich auch bis auf 100 Meter. Eine hohe Anziehungskraft besitzen für sie Schiffswracks, Felsen und Unterwasserklippen. An der Küste wiegen sie zwischen einem halben und zwei Kilo, zudem gibt es Beispiele für vier bis fünf Kilo.

Der Pollack gehört zu den Dorschartigen, lebt jedoch oft im Freiwasser. Er ist ein schneller und kräftiger Fisch, wobei große Exemplare harte Drills mit kraftvollen Fluchten in Richtung Grund liefern können.

Lebensweise

Bekannte Laichgründe liegen vor Südnorwegen und in der Nordsee, wo das Laichen von Februar bis April stattfindet. Mit einer Länge von wenigen Zentimetern wandern die Jungfische an die Küsten, wo sie aufwachsen und von Würmern, Krustentieren und Brutfischen leben. Herangewachsene Tiere fressen schließlich kleine Fische – hauptsächlich Sandaale, Heringe und Sprotten – und greifen gelegentlich zu Garnelen und anderen kleinen Krustentieren. Im Unterschied zum Dorsch ist der Pollack kein Grundfisch und steht lieber ein Stück über dem Boden. Bei Sonnenuntergang und an dunklen, windigen Tagen mit bewegtem Wasser zieht er normalerweise ins Mittelwasser. Und in der Dämmerung ist er außerdem manchmal an der Oberfläche zu finden.

Weiter auf See im Bereich von Wracks erreicht der Pollack mit neun oder zehn Kilo sein Höchstgewicht.

Spinnfischen auf Pollack

Da er etwas oberhalb des Bodens an Felsen oder im Oberflächenwasser jagt, läßt sich der Pollack mit recht leichtem Gerät fangen. Freie, felsige Küsten mit starken Strömungen und tiefem Wasser sind ideale Stellen.

Der Spinnfischer muß auf jeden Fall alle Wasserschichten mit leichten, lebendig laufenden Blinkern oder Pilkern absuchen, wobei sich Farben wie Kupfer, Rot-Kupfer oder Grün-Blau bewähr- ten. Pollacks sind gelegentlich recht wählerisch und beißen nur auf einen bestimmten Köder in einer besonderen Farbe, Größe oder Ausführung. Zudem fangen Jigs häufig hervorragend. Ein kleiner kompakter Pilker mit Einzelhaken und einem Fischfetzen daran wirkt ebenfalls lebendig und einladend.

Das Einholen kann mit stetiger Beschleunigung erfolgen, die in einem Spinn-Stopp endet. Dann sinkt der Köder und wird weiter eingeholt. Der Biß erfolgt normalerweise beim Absinken oder wenn der Köder gerade wieder zum Beschleunigen ansetzt. In der Rute spürt der Angler einen harten Schlag, auf den eine schnelle Flucht auf den Grund folgt – also muß die Bremse sauber eingestellt sein.

Beifänger können ebenfalls gute Ergebnisse erzielen, besonders wenn Pollacks tagsüber kleinere Köder nehmen. Allerdings kann das Vorfach reißen, wenn der Köhler mit dem Beifänger in Seegras flüchtet und der Pilker sich dort verhängt.

Naturköderangeln auf Pollack

Neben Kunstködern beißt der Pollack außerdem sehr gerne auf natürliche Angebote, wobei der Köder unter einem Schimmer in den gerade brechenden Wellen angeboten wird. Ein kleiner Schwimmer mit einem Haken der Größe 1 bis 1/0, der mit einem frisch aus Sandaal, Hering oder Makrele geschnittenen Fischfetzen beködert wird, fängt sehr gut. Denn der Köder spielt im wirbelnden Wasser absolut unwiderstehlich. Übrigens kommt es häufig vor, daß ein Pollack beim Angeln auf Lippfische beißt. Schließlich bevölkern sie die gleichen Küstengewässer.

Oben: Jigs können die Rettung bei beißunwilligen Pollacks bedeuten. Eine weitere Möglichkeit bieten jetzt außerdem mit Fischfetzen beköderte Pilker.

Unten: Pollacks leben meist entlang felsiger Küsten, wo beispielsweise eine Strömung das Wasser in Bewegung hält. Im abgebildeten Fall sind Pilker und Beifänger einem Pollack-Schwarm begegnet.

Köhler

Der Köhler *(Pollachius virens)* zählt ebenfalls zur Familie der Dorsche und wird im Fischhandel verkaufsfördernd als »Seelachs« bezeichnet. Er ist an seinem schwarzen Rücken, der weißen Seitenlinie, dem silbern glänzenden Bauch sowie an dem fehlenden Bartfaden und dem oberständigen Maul zu erkennen. Sein Verbreitungsgebiet entspricht dem des Dorschs, jedoch reicht die südliche Grenze bis zum Golf von Biscaya und die nördliche über Island bis in den Süden von Grönland. Zudem kommen Köhler an der Ostküste Nordamerikas von Neufundland bis New York vor.

Kleinere Exemplare leben oft an felsigen Küsten sowie im tiefen Wasser nahe dem Land – sogar bis wenige Meter davor. Als große Köhler bezeichnen Angler fünf bis sechs Kilo schwere Fische, jedoch erreicht die Art bis zu 25 Kilo.

Spinnfischen auf Köhler

Köhler sind extrem gefräßige Tiere, wobei vor allem kleine Fische auf alles beißen was sich bewegt. Blinker, Pilker und Beifänger kommen dabei als Köder in Frage. Da Köhler oft im Freiwasser schwimmen, muß der Angler sie in allen Tiefen von der Oberfläche bis zum Grund suchen. Gegen Abend und bei Bewölkung halten sie sich möglicherweise an der Oberfläche auf. Dann werden sie häufig von Möwen verraten, die ihren Teil von der Jagd der Köhler nach Kleinfischen abbekommen wollen. Erfolgversprechende Stellen für das

Lebensweise

Köhler laichen zwischen Januar und April an bestimmten Stellen in der offenen See, wo Temperatur und Salzgehalt stimmen. Die Brutfische leben von Plankton und ziehen nach diesem Lebensabschnitt zum Land. Mit Gewichten von ein paar hundert Gramm bis zu ein oder anderthalb Kilo erscheinen sie schließlich in teilweise enormen Schwärmen vor der Küste, was vor allem für felsige Abschnitte gilt. Die jungen Köhler frressen gelegentlich Garnelen und leben ansonsten von Fischbrut, wobei hauptsächlich Hering und Sandaal zu nennen sind. Letztere Art wird außerdem mit Vorliebe von den großen Köhlern verfolgt. Ihr gesamtes Leben verbringen Köhler in Schwärmen und halten sich nur selten am Grund auf. Lieber stehen sie einige Meter darüber und steigen fast bis zur Oberfläche auf. Wie der Pollack finden sie sich hier am Abend, bei Nacht und bei bewölktem, windigem Wetter.

Fischen vom Ufer aus sind felsige Küsten, Piers oder Wellenbrecher.

Das Einholen muß schnell und abwechslungsreich erfolgen. Denken Sie immer daran, daß der Köhler wie der Pollack noch beißen kann, wenn der Blinker oder Pilker vor dem folgenden Wurf aus dem Wasser gehoben wird. Während sich ein Platz beim Fischen auf Pollack ständig als fängig erweisen kann, muß man die Schwärme der herumziehenden, kleineren Köhler zunächst suchen.

Große Köhler stehen selten in Landnähe, so daß Fische zwischen zwei und drei Kilo entlang der Küste bereits als sehr gute Fische gelten. Ein bewährtes Gebiet für den Fang großer Köhler von Land aus ist der Saltstraumen bei Bodö in Nordnorwegen. Einheimische Angler konnten dort im November und Dezember bereits über 20 Kilo schwere Brocken landen. Solche tollen Fänge sind mit starken Ruten, Multirollen, 0,60er Schnur und 200-Gramm-Pilkern möglich.

Links: Der Köhler ist ein schöner, gefräßiger Dorschartiger, der willig auf Pilker, Spinner oder Beifänger beißt.

Unten: An felsigen Küsten schwimmen Köhler häufig in Landnähe, wobei sie in jeder Tiefe zwischen Oberfläche und Grund stehen können. Eine abwechslungsreiche Köderführung, am besten mit der Countdown-Methode, spürt am besten einen Schwarm auf.

Makrele

Die Makrele *(Scomber scombrus)* ist der Mini-Thun der Ozeane. Mit ihrem kräftigen, torpedoförmigen Körper zählt sie zudem zu den Hochgeschwindigkeits-Schwimmern der Tiefe. Sie lebt in Schwärmen räuberisch im Freiwasser und ist ein Sommergast im nördlichen Teil ihres Verbreitungsgebiets, das von Norwegen über die Faröer und Island bis Neufundland reicht. Außerdem leben Makrelen im Mittelmeer sowie am Cape Hatteras in Amerika.

Die einheimische Makrele des Nordatlantiks besitzt keine Schwimmblase. Eine fast identische Art, die Pazifische Makrele *(Scomber japonicus)* besitzt jedoch eine Schwimmblase. Die Fische bevölkern die Gewässer zwischen Alaska und der Baja California, außerdem finden sie sich auf der asiatischen Seite des Pazifik sowie im Indischen Ozean. Eine dritte Art ist die Spanische Makrele *(Scomberomorus maculatus)*, deren Heimat auf der amerikanischen Seite des Atlantik zwischen der Chesapeake Bay bis Kuba liegt und entlang der nordafrikanischen Küste bis zu den Kanarischen Inseln reicht. Makrelen wiegen normalerweise bis zu einem Kilo, erreichen jedoch gelegentlich auch das Doppelte.

Es gibt verschiedene Arten von Makrelen. Diese nordatlantische Variante besitzt keine Schwimmblase und kann deshalb rasch zwischen unterschiedlichen Tiefen wechseln. Häufig kann der Angler die richtige Tiefe nur mit der Countdown-Methode finden.

Lebensweise

Makrelen überwintern im Skagerrak und westlich der Britischen Inseln in Tiefen zwischen 400 und 600 Meter. Die Fische aus dem Westen vor Irland schwimmen im Frühjahr an die irischen, englischen und schottischen Küsten, während die Makrelen des Skagerrak und der Nordsee an die norwegische Küste sowie in den Kattegat ziehen. Das Laichen erfolgt in tieferem, freiem Wasser nahe der Küste.

Die Bestandsgrößen der Makrelen litten stark, wobei es besonders in den 1960er und 70er Jahren viele schlechte Jahre gab. Berufsfischer hatten die Überwinterungsgebiete entdeckt und verdoppelten darauf ihre Fänge, was den Populationen irreparable Schäden zufügte.

Spinnfischen auf Makrele

Wenn die ersten Makrelen zwischen Mai und dem zeitigen Juli Kurs auf die Küsten nehmen, sind sie hungrig und stürzen sich auf alles was sich bewegt – darunter auch Blinker, Pilker und Beifänger. Konnten sie sich bis später im Juli jedoch bereits den Bauch mit Sandaalen sowie jungen Heringen und Sprotten füllen, beißen sie weniger willig. Dann lohnt sich das Fischen hauptsächlich am Morgen und Abend, wenn die Makrelen zum Jagen nahe ans Land schwimmen. Ihre Gegenwart an der Oberfläche wird oft von Möwen und anderen Seevögeln verraten.

Als Basis für das Spinnfischen dienen Klippen, Piers oder Wellenbrecher, vor denen das Wasser tief und bewegt ist. Die

Weitwurfausrüstung besteht neben einer passenden Rute und Rolle aus 0,30 Millimeter starkem Monofil, glitzernden Pilkern von 20 bis 50 Gramm und einem 0,35 bis 0,45 Millimeter starken Paternoster-Vorfach, an dessen Seitenarme weiße, blaue oder grüne Federhaken als Beifänger geknüpft werden. Der Angler sucht damit das Wasser von der Oberfläche bis zum Grund ab. Makrelen jagen in allen Wasserschichten, suchen jedoch in der Morgen- und Abenddämmerung die Oberfläche auf, wo man sie regelmäßig entdecken kann.

Naturköderangeln auf Makrelen

Das Angeln mit dem Schwimmer funktioniert überall, wo sich Makrelen aufhalten. Die besten Erfolge ergeben sich allerdings im Spätsommer, wenn sie weniger gierig beißen. Jetzt bringen Naturköder gute Fänge, besonders wenn sich die Fische gegen Mittag in tieferes Wasser zurückziehen.

Da Makrelen am liebsten in Tiefen zwischen zwei und fünf Meter schwimmen, empfiehlt sich eine gleitende Montage. Der Schwimmer sollte fünf bis 15 Gramm tragen und die Hakengröße liegt zwischen 4 und 8, wobei frisch geschnittene Fischfetzen von Sandaal oder Hering als Köder dienen. Das Fischen kann beispielsweise in vier bis fünf Meter beginnen. Stellt sich kein Biß ein, wird der Stopper flacher gestellt. Meist ist der Biß deutlich zu erkennen. An einigen Tagen wackelt der Schwimmer allerdings nur ein wenig, worauf sofort der Anhieb folgen muß. Sonst ist der Räuber verschwunden.

Hornhecht

Der Hornhecht *(Belone belone)* lebt entlang der europäischen Küsten vom Polarkreis über die Faröer bis hinunter nach Marokko. Als Sommerfisch kommt er zudem in Skandinavien vor und im Mittelmeer sowie dem Schwarzen Meer gibt es ebenfalls Hornhechte. Sein Hauptverbreitungsgebiet liegt jedoch um die Britischen Inseln herum. Einige eng verwandte Arten finden sich in tropischen und subtropischen Meeren.

Spinnfischen auf Hornhecht

Es ist ein herrlicher Angelfisch, schlank und schön, der im Drill mehr in der Luft als unter Wasser kämpft. Und es gibt kaum einen Raubfisch, der so häufig vorkommt und trotzdem so schwer zu fangen ist.

Häufig verfolgen Hornhechte den Blinker oder Pilker, ohne ihn zu nehmen. Diese »Simulanten« treten besonders zu Beginn der Saison auf, wenn das Laichen noch nicht abgeschlossen ist. Nach der Paarung setzt jedoch das Beißen ein und die Fische lassen sich von Halbinseln, Piers und Wellenbrechern sowie vor felsigen Küsten fangen, an denen eine starke Strömung herrscht.

Diese Fische lassen sich ideal am leichten Spinngerät fangen, wobei die schlanken, silbernen Blinker zwischen acht und 25

Lebensweise

Nach dem Überwintern im Süden von Irland, treffen Hornhechte im April oder Mai an den skandinavischen Küsten ein. Zuerst kommen die großen an, die etwa ein Kilo wiegen, worauf bald der Rest folgt. Hornhechte laichen im Mai und Juni über Seegras und anderen Pflanzen in seichten Gewässern, sobald die Sonne sie erwärmen konnte. In manchen Gebieten dauert die Paarung allerdings bis August. Zeitig in der Saison schwimmen Hornhechte in Schwärmen zusammen, wobei kleine Gruppen normalerweise im Flachwasser zu beobachten sind. Nach dem Laichen verteilen sie sich und kommen gleichermaßen an der Oberfläche und in tieferem Wasser vor. Hier fressen die Hornhechte hauptsächlich Garnelen, Fischbrut und Stichlinge. Im Spätsommer und Frühherbst ziehen sie sich schließlich wieder nach Westen zurück.

Gramm wiegen. Dünndrähtige Drillige fassen im harten Maul der Hornhechte am sichersten. Da der Haken häufig in dem kleinen Maul keinen Halt findet, entfernen viele Angler den Drilling und binden stattdessen ein kurzes Nylonvorfach an. Es sollte die Länge des Blinkers nicht überschreiten, da sich der Haken sonst während dem Wurf in der Hauptschnur verfängt.

Der Fischer sollte den Köder gleichmäßig und schnell führen. Wundern Sie sich nicht, wenn der Fisch dem Köder immer wieder folgt. Beim Biß sollten Sie nur die Schnur straffen, statt anzuschlagen und den Fisch mit weich eingestellter Bremse vorsichtig drillen.

Naturköderangeln auf Hornhecht

Hornhechte lassen sich ebenfalls gut mit Naturködern überlisten. Dazu benötigen Sie lediglich eine fest montierte Pose, die einen bis 1,2 Meter über dem Haken der Größen 4 bis 8 schwimmt. Als Köder dient ein kleiner, frisch geschnittener Fetzen aus Hering oder Makrele. Werfen Sie aus und lassen den Schwimmer ruhig stehen oder mit der Strömung treiben. Hornhechte schlucken den Köder ohne Problem, worauf der Anhieb folgt.

Links: Der Hornhecht ist ein schlanker, schneller Schwimmer mit einem langen und harten »Schnabel«. Er ist häufig schwer zu haken, kämpft jedoch annehmbar und springt dabei häufig.

Unten: Leichte Rute, scharfe Drillinge und schnelles Einholen heißen die drei Grundelemente des Spinnfischens auf Hornhechte. Sie leben in Schwärmen, weshalb sich nach dem Aufspüren oft mehrere Fische fangen lassen.

Meerforelle

Zu den begehrtesten Angelfischen der Küste zählt ohne Frage die Meerforelle *(Salmo trutta trutta)*. Ihr Fang im Salzwasser gilt in Dänemark fast schon als National»sport« – außerdem sind sie seit dem 1. Weltkrieg unter anderem um die Orkney- und Shetlandinseln zu finden. Zwischen den Kriegen begannen dänische Angler mit dem Spinnfischen an der Küste. Den größten Aufschwung nahm dieses Angeln jedoch erst in der 50er Jahren, als die jetzt neuen, gebrauchstüchtigeren Ausrüstungen weitere Würfe ermöglichten. Innerhalb

Lebensweise

Meerforellen leben entlang aller flachen Küstenabschnitte, in die ein Laichfluß der Fische mündet. Nach dem Laichen und der Rückkehr ins Meer beginnen die ausgemergelten Fische mit dem Fressen von Würmern, Fischbrut, Heringen und Sprotten. Die Flanken der Forellen erhalten ihren silbernen Glanz in wenigen Wochen wieder zurück.

Die Fische bleiben fast das ganze Jahr über an der Küste und lassen sich in fast jedem Monat fangen. Jedoch sind die Fänge in aller Regel im Frühjahr und im Herbst außergewöhnlich gut. Allerdings erreicht die Beißfreude im Herbst nicht das Niveau des Frühjahrs.

Die Fische lieben gemischten, abwechslungsreichen Grund mit Strömung, Pflanzen, Sand, Steinen und Muscheln. Entsprechend gute Stellen liegen deshalb an felsigen Küstenabschnitten sowie über Boden, auf dem sich Kiesel oder Sand mit Pflanzenbeständen abwechseln. Ab Mai und durch den Sommer ist das Küstenwasser in vielen Gebieten zu warm, weshalb sich die Meerforellen in tieferes Wasser zurückziehen. Erst vom Abend bis zum Morgen suchen sie die seichten Gebiete zur Nahrungssuche auf.

Einige Meerforellen wandern bereits im Juni in die Flüsse, während andere erst im Herbst und dem frühen Winter ins Süßwasser ziehen. Der Winter führt außerdem viele blanke, nicht laichende Fische in Buchten und Mündungsgebiete mit niedrigerem Salzgehalt – hier stehen sie über weichem und überhaupt ziemlich uninteressantem Boden.

der letzten Jahrzehnte breitete sich das Küstenfischen auf Meerforellen schließlich nach Schweden, Norwegen und Deutschland aus.

Das Verbreitungsgebiet der Meerforellen reicht vom nördlichsten Norwegen bis an die niederländische und französische Küste, außerdem kommt die Art um die Britischen Inseln herum vor. Besonders populär ist das Fischen in Dänemark, Deutschland, Südnorwegen und Schweden. Dabei schwimmen in der Ostsee besonders große Meerforellen, wobei Fische zwischen zwei und fünf Kilo nicht ungewöhnlich sind. Andererseits bleiben Meerforellen in Norwegen, Großbritannien und Irland verhältnismäßig klein.

Spinnfischen auf Meerforelle

Nachdem Meerforellen an den Küsten entlangziehen, muß der Angler die Fische erst einmal aufspüren. Dabei ist es nützlich, die regelmäßig von ihnen aufgesuchten Stellen zu kennen. Zu Jahresbeginn fühlen sie sich von Borstenwürmern angezogen, die sich zur Paarung im zeitigen Frühjahr versammeln. Muschel- und Pflanzenbänke enthalten ebenfalls eine Vielzahl von Kleintieren wie Garnelen, Würmer, Kleinfische und Fischbrut, die den Forellen als weitere Nahrung dienen. Weiter bringt das Fischen im freieren, steinigen und von Strömungen durchzogenen Gebieten gute Erfolge, da hier Sandaale und kleine Heringe leben.

Bestimmte Zonen lassen sich gut mit fächerförmigen Würfen oder in verschiedenen Richtungen systematisch absuchen. An freien Küsten geht der Angler am besten nach jedem ausgefischten Wurf etwa fünf oder zehn Meter weiter und wirft parallel zum vorangegangenen Wurf erneut aus. Der Abstand hängt von der Sichtigkeit des Wassers ab. Normalerweise wird watend gefischt, da der Angler dadurch tieferes Wasser erreicht, größere Gebiete absuchen kann und nebenbei engeren Kontakt mit dem Fisch erhält.

Das Fischen läßt sich in leichte und etwas schwerere Spinnausrüstungen einteilen. Im ersten Fall dienen fünf bis 15 Gramm schwere Blinker an einer 0,15 bis 0,23 Millimeter starken Schnur als Köder. Sind dagegen weitere Würfe nötig oder muß der Angler gegen Wind und Wetter ankämpfen, so empfehlen sich stärkere Ruten, 0,25er bis 0,30er Schnur sowie Blinker oder Küstenwobbler von 15 bis 30 Gramm.

Im Frühjahr und Herbst sollte das Einholen bei jedem Wurf zügig mit wiederholten Sprüngen und Spinn-Stopps erfolgen. Sind

Das Küstenfischen auf Meerforellen erfordert leichtes Gerät, das sich gleichzeitig für weite Würfe eignet. Zudem sollte der Angler gut über die örtlichen Verhältnisse Bescheid wissen und Köder fischen, die das natürliche Futter der Forellen imitieren. Das sollte besonders dann der Fall sein, wenn sich die Fische schwer an den Haken locken lassen.

Häufig muß der Angler eine Strecke vor dem ersten Fang systematisch durchkämmen. Dabei geht er nach jedem Wurf entlang des Ufers einige Meter weiter und wirft dann parallel zum vorangegangenen Wurf erneut oder sucht eine verdächtige Stelle fächerförmig ab.

Beim Spinnfischen an der Küste auf Meerforelle sollte der Köder eng über dem Boden laufen. Das Einholen erfolgt abwechslungsreich und lebendig mit regelmäßigen Sprüngen und Spinn-Stopps.

die Fische im Winter bei kaltem Wasser weniger aktiv, ist eine ruhigere und langsamere, aber dennoch abwechslungsreiche Führung am fängigsten. Als Dropper montierte Fliegen können an manchen Stellen ebenfalls gut fangen.

Darüber hinaus gehört das Fischen mit Wasserkugel und Fliege zu den beliebtesten Techniken. Die Wasserkugel ist besonders im Winter und im zeitigen Frühjahr eine große Hilfe, wenn kaltes Wasser vorherrscht oder sich die Forellen auf ein bestimmtes Nährtier wie den Borstenwurm konzentrieren.

Naturköderangeln auf Meerforelle

Bei ausreichend tiefem Wasser und an einer steinigen Küste können Sie mit einer festen Posenmontage und einer kurzen Leine zum mit Würmern beköderten Einzelhaken fischen. Am besten funktioniert jedoch eine Wasserkugel mit 1,5 bis drei Meter langem Vorfach. Als Köder dienen verschiedene Erdwürmer, Borstenwürmer und Heringsfetzen. Allerdings fangen in einigen Gebieten kleine Fische wie Sprotte oder Sandaal besser. Das Spinnfischen mit Naturköder und Wasserkugel wird über das ganze Jahr praktiziert. Der Angler holt langsam ein und stoppt immer wieder, so daß der Köder absinkt. Tieferes Wasser erreichen Sie mit einem längeren Vorfach und einigen Bleischroten oder einem kurzen Abschnitt sinkender Fliegenschnur an der Leine.

Schlanken Blinkern von zehn bis 20 Gramm und Beifängern an einem 20 bis 30 Zentimeter kurzen Vorfach können selbst große Meerforellen kaum widerstehen.

Wolfsbarsch

Der Wolfsbarsch *(Dicentrarchus labrax)* gilt unter englischen Anglern als König der Küsten. Kaum eine andere Art trug soviel zur Entwicklung des Küsten- und Brandungsfischens um die Eritischen Inseln bei. Ruten, Rollen, Schnüre, Vorfächer und weiteres Zubehör erfuhren durch diesen Fisch in den letzten Jahrzehnten enorme Verbesserungen.

Wolfsbarsche leben hauptsächlich im Bereich der Britischen Inseln, im Golf von Biscaya, im Atlantik vor der Iberischen Halbin-

Lebensweise

Die freien Brandungszonen der Küsten stellen den wichtigsten Lebensraum der Wolfsbarsche dar. Sie jagen entlang von durch Felsen und andere Wellenbrecher unterbrochenen Stränden nach Sandaalen, Heringen und Krabben, wobei sie oft nur in einem halben Meter Tiefe schwimmen. Da sie sich von Flußmündungen und Süßwasser angezogen fühlen, können Angler sie auch von Piers und Absperrungen aus fangen. Sie spenden ihnen Schatten in klarem Wasser an hellen Tagen.

Sowohl in Brandungszonen als auch an Mündungen gelten die ersten Stunden nach der Ebbe als gute Fangzeit. Jedoch gibt es dabei keine festen Regeln. Im Winter ziehen sie sich in tieferes Wasser zurück und sind fast das ganze Jahr über rund um Irland zu finden. Die Laichzeit reicht vor den Britischen Inseln von März bis Juni, im Mittelmeer findet die Paarung gegen Ende des Winters statt. Auch unter Berufsfischern sind Wolfsbarsche als gute und damit wertvolle Speisefische bekannt.

Das Angeln auf Wolfsbarsche kann sich von ganz verschiedenen Seiten zeigen. Zu gewissen Zeiten fällt der Fang unglaublich leicht – selbst an der einfachen Grundmontage, am Blinker oder,beim Makrelenfischen. Vor allem bei klarem Wasser legen die Fische dagegen große Scheu und Mißtrauen gegenüber jedem Köder an den Tag. Gelegentlich kämpfen sie selbst in seichtem Wasser wie verrückt, zu anderen Zeiten schwimmen sie träge von selbst aufs Ufer zu und das ohne Zug der Rute.

sel, vor Marokko und in Teilen des Mittelmeers. Außerdem bevölkern sie das Schwarze Meer und einige Exemplare schwimmen zudem an der Küste vor Südnorwegen und im Westen von Schweden, wobei die Bestände im zuletzt genannten Gebiet seit einiger Zeit stetig zunehmen.

Das Durchschnittsgewicht liegt zwischen ein und zwei Kilo, Fische von fünf Kilo sind dagegen selten. Allerdings landeten Berufsfischer bereits über zehn Kilogramm schwere Tiere. Wolfsbarsche zählen zu einer Familie mit mehreren hundert Vertretern in subtropischen und tropischen Gewässern.

Spinnfischen auf Wolfsbarsch

Eigentlich werden die meisten Wolfsbarsche mit Naturködern gefangen. Denn obwohl der Räuber sehr gute Augen besitzt, interessiert er sich an den meisten Stellen kaum für Spinnköder. Trotzdem wird an der niederländischen Küsten an vielen Wracks im verhältnismäßig flachen Wasser gut auf Pilker und Blinker gefangen. Dagegen ist das Spinnfischen in Großbritannien weniger verbreitet. Als Voraussetzung für einen Biß sollte das Wasser klar sein, trübe Fluten bringen kaum etwas. Die besten Erfolge stellen sich beim Spinnfischen von Juni bis Oktober ein. Klassische Pilker und Blinker wie der Toby eignen sich dabei hervorragend auf Wolfsbarsche. Zu den guten Angelstellen gehören Brückenpfeiler, Piers und Wellenbrecher, dazu kommen Felsvorsprünge und Untiefen mit seichtem Wasser.

Naturköderangeln auf Wolfsbarsch

Mit Naturködern können Sie an allen Stellen von Flußmündung und Fjord bis zu freien Stränden und felsigen Küsten auf Wolfsbarsch gehen. Am einfachsten funktioniert es, wenn es wie an Mündungen oder Piers nicht so sehr auf die Wurfweite ankommt. Häufig spielt die Tide eine Rolle. Dabei wissen Wolfsbarsch-Angler, daß die Fische bei gerade auflaufender Flut über großen Flachwasserzonen jagen. Und wie schon gesagt, lohnt sich ein Versuch in den Stunden nach der Ebbe.

Als Standardausrüstung empfiehlt sich eine 3,2 bis 3,5 Meter lange Rute mit einem Wurfgewicht von 50 bis 90 Gramm sowie eine 0,30 bis 0,35 Millimeter starke Leine auf der Multi- oder Sta-

Wolfsbarsche sind unter anderem in Großbritannien sehr beliebt. Die Fische beeinflußten dort ganz wesentlich die Entwicklung von Technik und Ausrüstung für das Küstenfischen. Normalerweise wiegen Wolfsbarsche ein bis zwei Kilo, zudem gingen einzelne Exemplare um die fünf Kilo an den Haken.

Das ist ein guter Wolfsbarsch-Fang. Die gefräßigen Räuber schwimmen am liebsten in vergleichsweise flachem Wasser, wo sie Kunst- und Naturköder nehmen.

tionärrolle. Außerdem führt kein Weg an der Schlagschnur vorbei. Normalerweise wird mit einer Paternoster-Montage auf Schwarzbarsch gefischt – meist in einfacher und fängiger fester Ausführung oder gleitend. Dazu kommt ein Einzelhaken in Größe 1/0 bis 3/0. Da häufig in Strömungen oder Wellen gefischt wird, verwenden die meisten Angler Krallenbleie, die gut auf dem Grund halten. Zu den Ködern zählen Wattwürmer, Egel, Kuttelfische, Sandaale oder kleine Butterkrabben.

In den meisten Fällen genügen Wurfweiten von 40 bis 90 Meter. Das reicht aus, zumal viele Stellen das Waten in die Brandungszone erlauben. Die besten Fänge ergeben sich normalerweise bei mittlerer Brandung und Bewölkung, allerdings gibt es sogar bei strahlendem Sonnenschein immer wieder ein hervorragendes Fischen. Der Biß eines Wolfsbarschs kann sich auf verschiedene Weise äußern. Das reicht von einigen Zupfern an der Rutenspitze, über ein plötzliches Durchhängen der Schnur bis zum wilden Zug an der Leine.

Links: Wellenbrecher und Felsenküsten sind bewährte Stellen auf Wolfsbarsche. Die ersten Stunden nach der Ebbe erben meist die besten Fänge.

Rechts: Wolfsbarsche sind launische Fische – manchmal erweist sich ihr Fang als sehr einfach, zu anderen Zeiten geben sie sich jedoch scheu und vorsichtig. Hier führte ein Toby-Blinker zum Erfolg.

Streifenbarsch

Der Streifenbarsch *(Roccus saxatilis)* zählt zu den beliebtesten Angelfischen entlang der amerikanischen Ostküste, vom St. Lorenz-Golf bis hinunter nach Florida sowie im Golf von Mexiko von Westflorida bis Louisiana. Die berühmteste Strecke reicht von South Carolina bis Massachusetts. Ende des 19. Jahrhunderts brachte man den Streifenbarsch außerdem an die Pazifikküste, wo er heute von der Mündung des Columbia im US-Bundesstaat Washington bis in das Gebiet von Los Angeles in Kalifornien vorkommt. Die bekannteste Stelle ist die Bucht von San Franzisko, in der das Fischen bei weitem besser als an der Ostküste ist.

Streifenbarsche ähneln stark dem Wolfsbarsch, sie werden jedoch erheblich größer. Berufsfischer landeten bereits Exemplare von 50 Kilo und Küstenangler konnten bis zu 30 Kilo schwere Fische überlisten. Das Normalgewicht liegt zwischen drei und acht

Lebensweise

Während dem Winter im Osten stehen die Streifenbarsche in der Chesapeake- und der Delaware-Bucht. In dieser Zeit wandert nur ein kleiner Teil aus diesen Gebieten hinaus. Die Fische laichen in den Flußmündungen zwischen April und Juni, was vom Breitengrad abhängt. Ein bekannter Laichplatz ist der Roanoke River in North Carolina. Im Alter von zwei Jahren wiegen Streifenbarsche knapp ein Pfund und erreichen mit sieben Jahren etwa zehn Kilo, wobei die Weibchen verglichen mit den Männchen größer werden. Streifenbarsche sind mehr oder weniger Allesfresser. Ihr Speiseplan umfaßt beispielsweise Meeräschen, Plattfische, Heringe, Sardellen, Lobster, Krabben, Garnelen und Muscheln. Trotzdem suchen sie ihr Futter manchmal genau aus. Steht ihnen etwas bestimmtes zur Verfügung, so können sie sich darauf konzentrieren und verweigern dann auch andere Köder. Einige Streifenbarsch-Stämme wandern innerhalb eines Gebiets, wobei jedes Jahr zwei große Wanderungen stattfinden: Richtung Norden geht es im Frühling entlang der Küsten von New Jersey, New York und New England, im Herbst kehrt der Zug nach Süden zurück. Vor allem im letzten Fall fangen die Küstenfischer am besten.

Kilo. Über eine lange Zeit stellten Berufsfischer den Streifenbarschen an der Ostküste stark nach, was in einem bedenklich gesunkenen Bestand mündete. Trotzdem kann der Angler zur rechten Zeit am rechten Ort noch gute Fänge erzielen. Darüber hinaus wurden Streifenbarsche erfolgreich in großen Seen von North und South Carolina besetzt.

Fischen auf Streifenbarsche

Zum Spinnfischen auf Streifenbarsche eignen sich sehr kräftige Spinn- und Brandungsruten von drei bis 3,3 Meter Länge. Dazu kommen eine stabile Stationärrolle oder Multi mit 0,35er bis 0,45er Schnur sowie große Wobbler oder Blinker. In Hinblick auf die Fangerfolge spielen Wind, Wetter, Strömungen und nicht zuletzt der Bestand an Futterfischen eine Rolle – und plötzlich tauchen die Barsche nahe dem Land auf, von wo aus sie sich jetzt fangen lassen. Gute Fänge ergeben sich am frühen Morgen und am Abend, jedoch bringt genauso das Nachtangeln mit Naturködern schöne Fische.

Dabei ist das Grundangeln mit Naturködern genauso weit verbreitet wie das Spinnfischen. Zu den verwendeten Ködern zählen kleine Fische, Würmer, Krabben, Fischfilets und ganze Sandaale. Allerdings muß der Angler seine Vorfächer, Haken und andere Teile der Montage auf die stark unterschiedlichen Bedingungen an den verschiedenen Stellen abstimmen – zumal die Plätze von der Brandung bis zur offenen See reichen, wobei das Spinnfischen von Felsen und Wellenbrechern aus möglich ist. Das Angeln auf Streifenbarsche bedeutet harte Arbeit, die jedoch immer wieder mit aufregenden Fängen belohnt wird.

Streifenbarsche werden bis zu zwei Meter lang und wiegen dann etwa 50 Kilo. Allerdings liegt das Durchschnittsgewicht zwischen drei und fünf Kilo. Zum Fang der Raubfische ist vergleichsweise starkes Gerät nötig, wobei das Fischen mit Kunst- und Naturködern möglich ist. An Küsten mit kräftigem Wellengang bewährte sich das Brandungsangeln.

Bluefish

Der Bluefish *(Pomatomus saltatrix)* lebt in fast allen subtropischen Gebieten des Atlantiks: im Schwarzen Meer, im Mittelmeer, um die Iberische Halbinsel herum und an der Nordwestküste von Afrika, bei den Kanarischen Inseln und den Azoren sowie an der amerikanischen Küste von Massachusetts bis Argentinien. Außerdem ist er in den Gewässern vor Südafrika, im Indischen Ozean, in Südost-Asien und Australien zu finden.

Bluefishes jagen an den Küsten und erreichen Gewichte bis zehn Kilogramm, wobei der Durchschnitt zwischen drei und sechs Kilo liegt. Angler fischen an der Küste gezielt auf diese Art entlang der Ostküste von Nordamerika, von North Carolina bis Maine – und das meist vom Boot aus. Die Saison reicht von April bis September. Sie beginnt im Süden und erreicht im Sommer vor New York und New Jersey ihren Höhepunkt. Leider leidet der Bluefish wie viele andere Arten unter dem hohen Druck der Berufsfischer. Und das Angeln ist von sehr unterschiedlichen, guten und schlechten Jahren geprägt.

Angeln auf Bluefish

Bluefish-Schwärme jagen häufig an der Oberfläche in der Nähe von Strömungskanten, Felsvorsprüngen oder Ufern. Ihre Gegenwart verraten sie durch in Panik flüchtende Kleinfische und wildes Platschen, das Möwen und Seeschwalben anlockt. Die beste Angelzeit sind der Morgen und der Abend, da jetzt die Kleinfische in die Nähe der Ufer ziehen. Bluefishes sind bekannt für ihr hartes Maul mit übel scharfen Zähnen, die ein Stahlvorfach erfordern. Es sollte eine Länge von 50 bis 80 Zentimeter besitzen. Allerdings schrecken die Räuber an manchen Tagen vor dem Stahl zurück, weshalb der Angler es jetzt durch starkes Nylon ersetzen sollte.

Als Spinnköder bieten sich Wobbler, Blinker oder Pilker sowie gelegentlich ganze Köderfische (unter anderem Aale) am System an. Bluefishes sind Meister darin, den Köder zu nehmen und ihn sofort wieder abzuschütteln. Lebendköder sind besonders fängig, für den Küstenangler jedoch schwer zu handhaben. Das Anfüttern mit Fischstücken vergrößert die Fangchancen beim Fischen von Piers und Wellenbrechern.

Eine generelle Empfehlung für die Gerätewahl fällt schwer, da ein gewaltiger Unterschied zwischen dem Fang kleiner Fische in der Florida Bay und dem Werfen gegen Wind und Wellen an der offenen Küste vor New Jersey besteht. Bei allen Gelegenheiten ist der Bluefish jedoch ein aufregender, flinker Gegner, sofern Sie mit dem passenden Gerät fischen. Würfe direkt in einen Schwarm verängsti-

gen die Fische, weshalb Sie besser den äußeren Rand mit mehreren Würfen an die gleiche Stelle befischen. Der erste Wurf bleibt vielleicht noch unentdeckt, beim zweiten registrieren die Fische den Köder und der Biß erfolgt im dritten Anlauf.

Weakfish

Der Weakfish *(Cynoscion regalis)* bevölkert die Ostküste der Vereinigten Staaten von New England bis Florida, am häufigsten findet er sich jedoch vor New Jersey und New York. Er bewohnt seichte Gewässer unter anderem in der Brandung oder in Buchten, Flußmündungen und Gezeitenströmungen, ohne jedoch ins Süßwasser aufzusteigen. Sein Durchschnittsgewicht beträgt zwei bis drei Kilo, manchmal erreicht er jedoch sieben oder acht Kilo.

Der Rücken des länglichen Fischs ist häufig grün-blau gefärbt, die Flanken sind blasser. Rücken und Schwanz tragen schwarze Flecken, der Bauch ist hell. Übrigens wird der Weakfish neben anderen Bezeichnungen auch Sea Trout, Speckled Trout und Spotted Weakfish genannt. Er ist ein enger Verwandter der Spotted Sea Trout, die vor Florida und entlang der Küste im Golf von Mexiko vorkommt.

Weakfishes ernähren sich von Würmern, Krustentieren und kleinen Fischen und halten sich von der Oberfläche bis zum Grund in jeder Tiefe auf. Diese beliebte Fischart läßt sich oft leicht an der Grundmontage fangen, außerdem nimmt sie Blinker, Pilker und Wobbler. Je besser Sie dabei das Verhalten der natürlichen Futterfische imitieren, desto größer fallen Ihre Fänge aus.

Unabhängig von der Angelmethode sollten Sie erst anschlagen, wenn Sie das Gewicht des Fischs deutlich in der Rute fühlen. Weakfishes besitzen die Angewohnheit, den Köder zu nehmen, zu probieren und ihn wieder auszuspucken. Hauptsächlich gehen sie in den Sommermonaten an den Köder und sind ein kulinarischer Genuß.

Der Bluefish ist angriffslustig und sollte mit einem gewissen Respekt behandelt werden. Sie griffen schon häufiger Schwimmer an, denen sie mit ihren scharfen Zähnen schwere Verletzungen zufügten. Aufgrund der Zähne sollten Angler immer ein Stahlvorfach verwenden, was gleichermaßen für das Fischen mit Natur- und Kunstködern gilt.

Red Drum

Vor den Küsten im Südosten Amerikas und im Golf von Mexiko lebt der Red Drum *(Sciaenops ocellatus)*, der auch Redfish oder Channel Bass genannt wird. Und Küstenfischer verliehen ihm den Kosenamen »Bulldog«. Von der Körperform her entspricht der Red Drum etwa dem Streifenbarsch, ist jedoch kräftiger gebaut. Seine Farbe reicht von Bronze bis Rot mit einem schwarzen Fleck auf dem Schwanz – damit unterscheidet er sich vom Black Drum, trotzdem kommt es zu Verwechslungen.

Der Red Drum wiegt zwischen drei und 20 Kilogramm. Allerdings wurden schon größere Tiere gelandet, wie das von einer Pier in North Carolina aus gefangene 40 Kilo schwere Exemplar. Entlang der texanischen Küste schwanken die Bestände des Red Drum aufgrund von niedrigen Wassertemperaturen, Algenblüten und wechselndem Salzgehalt. Hier leben die Fische eher stationär, wogegen sie im Atlantik jährliche Wanderungen unternehmen.

Der Red Drum ist ein Grundfisch, der Krustentiere und Meeräschen frißt. Fänge gelingen über abwechslungsreichem und sandigem Boden – von freien Küsten und Piers bis zu Häfen und Tidenrinnen. Größere Red Drums werden entlang der Atlantikküste gefangen, während die Fische vor Texas kleiner sind.

Zum Fang eignen sich Natur- und Kunstköder, darunter Würmer, Krabben, Muscheln und Fischfetzen beziehungsweise verschiedene Jigs, Blinker, Pilker und sinkende Wobbler. Die Auswahl von Köder und Ausrüstung hängt von der Strömung und dem Wind im befischten Gebiet ab, wobei häufig kräftiges Gerät erforderlich ist. Viele Angler stellen ihre Grundrute in einen Rutenhalter und versuchen nebenbei ihr Glück auf kleine Red Drums mit der Spinnrute und einem Jig im Flachwasser.

Weitere Arten

Noch müssen einige großartige Angelfische erwähnt werden. Zu ihnen zählt der Tarpon *(Megalops atlanticus)*, der in der gesamten Karibik sowie entlang der Küsten vieler westafrikanischer Staaten im Bereich des Äquators lebt – von Gambia nach Süden bis zum Kongo. Zwar gilt er hauptsächlich als Art für Fliegenfischer, tatsächlich werden die meisten Exemplare beim Spinnfischen, Schleppen und auf Naturköder gefangen. Das Gewicht des Tarpon reicht von wenigen Pfund bis etwa einhundert Kilo. Er gilt als äußerst harter Kämpfer und tatsächlich können sich die meisten Fische im Drill befreien.

Unabhängig von Ausrüstung und Köder ist der Anhieb der Höhepunkt des Fischens. Das harte Maul, die Art des Bisses und der Befreiungsversuche hinterlassen einen unbeschreiblichen Eindruck. Meist wird vom Boot aus gefischt, wobei in Flachwassergebieten (engl. Flats) gesichtete Fische gezielt mit Wobblern oder Naturködern angeworfen werden. Viele begeisterte Tarponfischer sammelten ihre ersten Erfahrungen mit kleinen Exemplaren, die sie von einer Brücke, einer Pier oder einem Wellenbrecher aus bei Nacht im matten Schein einer Straßenlampe fingen.

Der Snook *(Centropomus undecimalis)* ist eine weitere interessante Art. Er lebt ebenfalls vor Florida, entlang der gesamten Golfküste

Oben links: Beim Fischen auf Red Drum im »Texas-Stil« watet der Angler wenigstens bis Hüfttiefe hinaus und wirft einen großen Kunstköder aus. Dann läuft er zurück zum Ufer, wobei er den Köder hinterher zieht und auf den Biß wartet.

Unten links: Red Drums beißen häufig bei Nacht. Sie leben in flacherem Wasser und ernähren sich unter anderem von kleineren Fischen, Muscheln und Krabben. Sie nehmen gleichermaßen Kunst- und Naturköder.

Rechts: Der Tarpon ist an seinen großen, silberfarbenen Schuppen sowie dem knochenharten Maul zu erkennen. Die Fische können unglaublich hoch springen und zerfetzen immer wieder selbst die stärksten Schnüre.

Der Pfauenbarsch, ein Verwandter des Schwarzbarschs, ist ein wunderschöner Fisch. Er lebt in Südamerika und kämpft bis zum Äußersten.

bis an die Küsten von Zentralamerika und an der Küste Südamerikas. Enge Verwandte finden sich in Südostasien und Australien. Er wiegt bis zu 20 Kilo, der Durchschnitt beträgt zwei bis fünf Kilo. Wie der Tarpon ist er oft an den Mangroven-Küsten sowie an Flußmündungen anzutreffen. Als Köder dienen Wobbler, Blinker und Köderfisch wie beispielsweise Meeräschen. Snooks reagieren entsprechend dem Tarpon nur auf schnell und abwechslungsreich geführte Köder, die sehr genau seine Jagd- oder Patrouillenroute kreuzen müssen.

Der Bonefish *(Albula vulpes)* ist ohne Frage die ultimative Herausforderung für Fliegenfischer, jedoch gehen viele Fische auch auf Spinn- und Naturköder. Die Art findet sich in der ganzen Karibik und im Pazifik – besonders um die Weihnachtsinseln herum – sowie in Südostasien und dem Indischen Ozean. Meist sehen wir diese schimmernden Juwelen jedoch in der Karibik und in den Florida Keys. Zum Spinnfischen dient eine leichte Ausrüstung mit kleinen Jigs. Die Kunst des Bonefish-Angelns liegt im Aufspüren der Fische und dem Anwerfen, das die Tiere nicht erschrecken darf. Viele Bonefishes gehen auch auf Naturköder wie kleine Krabben, Schnecken und Garnelen, die auf dem voraussichtlichen Weg der Fische präsentiert werden.

Der Pompano *(Alectis ciliaris)* kommt an der Ostküste Amerikas sowie in der Karibik vor. Er ist an der Ostküste und am Golf eine der beliebtesten Arten. Selten wiegen Pompanos über ein bis zwei Kilo und Exemplare von mehr als drei Kilo werden leicht mit dem Permit verwechselt. Es wird fast ausschließlich mit Naturködern gefischt und nur unter besonderen Bedingungen fallen Pompanos auf kleine Blinker und Jigs herein.

Von Massachussetts bis Brasilien reicht die Heimat des Permit *(Trachinotus falcatus)*, der an den Pompano erinnert. Die meisten Fische wiegen zwischen fünf und zehn Kilo, zudem wurden Ausnahme-Exemplare von 25 Kilo registriert. Permits leben in seichten Küstengewässern wie den Flats, wo sie in Vertiefungen und Gezeitenrinnen stehen. Mit der Flut steigen sie oft in flacheres Wasser auf. Wie der Bonefisch ist der Permit unter Fliegenfischern wohl am bekanntesten, jedoch läßt er sich auch am leichten Spinngerät überlisten.

Alles in allem besitzt jeder Kontinent ein paar herausragende Angelfische, die den Spinnfischer besonders anziehen. In Südamerika sind das in den Flüssen unter anderem Dorado Piranha und Paraya. Venezuela und Kolumbien verfügen über den Pfauenbarsch oder Pavon, einen Verwandten des Schwarzbarsches. Der ein-

drucksvolle Kämpfer trägt wunderschöne Farben, schwarze Streifen auf dem Körper und einen roten Punkt auf der Schwanzflosse.

In Afrika bevölkert der Tigerfisch viele Flüsse wie Sambesi, Blauer Nil, Niger und Volta sowie zahlreiche Seen in Zentralafrika. Tigerfische besitzen charakteristische, furchterregende Zähne, mit denen sie die meisten Kunstköder zerstören können. Tigerfische erreichen bis zu 15 Kilogramm. Der Nilbarsch lebt in Seen des Great Rift Valley einschließlich dem Lake Victoria, an den oberen Nilquellen bei den Murchison Fällen in Uganda sowie unterhalb des Assuan-Staudamms in Ägypten. Normalerweise wiegt der Nilbarsch zehn bis 30 Kilogramm und einige Angler landeten bereits 100 Kilo schwere Kapitale.

Mit Kunstködern stellen Angler dem Beluga-Stör im Kaspischen Meer nach, wobei die erfolgversprechenden Stellen entlang der Laichflüsse liegen. Und in den Flüssen im Nordwesten von Australien finden wir den fantastisch kämpfenden Barramundi, einen nahen Verwandten des Snook.

Tigerfische bevölkern zahlreiche afrikanische Flüsse und Seen. Mit ihren furchterregenden Zähnen haben sie schon manchem Angler sein Kunstköder-Sortiment zerstört.

Stichwort-Verzeichnis